◎京师刑事法学博士文库（19）

刑事诉讼法律关系论纲

Outline of Criminal Proceedings Legal Relationships

边慧亮 著

中国人民公安大学出版社
·北 京·

图书在版编目（CIP）数据

刑事诉讼法律关系论纲/边慧亮著．—北京：中国人民公安大学出版社，2016.6

（京师刑事法学博士文库）

ISBN 978-7-5653-2577-9

Ⅰ.①刑…　Ⅱ.①边…　Ⅲ.①刑事诉讼—法律关系—研究

Ⅳ.①D915.304

中国版本图书馆 CIP 数据核字（2016）第 085088 号

京师刑事法学博士文库

刑事诉讼法律关系论纲

Outline of Criminal Proceedings Legal Relationships

边慧亮　著

出版发行：中国人民公安大学出版社
地　　址：北京市西城区木樨地南里
邮政编码：100038
经　　销：新华书店
印　　刷：北京兴华昌盛印刷有限公司

版　　次：2016 年 6 月第 1 版
印　　次：2016 年 6 月第 1 次
印　　张：9.625
开　　本：880 毫米×1230 毫米　1/32
字　　数：257 千字

书　　号：ISBN 978-7-5653-2577-9
定　　价：40.00 元

网　　址：www.cppsup.com.cn　www.porclub.com.cn
电子邮箱：zbs@cppsup.com　zbs@cppsu.edu.cn

营销中心电话：010-83903254
读者服务部电话（门市）：010-83903257
警官读者俱乐部电话（网购、邮购）：010-83903253
法律分社电话：010-83905745

京师刑事法学博士文库

编审委员会

京师刑事法学博士文库
序　　言

经过精心筹划，“京师刑事法学博士文库”在北京师范大学这所拥有百年历史的著名高等学府面世。该文库在今日之北师大创办，可谓生逢其时，躬逢其势，恰逢其地。

所谓生逢其时，乃指文库诞生于中国刑事法学理论研究进入精耕细作阶段。这是一个需要并且能够产生精深的刑事法学理论专著的时代，文库的内容恰好迎合了这种时代的需要。

所谓躬逢其势，乃指文库诞生之时，恰逢中国法律改革和法治现代化运动如火如荼地展开，方兴未艾，文库有幸见证并参与这一国家与民族法治振兴的大业之中。

所谓恰逢其地，乃指北京师范大学为文库的茁壮成长提供了良好的环境和肥沃的土壤。众所周知，北京师范大学是我国极少数目前即拥有百余年历史的著名高校之一。它发端于1902年的京师大学堂师范馆。经过百余年的历史积淀，它不仅有着深厚的文化底蕴与优良的人文环境，而且在诸多人文社会学科领域达到了世界或者国内一流水平，培养了大批国家栋梁之才。长期办学实践形成的厚重稳健的办学风格和“学为人师、行为世范”的办学理念，为法学这一逻辑严谨、内容深邃、价值超凡的社会科学在北师大的发展提供了得天独厚的条件。古人云：“源不深而望流之远，根不固而求木之长，德不厚而思国之安”，犹如“伐根以求木茂，塞源而欲流长”。没有深厚的人文底蕴与长期的学术积淀作为基础，要想在法学领域有所建树，即便费尽一时之心力，亦难免流于肤浅，不成大器。在北师大创办刑事法学博士文库，自始避免了先天不足。

毋庸讳言，与众多成熟并稳步前进的学科相比较，北京师范大学的法学还是非常年轻的学科。由于种种原因，不管是学术人才的培养和引进，还是学术理论的创新和发展，法学学科都要比其他社会学科逊色。这不仅使得京师法学在20世纪90年代错失发展的良机，而且与北京师范大学闻名遐迩的国际与国内地位极不相称。令人欣慰的是，这种情况自2005年起有了重大改观。在北京师范大学校领导的大力支持下，以著名中年法学家赵秉志教授为院长的北京师范大学刑事法律科学研究院于2005年8月18日在北京隆重成立，成为中国国内刑事法学领域中首家且目前唯一的、专门从事刑事法学研究与人才培养的独立性、综合性学术研究机构。2006年4月26日，在北京师范大学法律系的基础上，北京师范大学又正式成立法学院。两院相继成立并得以迅速良性发展，标志着北京师范大学法学学科全面繁荣的新时代的到来。“人事有代谢，往来成古今。江山留胜迹，我辈复登临。”随着法学科学建设在北师大的全面展开，我们完全有信心经过若干年的努力，让北师大法学跻身于中国乃至世界法学强者之林。

“桃李不言，下自成蹊”。北京师范大学以其深厚的学术底蕴与宽松、自由的教育环境，吸引着国内外的青年学人慕名而来，追求精神的提升与文化的发展。“千里之行，始于足下”，任何宏大的事业都必须从一点一滴做起。北京师范大学刑事法律科学研究院深知，“百年之计，莫如树人”，十分重视刑事法学学科的人才建设，在建院不长的时间里，不仅引进了多位学术功底深厚、科研能力突出、在国内外有一定学术影响的中青年法学学者，而且招聘了一批毕业于国内外著名法学院、综合素质优秀、学术功底扎实的青年才俊。为了培育新人，使其在学术上不断推陈出新，北京师范大学刑事法律科学研究院凭借学校坚实宽广的学术综合实力与浓郁深厚的人文氛围，决定建立“京师刑事法学博士文库”，支持年轻的法学博士和博士后将其博士学位论文、博士后出站报告以学术专著的形式付梓出版，以此作为促进京师刑事法学发展的重大举措之一。北京师范大学刑事法律科学研究院的资深学者组成的编委会负责“京师刑事法学博士文库”的运作。

“京师刑事法学博士文库”主要面向北京师范大学刑事法律科学研究院所培养的法学博士、博士后以及引进的具有法学博士学位的教学科研人员。鉴于目前刑事法律科学研究院已经初步形成学历层次高、年龄结构年轻化、专业知识结构合理、团结和谐、奋发向上的学术研究梯队，本文库将同时兼顾实体法学与程序法学，以多学科、多维度的精神兼容并蓄，以开放的态度欢迎跨学科方面的研究成果，使其具有视野宽广、包容性强的时代特征。简言之，“京师刑事法学博士文库”将以质取文，唯质取材，但凡有所创新、质量上乘的著作，均可入选。

京师刑事法学博士文库编委会将主动联系新加盟北京师范大学刑事法律科学研究院的法学博士和研究院毕业的博士生，了解其博士学位论文的选题、内容及结构等，以宁缺毋滥、铸造精品的原则及严谨、踏实、创新的学术态度从中谨慎选择优秀之作，并认真审读，提供切实的修改补充建议，供作者修正参考，并负责联系出版，虚心接受国内外刑事法学同行和社会读者的批评指正。我们希望“京师刑事法学博士文库”的作品虽属阳春白雪之作，却能洞明世事，传递俗理；虽属曲高之作，却不至于和者甚寡。同时特别申明：文库的范围不仅限于博士学位论文，只要是加盟刑事法律科学研究院的法学博士同仁创作出的学术精品，均可列入此文库见诸世间。愿同仁闻弦歌而知雅意，愿我等奏流水而遇知音。

“泰山不拒细壤，故能成其高；江海不拒细流，故能成其大。”学术事业的发展与壮大依赖于理论的点滴积累。“京师刑事法学博士文库”在目前也许只是我国刑事法学学术事业中刚刚吐青的新芽，但是，我们相信，它会在京师刑事法学博士文库编委会、加盟刑事法律科学研究院的诸位博士以及国内外方家学者和同行的精心培育之下，逐步成长为国内外瞩目的参天大树，从而为繁荣、深化我国刑事法学学术研究，推动国内外刑事法学思想交流与学术合作，促进社会主义法治建设，作出有益的贡献。

北京师范大学刑事法律科学研究院

京师刑事法学博士文库编委会

二〇〇七年三月三日

Doctorial Series of Criminal Law Science of BNU

Preface

After a careful plan and preparations, "Doctorial Series of Criminal Law Science of BNU" has been established in this distinguished University with over a century history. We can well say that the establishment of "the Series" is on a proper occasion, in a proper situation and at a proper place.

Being on a proper occasion means "the Series" was established in the exquisite stage of China's criminal law scientific theory. This is a stage which needs and may produce profound masterpieces of criminal law scientific theory. The content of "the Series" is just catering for the requirements of this era.

Being in a proper situation means that at the time of the establishment of "the Series" China's law reform and modernization are experiencing her development in the ascendant, just like a raging fire. "The Series" is lucky to witness and participate in the development of this great cause.

Being at a proper place means Beijing Normal University has facilitated "the Series" with healthy environment and fertile soil. It's well known that Beijing Normal University is one of the few distinguished Universities with over one century's history. She grew out of the Faculty of Education of Imperial University of Peking founded in 1902. After a century of development, through a century of accumulation, she has built up a deep seated cultural foundation and good environment of the humanities; what's more, her disciplines of the humanities and social science have reached to the world standard or at the level of First Class in China.

She has nurtured and brought up large numbers of National Talents. Firm and steady style and the conception of "studying to teach and acting to set an example" for running a school has provided the unique condition for the development of law science which requires rigorous logic, deep content and high value. Our ancestors said: "Fountainhead being not deep enough but hoping the water can flow farther, the root being not solid but hoping the trees can grow big, morality being not high but thinking about the safe of our State" just like "cutting the wood in order for the exuberant trees, blocking up the fountainhead in order for the water flowing far". Without deep seated cultural foundation and long term academic accumulation as its base, it seems a bit superficial and ne'er-do-well to get major attainments in the field of law science, even though momentary mental and physical efforts have been used. The establishment of "Doctorial Series of Criminal Law Science of BNU" avoided the congenital deficiency from the very beginning.

No need for reticence, compared with many ripe and steadily developed disciplines, the Law Science in Beijing Normal University is still very young. For varieties of reasons, the discipline of law science seems inferior to other social sciences, either in the cultivation and introduction of talents or in the innovation and development of academic theories. It made the Law Science of Beijing Normal University not only lose the chance of development in 1990s, but also not match with her famous international and national status as well. Now we are glad that things have changed dramatically since 2005. With the support of the leaders of Beijing Normal University, College for Criminal Law Science of Beijing Normal University was solemnly founded in Beijing on August 18, with the noted jurist Professor Zhao Bingzhi as the Dean. She has become the only independent and comprehensive academic unit in criminal law scientific field specializing in criminal research and the talents cultivation. Based on the Faculty of Beijing Normal University, Law School of Beijing Normal University was founded on July 26, 2006. Successive founding and rapid development of these two schools signifies the prosperous new era is coming. "Human and nature have their own metabolization, old events have passed by. The world left wonders and interests, our generations step up". With the construction of Law Science of Beijing Normal University opening comprehensively, we believe absolutely we can enable Law Science of Beijing Normal University to rank among the most advanced influential universities nationally or even globally.

"If we are strict with ourselves, others will surely respect us". With deep seated cultural foundation and free educational environment, Beijing Normal University has attracted young learners out of admiration home and abroad to pursue spiritual promotion and cultural development. "A thousand li journey is started by taking the first step". Any great cause should be done bit by bit. College for Criminal Law Science of Beijing Normal University knows deeply "as to a project of vital and lasting importance, human should be cultivated first". So she strongly emphasizes the construction of talents. Not long before the establishment of the college, she absorbed not only many middle and young law experts who hold deep seated academic foundation, good scientific research ability and academic influence home and abroad, but also a number of young talents who graduated from the famous universities home and abroad and hold good comprehensive qualities and solid academic foundations. In order to cultivate new talents and gradually make them weed through the old to bring forth the new and depend on her solid and wide comprehensive academic ability and strong and deep environment of the humanities, College for Criminal Law Science of Beijing Normal University decides to establish "Doctorial Series of Criminal Law Science of BNU" to support young law doctors and postal doctors to publish their fruits in the form of academic books, as one of the great measures of promoting law science of College for Criminal Law Science of Beijing Normal University. Noted Editorial Board organized by College for Criminal Law Science of Beijing Normal University is responsible for the management of "Doctorial Series of Criminal Law Science of BNU".

"Doctorial Series of Criminal Law Science of BNU " is designed for the young law doctors and postal doctors cultivated by College for Criminal Law Science of Beijing Normal University and the teaching and researching staff who have doctor degrees in law introduced by the College. Because College for Criminal Law Science of Beijing Normal University has preliminarily formed her united and harmonious academic research group with high record of formal schooling and reasonable specialized knowledge of structure, "the Series" will give considerations to both substantial and procedural law science and welcome multiple disciplines' academic fruits with her open minded attitude and her spirit of multiple disciplines and sides. Thus she will hold her strongly magnanimous character of era with her wide vision. In brief, "Doctorial Series of Criminal Law Science of BNU" will choose the fruits merely according to its high quality. The works that are creative and of high quality can be chosen. Editorial Board of Doctorial Series of Criminal Law Science of BNU will positively contact the new doctors who graduated from College for Criminal Law Science of Beijing Normal University, getting to know the topic, content and structure of their essays. We will abide by the principle of putting quality before quantity and producing fine works and strict and steady and innovative academic attitude, to choose the excellent works from them and carefully read and check, provide practical supplementary suggestions of amendments for the authors to amend as a reference. We will be responsible for contacting publishing houses, listening to criticisms with an open mind from our fellow scholars and social readers. We hope the works of Editorial Board of Doctorial Series of Criminal Law Science of BNU can find and know affairs of human lives, communicate common saying, even though they belong to the works of the elite; They are welcomed by many, even though they belong to the elegant works. Meantime we declare particularly the scope of "the Series" is not restricted in the field of doctorial degree essays; all the fine works or articles from the fellow law doctors in law are welcome . These articles and works can be listed in "the Series" and can be published throughout the world. May our fellow researchers know the real meaning while listening to the music; May we meet our bosom friends while playing the music of flowing water.

"Mount Tai accepts small soils, so it can become high; Rivers and seas accept small streams, so they can become large". The development and expanding of academic causes depends on theoretical accumulation bit by bit. Editorial Board of Doctorial Series of Criminal Law Science of BNU may be the heading sprouts in the process of academic causes of our State's Criminal Law Science. But we believe that she can gradually become towering tree, attracting the attention home and abroad. It can make beneficial contributions to our state's academic research of Criminal Law Science, promoting exchange and cooperation of Criminal Law Scientific thinking home and abroad, and accelerating rule of law's construction of our Socialism.

College for Criminal Law Science of Beijing Normal University
Editorial Board of Doctorial Series of Criminal Law Science of BNU
March 3rd, 2007

序　言

本书是在广西钦州挂职期间对博士论文的基础上修改完成的，也是中国政法大学研究生院科研实践创新项目（2012BSCX17）和博士论文培育项目（2014BSLW14）“刑事诉讼法律关系论纲”的最终研究成果，现被收入北京师范大学刑事法律科学研究院的“京师刑事法学博士文库”。

刑事诉讼法律关系通常被视为诠释刑事诉讼本质的基本范畴，然而近年来我国学界对该理论的研究不足、传统既有理论无法科学、合理解释我国司法实践中的一些特殊现象。这是笔者选择该命题的重要原因。自研究之初，笔者即意识到理论视野、研究方法、价值取向等因素，都是制约传统理论发展的重要原因，为此笔者近年专门搜集了德国、日本、我国台湾地区学者和苏联学者的一些经典论述，这些学术思想对本书的写作助益颇大。本书主要采用思辨和实证相结合的研究方法，以思辨方法为主，同时也采用了诸如文献研究方法、注释研究方法、历史法学研究方法等。从价值取向上，由于传统理论所展现的理论价值与其在司法实践中所发挥的作用严重不符，造成人们误以为这种理论研究的价值不大。也因为选题最初属于填补空白性质的研究，所以难免遇到来自外界的很多压力，甚至面临挑战权威观点的压力，所幸获得一些热心的前辈方家的关心、提携和帮助。而整个研究过程也可谓一波三折，由是不得不始终抱持一颗认真向学、谦虚谨慎的心。作为初出茅庐的年轻学者，尤感步履维艰、如履薄冰。所幸研究如期完成，今日即将付梓，心情复杂、百感交集，其中酸甜苦辣，个中百味唯自知之。

首先特别感谢博士后在站期间北京师范大学刑事法律科学研究院高铭暄先生、储槐植先生和赵秉志教授、卢建平教授所给予的热情关怀、帮助和指导，特别感谢合作导师宋英辉教授在工作、学习和生活中所给予的亦师、亦友、亦父般的关心、理解和帮助，也非常感谢刑科院刘志伟教授、刘广三教授、吴宗宪教授以及其他诸多老师、同事和朋友们所给予的关心、帮助和支持。

同时，本书在写作过程中得到中国政法大学诉讼法学研究院陈光中教授和刘玫教授的精心指导，在此特别表示感谢。也感谢樊崇义教授、卞建林教授、陈卫东教授、顾永忠教授、杨宇冠教授、张建伟教授、熊秋红教授、周欣教授、汪海燕教授、洪道德教授、卫跃宁教授等专家学者和学界前辈的关心、指导和帮助。

在此值得指出的是，对于我博士论文的写作，首先要感谢我博士在读期间导师组陈光中教授所给予的精心指导和无私帮助；尤其是在论文写作过程中，陈教授在诸如开篇布局、下笔行文和术语把握等方面所给予的具体指导和悉心指教，在此特别表示感谢。在此，特别感谢我的博士导师刘玫教授，为我的论文写作创造各种便利条件。本文从搜集资料、到结构调整，以及此后的整个写作过程，都得到刘教授的悉心指导、帮助。尤其是刘老师专门写信推荐我去台湾拜访台大法律系的王兆鹏教授、林钰雄教授等学者，以就专业问题求教方家。此外，也感谢刘老师在工作、学习和生活上所给予的关心和无私帮助。

令我印象最为深刻的，是 2013 年的台湾之行。在博士论文前期的写作酝酿阶段，为收集必要资料，笔者专程赴台搜集相关论著，以期有所收获。结果也是令人欢欣鼓舞的，因为此行可谓收获颇丰。尤其是在台大图书馆和台北“国家”图书馆的那段时间里，我遇到了许多温良热情的人们。无论是在台北大都市、还是在日月潭的乡下，到处都弥漫着浓浓的人情味以及中华传统遗风和人文情怀。籍此，感谢台湾大学的王兆鹏教授以及 2013 年 6 月份来京参加研讨会的各位教授先进。

值得一提的是，笔者在实务部门挂职锻炼的经历，对本书的写作和修改完成有着非常大的启发和帮助，故而在此首先特别感谢业务导师刘国锋院长的精心指导，也感谢其他领导同仁的关心、帮助，非常珍惜与各位领导、同仁在朝夕相处中所结下的深厚友谊。同时，特别感谢卢上需院长的鼎力支持，也感谢李志友副院长、张元成副院长、黄国彪副院长、杜应参副院长、韩卫东局长、杨小利组长和刘保华主任等其他班子成员在工作、学习和生活中所给予的关心和帮助。

最后，谨将本书献给我敬爱的舅舅王万和先生！在彭真先生的故乡——晋南小城侯马，他是一位德高望重、和蔼可亲、平凡而伟大的人。作为一个在当地深得民心、众望所归的老政法人，他自20世纪50年代起就开始从事政法工作——从最初的派出所普通公安民警，到派出所所长、到公安局副局长、再到分管刑事审判的法院副院长，以及后来的检察长、政法委书记。在家乡的政法系统勤勤恳恳、默默耕耘数十载，可以说，他把自己的一生都献给了家乡的政法事业！每当想起他，耳边就会响起他的谆谆教诲和殷切期望。在我们这些后生晚辈眼里，他是一位可亲可敬的长辈，始终尽心尽力、无微不至地关心着家里上下老小的“老管家”、“大家长”；在乡亲眼里，他是方圆数十里有口皆碑、受人尊敬的“大好人”；在同事眼里，他是受人敬仰的“老同志”、“老领导”、“老院长”！他的为人处世、待人接物、人格魅力和司法情怀，无时不刻不在影响着幼时的我。正是在这样的家庭熏陶、耳濡目染中，我们这些晚辈后生逐渐产生了对法律的尊崇、崇敬和敬畏，以及对政法事业的热爱。言及于此，不得不说笔者之所以选择法律专业作为学习深造的方向、以及在此前后始终都从事着政法相关的理论和实务工作，在很大程度上都缘于受到舅舅谆谆教诲和言传身教的影响。顾此，在我即将学成之际，深刻缅怀这位已经逝去的老人、可亲可敬的长辈！深刻缅怀这位清正廉洁、克己奉公、司法严明的政法前辈！他的精神永垂不朽！“路漫漫，其修远兮，吾将上下而求索。”迄今，倘若回首我十余载的法律学习和研究经历，舅舅王万和先生的精神已然在我人生的道路上留下浓墨重彩的一笔，也必将继续引导我在法学理论研究和法律实务探索的道路上继续前进，希望能够以这位至亲、先人和前辈作为我人生的楷模和精神导师，在未来学术探索的道路上为党、国家和人民的中国特色社会主义法治事业做出更大的贡献！

本书也献给我亲爱的父亲母亲！

边慧亮

2016年5月

目　录

Contents

引 言

“刑事诉讼是什么?”是一个深奥的法哲学命题。对于这个命题，学者们有着不同的看法。有学者认为，刑事诉讼是社会纠纷的解决方式；有学者认为，刑事诉讼是国家刑罚权的实现方式。当然，理论界还有其他看法。譬如也有学者认为，现代刑事诉讼是公民人权的保障方式。这就意味着，对于刑事诉讼“是什么”的问题，实际上不但是刑事诉讼的基础理论问题，而且是一个重要的法律哲学问题。有关“刑事诉讼是什么”的法哲学问题，因为实在太过抽象，如果不从哲学层面尤其是法律哲学层面对其进行深入系统研究，就无法搞清其理论本体。

然而，通常而言，哲学上“是什么”的问题，一般是作为探究事物本质属性的基本命题。其主要的研究目的在于揭示事物内在固有的本质属性，及其发展变化的规律性。在现代法律哲学和法理学框架下，对于社会生活中纷繁复杂的法律现象进行研究的过程中，我们在很多时候很难准确、及时地对其内在的法律本质进行直观清晰的描述。这主要是由社会生活的变动性和法律自身的发展性、相对稳定性所决定的。“诉讼”作为一种历史悠久的古老法律现象，经常被用于解决人们在社会生活中的各种社会纠纷。而基于它的这种特殊功能，人们习惯于把它称为一种“纠纷解决方式”。但是，这是否能够真正揭示其内在的法律性质呢?笔者认为，诉讼理论界的这种传统观点，实际上是值得商榷的。此外，在近现代刑事诉讼理论中，诉讼曾因被作为刑事实体法的实现手段，而被长期看作国家刑罚权的实现方式。这种传统观点使得刑事诉讼法长期沦为刑法的附庸，甚至被定位为“刑法之司法法”“刀把子法”，而使得刑事诉讼法的独立品性无法彰显。然而，随着人类历史上世界性人权保障运动的发展，刑事诉讼法的“限权法”和“人权保障法”功能逐渐受到世界各国的重视，因而刑事诉讼法通常又被称为“小宪法”。这就意味着，现代刑事诉讼又被看作一种人权的基本保障方式。

随着刑事诉讼本质理论的多元化发展趋势，我们不得不对这些理论观点进行重新审视。我们不难发现，前述学说揭示的，要么是刑事诉讼的社会属性，要么是其政治属性或者公法属性。但是，这些学说并未从根本上揭示刑事诉讼自身的内在规定性和法律本质属性。故而从刑事诉讼的内在机理和运行机制角度来考察“刑事诉讼是什么”这一法哲学命题就变得至关重要。在刑事诉讼法律理论发展史上，传统大陆法理论通说认为，刑事诉讼的法律性质是刑事诉讼法律关系。基于此，笔者拟本着辩证唯物主义和历史唯物主义的哲学基本立场，通过探究刑事诉讼法律理论史上的各种学说，来揭示其理论内核和实质。

一、立论：重要性和必要性

（一）重要性

众所周知，我国在立法体例上有着悠久的法典化传统。自清末修律以来，我国仍然沿着法典化的制度路径继续发展。然而，最大的转变就是我们已经无法再继续沿着中华法系的路径来调整已经近现代化的社会生活。但这也并不意味着我们能够割舍传统文明中所蕴含着的民族精神。无独有偶，源自欧洲大陆的新法系所代表的时代精神，无论在内容还是在形式上都契合了我国特有的国情。如前所述，传统大陆法是在罗马法复兴运动中逐渐确立起来的。就其近代之传统渊源，通常认为是源自《法国民法典》和《德国民法典》。这被认为是传统大陆法系的基础。也就是说，整个大陆法系是以民法理论为其制度体系之核心的。由此，不难导出作为民法学核心理论的法律关系理论所具有的理论价值和实践意义。然而，伴随着跨越广阔社会历史时空的“公法私法化、私法公法化”的发展潮流，这种理论被引入刑事诉讼领域，甚至被发展成为用于阐释刑事诉讼本质的重要范畴。大陆法诉讼理论和我国理论通说都认为，刑事诉讼法律关系是刑事诉讼现象的法律实质。通俗地说就是：刑事诉讼法律关系是刑事诉讼的灵魂。然而，鉴于该理论目前所面临的尴尬境地，如果要发挥其理论和实践价值，就必须追根溯源系统考究其理论源流、考察其理论形态，在新的制度框架和理论环境中重新阐释其内在的逻辑体系，重新回归分析实证主义法学流派，全面客观评价其所固有的理论品性，从而彰显其在制度、理论和实践中的多重价值与功能。

（1）在刑事诉讼立法上，刑事诉讼法律关系理论是刑事诉讼法的灵魂。因为无论在立法内容上还是在立法形式上，都体现着刑事诉讼法律关系的内在精神。首先，在刑事诉讼法典的结构体例上，体现着刑事诉讼法律关系的精神理念。传统大陆法国家的法典通常都在宏观上贯穿着关于刑事诉讼法律关系的主体、内容和客体诸要素方面的立法形式要求。在此基础上，它将各种局部、微观的刑事诉讼制度编制成一个有机联系的整体。因此，可以说刑事诉讼法律关系就好比一条红线，贯穿于整个刑事诉讼制度体系。这是其他所有范畴所不具有的制度功能。其次，在刑事诉讼法典的立法内容上，体现着刑事诉讼法律关系的内在要求。在传统诉讼理论中，刑事诉讼通常被视为国家刑罚权的实现方式，那么通过立法配置国家司法权便成为其主要内容。这就意味着要将公权力分配给不同的国家机关。这是刑事诉讼法所具有的传统功能——“授权法”。然而，随着现代世界性人权保障潮流的发展，现代刑事诉讼法又被赋予特殊的历史使命：限制公权力和保障人权。这是现代刑事诉讼法所具有的独特的公法属性。正是由于其这种“限权法”和“人权保障法”功能，使其在传统大陆法理论中通常被称为“小宪法”。这就不光要求赋予司法机关追究犯罪的权力，还要求对其进行必要的限制和制约；对诉讼参与人尤其是犯罪嫌疑人、被告人而言，立法者应当通过立法赋予其维护自身权益的法律特权，以制约公权力、防止其被滥用。因此，在立法内容上，刑事诉讼法典需要对控诉、辩护和审判三方进行职能配置，对其诉讼权利义务进行利益权衡。这些都体现着刑事诉讼法律关系的内容要求。

（2）在刑事诉讼法学的学科构建上，刑事诉讼法律关系理论也是刑事诉讼法学的灵魂。首先源自古老的“法锁”观念。这似乎使人容易联想到手铐、脚镣、枷锁、牢笼和监狱——如果说它们是国家和社会生活中一种物质有形的“法锁”，那么“刑事诉讼”在国家和社会制度中何尝不是一种抽象的“法锁”呢？那么，我们不妨这样来形象地看待现代的刑事诉讼程序：由一系列具体的刑事诉讼法上的“法锁”连接而成的法律锁链，再由这些法律锁链有机地组成系统完整的法律锁链网络。然而，俗话说，“法网恢恢，疏而不漏”。法网的疏密程度，不仅取决于法律锁链的数量和严密程度，而且还取决于法锁设置的科学性和合理性。但是，现实的制度实践，必然要求抽象理论的科学支撑。也就是说，科学严密的刑事诉讼立法，必然要求理性精到的“法网编织术”。这就是实践对理论的客观要求。通俗地说，刑事诉讼法律关系理论就是关于法网编织术的学问。其次，从刑事诉讼法学理论的内容而言，刑事诉讼主体、客体、目的、行为和结构等基础范畴、辩护原则和无罪推定原则等基本原则、诉权理论和诉的理论等传统诉讼理论，以及包括从立案、侦查、起诉到审判、执行等环节在内的整个刑事诉讼程序，都体现着法律关系理论的基本内容。

因此，笔者主张，刑事诉讼法律关系理论是刑事诉讼法学理论的重要核心理论之一。记得我国一位著名民法学家在其主编的经典——《民法学》教科书中曾经这样描述：一部民法学就是一部民事法律关系学。同理，笔者以为，刑事诉讼法学又何尝不是刑事诉讼法律关系学呢?！这恰恰也说明刑事诉讼法律关系范畴理论品性的真正所在。同时，这也是我国刑事诉讼法的科学化、民主化和理性化的重要契机，是我国刑事诉讼法学理论范式转型的关键。就此意义而言，也唯此法律关系理论方得为解开刑事诉讼法学之“哥德巴赫猜想”——刑事诉讼本质之谜的金钥匙。这也使得刑事诉讼法律关系理论在国家刑事诉讼法律制度和司法制度的构建中必将发挥更大的立法和司法实践价值。

（二）必要性

刑事诉讼法律关系理论在中国出现肇始于19、20世纪交替前后对德、法和日等传统大陆法学说的借鉴和移植。经过数十年的发展，自1949年始，我国法律学说逐渐开始学习苏联理论，并完全否定传统既存的几乎所有学说。整个刑事诉讼理论开始抛弃传统“诉讼主义”的基本立场，并沿着广义诉讼学说的理论路径演化发展。尤其是自1979年我国制定首部刑事诉讼法典以来，我国刑事诉讼制度学说主要沿着概念法学和注释法学的研究范式不断发展，为司法实践服务。然而，随着经济社会的发展与进步，社会急剧转型。在这种情况下，传统理论的研究范式开始逐渐捉襟见肘，难以满足实践的客观需要。尤其是20世纪八九十年代苏联解体之后，其整个国家上层建筑被彻底否定，包括法律制度和法学理论。而我国刑事诉讼制度、理论和实践也都面临着重大转型。这种时代背景直接催生了我国刑事诉讼法典的首次修改。然而，我国刑事诉讼法律关系理论却仍然在传统理论范式羁绊下故步自封并逐渐僵化。在此后十数年间，随着国际性人权保障浪潮的发展，我国开始逐渐重视人权保障问题。其重要的标志性事件就是2004年“国家尊重和保障人权”载入宪法典，又于2012年载入新的刑事诉讼法典。国家上层建筑的逐渐转向也影响着法学理论的发展演化。人们开始逐渐反思传统范式的局限和不足，并将理论视野转向德、日等传统大陆法，以寻求新的发展契机。自此实证化的研究范式逐渐进入人们的理论视野。各种传统学说的碰撞和争鸣促进了我国诉讼法学理论的繁荣和发展。

然而，就是在这样的时代背景下，我们逐渐展开对传统学说的普遍反思，并且重新审视这一传统的刑事诉讼法律性质学说。如前所述，我国大陆传统理论通常将刑事诉讼视为社会纠纷的解决方式，或者是刑事实体法的实现方式，抑或是现代人权的保障方式。这些刑事诉讼性质观都在某种程度上揭示了刑事诉讼的某方面属性。如纠纷解决观揭示的是刑事诉讼的社会属性；刑罚实现观揭示的是其政治法属性；人权保障观揭示的是其公法属性。这些属性都是其作为工具范畴所固有的价值和功能。那么，我们试问刑事诉讼的本质究竟是什么呢？传统学说普遍认为是刑事诉讼法律关系。然而，这种貌似简单的问题实际上并不好回答。因为自19世纪后期德国学者标罗创立诉讼法律关系学说以来，德、日等传统大陆法已经发展出诸如“法律状态说”“两面说”和“三面说”等经典学说，并已形成成熟的理论体系。如果理性地反观我国大陆传统理论，不难发现，受理论范式、理论视野、理论来源等主客观因素的制约，我们很难说真正搞清了其理论本体、主体。尤其是，尽管自首部法典颁布以来，我国刑事诉讼理论已经经历了30余年的发展，但是如果重新回顾这30余年的发展历程，我们就会发现：前十六七年主要沿袭苏联的权威学说，这不仅体现在立法指导思想、制度设计等方面，还体现在刑事诉讼的理论范式和形态之中；后十六七年主要学习欧美法治国家的诉讼法治经验。如近年来非法证据排除规则在我国制度层面的引入。总体而言，到目前为止，我国刑事诉讼已经基本实现诉讼法治理念的转向。倘若回顾我们的刑事诉讼法律关系理论，往往就会有学者不以为然甚至嗤之以鼻。尤其为笔者所感慨的是仍有少数学者在持续关注着这个领域的发展，然囿于传统理论的窠臼、现实的理论环境等因素的制约，只能望洋兴叹。笔者印象最深的是北京大学陈瑞华教授的著名论断：“我国现行的刑事诉讼法律关系理论已经走到尽头①。”尽管十数年已经过去，但是该领域的研究进展却难说尽如人意。人们似乎已经默默地接受了这个理论现实。然而，笔者认为，尽管这种论调有些悲观，但不无

① 陈瑞华：《刑事诉讼的前沿问题》，中国人民大学出版社2005年版，第103页。

道理，同时这也说明，我们在这方面所做的工作确实还不够，至少不能给予这个理论以全面的认识和客观的评判。这也意味着，我们还有很长的路要走。那么，如何打破传统理论的僵局，赋予其新的时代精神呢？这是个值得深入思考的问题。

在新中国的刑事诉讼法学史上，尽管曾经在20世纪90年代掀起过刑事诉讼法律关系理论的研究热潮，但是其结果也难说尽如人意。据笔者不完全统计，迄今为止，自20世纪90年代以来，学术期刊上公开发表的相关论文寥寥无几，不过十余篇而已；至于公开出版的专著，则尚付之阙如。由于长期以来，在刑事诉讼理论体系中，通常是将“刑事诉讼法律关系”作为基础性理论范畴而进行理论建构的，因此对于该理论命题的论著主要集中在刑事诉讼法学教科书中。这就意味着，只要学习过刑事诉讼法学的学生，几乎都要涉及该理论的学习。这在大陆如此，在中国台湾地区也是如此。据笔者私下所悉，在现在中国台湾地区的司法考试中，刑事诉讼法律关系理论是作为必考内容之一的。姑且不论其在台湾地区刑事诉讼法学理论中的地位，但就此一点，足可见其重要性。然而，再回到我们大陆关于该理论的现实状况来看，似乎存在着一个非常奇怪的现象，就是在经过长期的淡漠之后，许多经典的教科书开始逐渐删去该部分内容。而与此同时，尽管也有些教科书仍然保留该部分内容，但就其理论形态而言，却仍是老生常谈，无法摆脱传统诉讼理论的窠臼。也许这些学术情势都说明传统理论的某些无奈。就个中因由而言，既有传统理论范式、方法和路径等因素的制约，也有理论视野、形态和功能等方面的差异，这些因素都使得传统学说难以取得突破，并形成新的逻辑体系。

对此，笔者认为，刑事诉讼法律关系范畴作为学科性的基础范畴和基本理论，其重要性自然是不言而喻的。但是，就其理论本体、主体而言，国内学者大多无法搞清其究竟为何物。倘若我们将理论视野回归传统大陆法理论，就会发现自其诞生以来的百余年历程中，它从来都没有淡出过大陆法国家学术界的研究视野，甚至在教科书中将其作为整个刑事诉讼法学的理论框架，来构建其独特的刑事诉讼理论体系。这是值得我们深入思考的问题。然而，我国现有的刑事诉讼理论体系主要是参照刑事诉讼法典的立法体例来进行理论建构的。这种指导思想来源于苏联法学意识形态。同时，这也是曾为学界所诟病的问题之一。如何从学科体系上摆脱这种以法典的结构体例为基础和参照系的传统做法，去探索构建新型的学科性理论架构，就不能不说是一个重要的理论问题。因为这对于传统理论真正实现从注释法学向理论法学理论范式的转变是至关重要的。就此意义而言，笔者称其为开解该理论命题之“哥德巴赫猜想”的金钥匙。因此，从刑事诉讼法学的哲理化发展角度而言，刑事诉讼法律关系理论无疑是尚未破解的难题。然而，现实情况如前所述及的那样，诉讼理论界尚且缺乏系统化、科学化和理性化的理论研究。基于此种考虑，抑或是前述种种考虑，为弥补理论空白、加强基础范畴哲理化研究，从而为我们在新的理论背景下推进诉讼理论的不断进步，都有必要对该理论命题进行深入系统研究。

二、破论：新角度、新范式和新方法

如前所述，作为刑事诉讼基本理论范畴之一，刑事诉讼法律关系理论要摆脱理论困境，发挥其应有的制度、理论和实践价值，就必须从法律哲学的高度回归并彰显其固有的实证法学理论品性。然而，在我国现有诉讼理论状况基础上，实现这一研究目标，就必须在研究角度、研究范式和研究方法上有所突破。也唯有这样，才能在批判地继承传统理论既有成果的基础上，探索构建新的理论体系。

首先，语言哲学的研究角度。从语言哲学的角度，对“刑事诉讼法律关系”的命题结构进行逻辑分析。“刑事诉讼法律关系”命题本身由“刑事诉讼”和“法律关系”两个子命题构成。基于此，本文拟将“刑事诉讼”和“法律关系”作为两条逻辑主线，在刑事诉讼基础理论的特定语境中以“法律关系”为主线，通过对刑事诉讼中的“法律关系”进行全方位、多角度的系统论述，借此论证“刑事诉讼的法律本质属性”在于刑事诉讼法律关系。

其次，理论法学的研究范式。在研究范式上，打破传统理论在刑事诉讼本质理论领域所采用的概念法学传统，以最终在传承注释法学理论优势的基础上，将研究范式逐渐转变到具有鲜明的实证精神、科学精神和时代精神的理论法学范式的轨道上。尤其是在理论体系的重新构建上，严格遵循理论法学的研究范式，通过重构传统的构成要素理论，奠定其在整个刑事诉讼法律关系理论体系中的本体论基础和理论核心地位。但是，在本体论的重构过程中，也注重吸收传统注释法学的某些理论优势，来增强整个理论体系的系统科学性、逻辑严密性和结构完整性。譬如，在局部微观视角，以注释法学方法为出发点，探索构建相对独立的局部理论体系，如构成要素理论、诉讼条件理论、结构理论和诉讼责任理论。这些局部理论既具有相对独立性，也具有宏观上的逻辑相关性。值得指出的是，尽管拙文也采用了某些传统的注释法学范式，但是真正推动和促进理论突破的研究范式，却恰恰是这种理论法学的研究范式。

最后，实证主义的研究方法。在研究方法上，秉承“法律关系理论”所固有的实证主义法学传统，综合采用历史法学、分析法学、实证法学等实证主义的研究方法。一方面，对于刑事诉讼法律关系的理论渊源，主要采用历史法学研究方法，立足辩证唯物主义和历史唯物主义的哲学基础（方法论和世界观），分别从法律哲学、诉讼法哲学和刑事诉讼法学的角度，客观分析刑事诉讼法律关系理论发展的理论渊源和历史规律。另一方面，对于刑事诉讼法律关系的构成要素、诉讼条件、结构形态和法律责任的研究，主要采用分析法学和实证法学的研究方法，来系统分析刑事诉讼法律关系的理论核心、发生机制、运行机制和保障机制，以期在新的理论体系的框架下，系统、科学地揭示刑事诉讼的法律本质属性。

综上所述，笔者认为，只有打破传统理论视角、范式和方法的羁绊，在批判地继承传统既有理论合理因素的基础上，采用新的研究视角、研究范式和研究方法，才能够使传统的刑事诉讼法律性质理论摆脱进退两难的理论困境，实现刑事诉讼法律关系理论体系的科学重构。

第一章　法律关系理论的历史渊源

法律关系理论是近现代法哲学和法理学中最基本和最重要的范畴之一。正如有些学者（如我国台湾地区学者郑玉波）所言，“法书万卷，法典千条，头绪纷繁，莫可究诘，然一言以蔽之，其所研究或所规定者，不外法律关系而已”①。法的社会作用，也就是法对社会生活（或者社会活动）的规范和调整作用，主要是通过法律规范影响人们的行为，来形成或者消灭相应的法律关系来实现的。因此，其对于观察和研究法的作用的一般规律，尤其是对考察研究法究竟是如何通过其规范作用的运行机制和原理来为现实服务的，都有着重要的理论价值和实践意义。近代以来，法律哲学和法理学中的法律关系思想学说，在人们社会生活的现代化和后现代化过程中不断闪烁着智慧的光芒和思想的光辉。然而，法律关系理论的起源、发展和成熟，却经历了一个漫长的历史过程。

一、古罗马“法锁”观念

众所周知，根据学术界的通说，法律关系理论最早起源于古罗马法中的“法锁（Law-in-lock）”。“法锁（法律的锁链，Juris Vinculum）观念，意为当事人之间的拘束状态。”② 这是古罗马时代人们对法的一般观念。然而，在狭义上，在古罗马法律精神中的“法锁”观念，也被用来形象地描述私法上的债的关系。正如优士丁尼所说：“Obligatio est juris vinculum quo necessitate adstringimur

① 郑玉波：《民法总则》，台湾三民书局 2003 年版，第 63 页。

② 胡旭晟、蒋先福：《法理学》，湖南人民出版社 2000 年版，第 257 页。

alicujus solvedaerei, secundum nostrae ciritatis jura."[①] 这句话就是说，债的实质是法锁。因为“人们一旦被法锁锁住，就不能任意解脱，除非通过履行、清偿（solutio）、诉讼等程序。法锁本身的作用即限制或约束，法锁显然表示的是法律的约束力”。[②] 古罗马先哲们睿智而聪慧地将权利、义务两者间的相对和拘束状态，与日常生活中的“锁”的功能联系起来，来描述“法的约束力、拘束力”，笔者称其为“法力”。其实，说到“法锁”，我们很容易联想起手铐、脚镣、枷锁这些具有特殊的法律意义和功能的锁链。这就意味着，实际上就其朴素的观念层面而言，“法锁”在古今中外都是存在的。只是并没有像古罗马先哲们那样将其发展为某种法的普遍观念。

二、萨维尼法律关系理论

19世纪初，经过罗马法复兴运动和思想启蒙的洗礼，欧洲资产阶级在革命胜利后建立了近代意义上的国家。人们也逐渐开始将“人”和“社会关系”作为科学的研究对象。后来，“社会关系”逐渐成为常用的研究术语。而“法律关系”概念成为专门的法律术语，通常被认为肇始于德国学者胡果。他在民法学理论中，根据罗马法私法理论的既有成果，抽象出专门的“法律关系”概念。19世纪初，在欧洲大陆法国家的民法学理论中，逐渐采用“法律关系”作为研究术语。后来，德国学者萨维尼初步构建了法律关系的理论体系。萨维尼说：“现在应当进一步阐明属于私法的法律关系的本质；只有这些法律关系才属于我们的任务范围，因此，从现在起，它们就被我们称为‘法律关系（Rechtsverhältnisse）’，

① 参见张光杰：《法理学导论》，复旦大学出版社2006年9月版，第162页。

② 章戎、凌娜：《“法律关系”概念在私法和公法领域中的意义》，载《上海政法学院学报》（法治论丛）2007年第03期。

而不带任何限制性的附加语词。”[①] 这就意味着，萨维尼的法律关系理论实质上只是一种私法理论。对于该范畴的界定，他认为“所有的具体法律关系就是通过规则而界定的人（Person）与人之间的联系（Beziehung）”。[②] 但这并不意味着生物人之间的所有联系都属于法的范畴。“生物人之间的联系可以接受并且需要这种通过法规则而进行的界定。”[③] 这就意味着，只有那些可以接受法律规则调整的，并且需要法律规则调整的社会关系，才能够进入法律领域进而成为法律关系。对于这个范畴的要素，萨维尼主张“两要素说”。他认为，凡是法律关系，通常都具备实质的和形式的两方面要素。前者是“素材（Stoff），即联系（Beziehung）本身”[④]，即“法律关系中的单纯事实”，后者是“法对于此素材的界定”。萨维尼的重要贡献还在于创造性地从静态和动态两个层面诠释法律关系理论。萨维尼认为，应当从静态和动态两重视角观察法律关系本身。其中，在法律关系性质的静态层面，侧重于解构法律关系的构成要素；在法律关系性质的动态层面，即“法律关系的特有生命过程”[⑤]，主要是指法律关系的产生和消灭及其发展和向新形态的转变，甚至还包括“法律关系受侵害情形中的对法律关系的救济（Verfolgung）”，其主要侧重于描述法律关系的运作规律。同时值得指出的是，对于法律关系的本质，萨维尼将其最终“确定

① 参见［德］萨维尼：《当代罗马法体系》，朱虎译，中国法制出版社2010年版，第257页。

② ［德］萨维尼：《当代罗马法体系》，朱虎译，中国法制出版社2010年版，第258页。

③ ［德］萨维尼：《当代罗马法体系》，朱虎译，中国法制出版社2010年版，第259页。

④ ［德］萨维尼：《当代罗马法体系》，朱虎译，中国法制出版社2010年版，第259页。

⑤ ［德］萨维尼：《当代罗马法体系》，朱虎译，中国法制出版社2010年版，第304页。

为个人意志独立支配的领域"[①]。最终，萨维尼以法律关系的类别为逻辑线索，确定了德国民法理论的基本框架和德国民法典的基本结构体例。

对于萨维尼法律关系理论的历史契机，也就是说，萨维尼为什么能够首创性地构建法律关系理论的问题，笔者认为，是多重因素综合作用的结果。世所共知，萨维尼在法律关系理论领域的建树和贡献是无人可以替代的。然而，萨维尼之所以青睐法律关系，其主要原因在于，萨维尼法学理论的整体图景，不但有其特有的法学思想理论基础，而且在法学研究方法上的实证化倾向及其与法律渊源理论的密切结合也是重要原因。具体而言：

1. 强调历史性和系统性研究方法的有机结合

他主张，在法学研究过程中应当遵循的原则有："法学是历史性（historisch）的科学"[②]"法律是哲学性（philosiphisch）的科学"[③]"注释性和体系性的结合：在这种结合中，法学方法得以完成"[④]。法学研究方法在历史性和体系性上的结合，被看作是萨维尼构建法律关系理论的前提之一。

首先，萨维尼强调"法学是历史性（historisch）的科学"[⑤]。在他看来，"法律的素材（Stoff）通过国族的全部过往而被给定，而非任意给定以至于它只是偶然地是这样和那样，它产生于国族本

① ［德］萨维尼：《当代罗马法体系》，朱虎译，中国法制出版社 2010 年版，第 260 页。

② ［德］萨维尼：《当代罗马法体系》，朱虎译，中国法制出版社 2010 年版，第 260 页。

③ ［德］萨维尼：《当代罗马法体系》，朱虎译，中国法制出版社 2010 年版，第 260 页。

④ ［德］萨维尼：《当代罗马法体系》，朱虎译，中国法制出版社 2010 年版，第 260 页。

⑤ ［德］萨维尼：《当代罗马法体系》，朱虎译，中国法制出版社 2010 年版，第 260 页。

身以及其历史的最为深层的本质"。[①] 不难看出，萨维尼的法律史观侧重强调法的历史连续性的观点。这直接导致了"历史性法学"的产生，促进了法学家们对实证法的"历史处理"。

其次，萨维尼强调"法律是哲学性（philosiphisch）的科学"[②]。在1802—1803年，他曾在关于法学方法论的讲义中详细论述过哲学与法学两者间的关系。他反对采取空洞推理形式的"沃尔夫（Wolf）式"的哲学法律理论[③]，反对"那种对法学与哲学的关系作简单化处理的研究风格——把实证法学嫁接到既有的哲学基础知识与原理之上"。[④] 但是，尽管萨维尼反对所谓的"哲学法律理论"，但是他却又承认"法学的哲学性"。通过对法学的哲学性的强调，萨维尼主张在构建法律规则体系过程中，法律概念和法律规定两者能够形成逻辑上的统一整体，排除内在的逻辑矛盾。

再次，"注释性和体系性的结合"[⑤]。也就是将法的历史性及其系统性有机地结合起来。在他看来，历史性的法学研究方法是将历史的、动态的法作为观察对象，注重描述"法是如何在特定的时间范围内演变为现时状态的发展过程"[⑥]；而体系性的法学研究方法，则是将当前特定时间点上的、静态的法作为观察对象，不去考虑法的历史性发展过程，其侧重于研究"法的当前形态"，力求在法的内部关联中寻求法本身的逻辑自洽。对于历史性和哲学性两者

---

① ［德］萨维尼：《当代罗马法体系》，朱虎译，中国法制出版社2010年版，第260页。

② ［德］萨维尼：《当代罗马法体系》，朱虎译，中国法制出版社2010年版，第260页。

③ ［德］萨维尼：《论立法与法学的当代使命》，许章润译，中国法制出版社2001年版，第4页。

④ 杨代雄：《萨维尼法学方法论中的体系化方法》，载《法制与社会发展》2006年第6期。

⑤ ［德］萨维尼：《当代罗马法体系》，朱虎译，中国法制出版社2010年版，第260页。

⑥ 杨代雄：《萨维尼法学方法论中的体系化方法》，载《法制与社会发展》2006年第6期。

间的关系，萨维尼认为，应当"在历史所提供的多样性中寻求一种更高的统一性，寻求一种可以由此解释具体现象的生活原则……"①"但既定的多样性具有两种性质：共时性（gleichzeitiges）和历时性（successives）"。② 因此，在萨维尼看来，应当将"法的历史性"和"法的哲学性"整体结合起来，"根据历史发展的法则和其民族不同时代的必然关联"，只有"将制定法的内容作为具有历时性的整体而加以观察"，才是最为正确的道路，萨维尼将其称为"内在法律史（innere Rechtsgeschichte）"。由此，萨维尼就将"法的历史性"和"法的体系性"，理所当然地统一成为更高层次的整体。③萨维尼在研究方法上的历史性和系统性，都将使后来的法学研究不可避免地呈现出实证化的理论倾向。

2. 法学范式的实证化倾向

法学理论的实证化，从另一方面看来就是法学理论的生活化，其排斥形而上学的纯粹的理论和逻辑推导，力图通过关注鲜活的社会生活规范来充实法学理论体系。尽管萨维尼强调"法的历史性"，但并不主张将"法的历史性"绝对化；同时，他主张应当将现实的社会生活作为最终落脚点。只有如此，才能够将"与生活密切相关"，并且将"生活关系"作为要素的法律关系理论成功构建出来。萨维尼认为，要实现法律体系的统一性，就不能单纯通过法律条文在形式上的统一来实现，而是要通过"有机的法律关系"媒介来实现；也就是说，法律体系的系统建构，应当通过实质的、具有实效性的法律秩序来逐步实现，而不是仅仅依靠形式的规范秩序来完成。

---

① 杨代雄：《萨维尼法学方法论中的体系化方法》，载《法制与社会发展》2006年第6期。

② 杨代雄：《萨维尼法学方法论中的体系化方法》，载《法制与社会发展》2006年第6期。

③ 杨代雄：《萨维尼法学方法论中的体系化方法》，载《法制与社会发展》2006年第6期。

最后，笔者认为，一方面，如果萨维尼没有以“法的历史性”为出发点提出“法学理论的实证化”思想，他就不可能关注到“法的社会生活”层面，进而提出法律关系理论；另一方面，如果萨维尼没有以“法的体系性”为出发点去接受“理性法律体系”思想，那么法律关系理论也就无法获得适当的理论契机。因此，从总体上而言，萨维尼关于“法的历史性”和“法的体系性”的方法论，为法律关系理论的产生提供了法学方法论上的理论准备和现实可能性。

3. 法律渊源理论上的“制定法实证主义”的转变

在萨维尼初期的方法论学说中，通常将实然的制定法，也就是现实有效的法律规则，作为构建法律体系的基础。这就意味着，在其初期的思想中，实证法和制定法常常被等同起来。同时，萨维尼认为，“所有的法都是由国家立法者所创造的制定法，制定法是完全客观的，并且非常完备，应用者完全不需要自己对制定法添加任何东西，他只能理解而不能进行创造性的法律续造”。[①] 因而，实际上，在萨维尼早期的法学理论思想中，他基本秉持“制度实证主义”理念。因为在萨维尼看来，“法律素材”在客观上是由国家和民族历史确定的，而不是通过主观的臆造、假设而来的，因而其最终来源于国家和民族的最本质精神。[②] 在1840年，萨维尼又重申了这一观点：法应当“是民族精神产生实证法，对于每个人的意识而言，实证法都不是偶然的而是必然的相同”。[③] 这就意味着，萨维尼认为，实证法最终来源于宏观的民族精神，而不是单独的个人的偶然意识（譬如立法者的专断意志）；对于民族国家的每个内

① 朱虎：《萨维尼法律关系理论研究》，中国政法大学2008年博士学位论文，第22页。

② 朱虎：《萨维尼法律关系理论研究》，中国政法大学2008年博士学位论文，第38页。

③ 朱虎：《萨维尼法律关系理论研究》，中国政法大学2008年博士学位论文，第23页。

部成员而言，实证法都必然具有相同的民族精神；这不是偶然的。

在萨维尼之前，他的老师胡果就将法区分为“实证法”与“理性法”；其中，“实证法”是历史和经验的产物，“理性法”是抽象理性的产物。同时，胡果认为，法学家们不应该将“处在人类认识可能性外的、先验的终极本质问题”作为法学研究的对象，而应该将“具体的、可以观察的历史现象”作为法学研究的对象。在其经典著作《作为实证法哲学的自然法》中，就有很多集中反映这种思想的理论诠释。在他看来，“凭借历史和经验得出的人类本性，在逻辑上不可能对法律体系做出符合理性的演绎推导”[①]。这就导致“实证法理论”必然会取代“理性的自然法”思想。

同时，尽管萨维尼在其初期学说中曾经倡导过“制定法实证主义”的理念，将“制定法”看作法的唯一来源、渊源。也就是说，在法律适用过程中，只需要进行严格的逻辑推理就可以，而没有必要转向法的生活层面。但后来，随着萨维尼法律渊源理论的不断发展和完善，他开始反对将“制定法实证主义”思想所主张的将最终的法律渊源归结为民族精神，因为民族精神在形式上不可能通过逻辑推理来实现，而必须通过直观的经验得到。因此，只有将直观、感性的经验事实和抽象、先验的法律规则结合起来，才能够将法律适用过程逐渐转向“法的社会生活层面”。

三、欧洲大陆法律关系理论

在萨维尼之后的欧洲大陆，伴随着近现代国家的法典化、成文法化的社会历史潮流，政治学和法学领域的思想理论空前繁荣。在这种社会历史条件下，近现代意义的法理学、法哲学开始逐渐形成。这通常被看作近现代意义的法理学或者法哲学科学化、系统化和专门化的重要标志。在欧洲大陆的法典化运动中，法律关系的一

---

① 朱虎：《萨维尼法律关系理论研究》，中国政法大学 2008 年博士学位论文，第 19~23 页。

般理论逐渐形成，但是其理论渊源于罗马法上的“债”的观念，所以主要适用于私法领域，并且始终伴随着浓厚的私权色彩。这就直接导致法律关系理论在适用范围上只能局限于私法领域，因而通常被当作传统民法理论的核心理论范畴之一。而众所周知，传统大陆法系是在继承罗马法的基础上，以法国和德国民法典为核心，同时随着其在世界范围内的传播而逐渐建立起来的。在某种程度上，法律关系理论不但是继承罗马法的直接结果，而且被后世看作传统大陆法系的核心法律理论。

在历史法学派代表人物萨维尼之后，分析法学派的代表人物，如德国的温德雪德（Bernhard Windshield）、塞尔曼德（J. W. Salmond）、彭夏尔特（Punts chart）和比尔林（Erust Rudolf Bier ling）等都对法律关系理论范畴的理论分析做出了贡献。其中，温德雪德提出了区别于萨维尼法律关系理论的“一要素说”，将法律关系看作是纯粹的法律规则所规定的社会关系；同时，他认为萨维尼主张的“事实要素”并不是所有法律关系所必需的因素。实际上，这就意味着，温德雪德并不完全同意萨维尼的“两要素说”。在温德雪德看来，有些法律关系纯粹是由法律规则所规定的，其存在并不依赖于特定的“事实要素”；而有些则是将特定的“事实要素”的存在作为前提和基础的，并且强调法律规则实施的实际效果。后来，德国学者比尔林对萨维尼学说和温德雪德学说进行调和，并从中抽象出法律关系的部分要素。这主要表现在其对内容要素的概括性描述上。首先，任何规则对实然的法律关系都有着某种潜在的或者直接的规定性。其次，权利义务在任何法律关系中都是难以或缺的因素。也就是说，前者强调应然规则的规定性，后者强调实然关系的权利义务性。

四、英美普通法的法律关系理论

在近现代英美国家，尽管其法律理论也是通过继承和发展罗马法理论建立起来的，但是由于其判例法传统，使得其法律渊源理论并不是以制定法为核心的。这就决定了其在以成文法为根据的法律关系理论的发展上，不可能像传统大陆法系国家那样发达。在某种程度上，英美法中的法律关系理论，是伴随着法律实证主义（Legal Positivism）的产生而孕育发展的。

（一）法律实证主义的法哲学基础

在西方传统的法学流派中，分析实证法学的地位通常是被公认的。在西方传统的分析哲学影响下，法律实证主义逐渐发展成为某种独特的研究范式。这主要表现为：①描述性理论诠释。约翰·奥斯汀（John Austin）认为，只有那些试图通过描述性的话语去揭示法律概念、规则和制度的特征，才是实证的。②在研究对象上，通常限于实证法、制定法领域，不涉及自然法。同时，也将所谓的“价值判断”以及那些超现实的抽象、纯粹的概念，统统都排除在分析实证法学的研究范围之外。③在研究方法上注重逻辑分析。这也是这一流派被称为“分析实证法学”的重要原因。朱利叶斯·斯通（Julius Stone）认为，应当“分析法律术语、探究法律命题在逻辑上的相互关系”[①]。总之，法律实证主义主张采用逻辑分析方法来研究法律概念、法律规则和法律制度，因而被视为“描述性的法律理论”。然而，正是实证法学家们在采用这种研究范式的情况下，有意无意地涉及了对法律关系范畴的描述性分析。如约翰·奥斯汀在探究权利、义务等范畴的过程中，潜移默化地运用着法律关系概念。

（二）判例法传统

英美法通常实行判例法。它要求法官在处理案件过程中需要“遵循先例”，从以往已经生效的既有判例中去寻找判案规则。因此英美法系法律理论对法律关系的内容要素的逻辑分析比大陆法理论更为系统完善。一般而言，如前所述，由于英美国家悠久的分析

① Julius Stone: *The Province and Function of Law*, Cambridge: Cambridge, Mass.1961, p.31.

哲学传统，其分析法学也比大陆法国家更为普遍。英美法国家出现了诸如奥斯汀、哈特、兰德尔等世界著名的分析法学家。然而，在传统大陆法国家，被冠以专门的分析法学家的学者则相对较少。但是，这也并不意味着英美法理论更优于大陆法理论。这种情况恰恰说明，英美法国家特有的“非成文化”的立法传统和“法官造法”的司法传统，使得其司法过程，尤其是法律适用过程中更加需要分析法学（或者法律实证主义）的逻辑分析工具。唯有这样，才能够有效地帮助法官在选择适用法律规则的过程中，从纷繁复杂的先前判例中，找到最适合当前案件的法律规则。尽管对有着悠久的成文法传统的大陆法国家而言，法官们在司法过程中只需要从成文法典中选择最符合案件具体情况的法律规则，就可以完成法律适用过程；而只有在极少数特殊的疑难复杂案件中，才需要再借助分析法学（或者法律实证主义）的逻辑分析工具进行案件处理。但这在客观上也导致了英美法理论中法律关系理论的逻辑模型比大陆法理论更加细致，理论研究触角更加全面和多样化，也更具有实用性。

（三）分析法学的理论品性

1. 分析法学的理论传统

尽管分析法学在其理论体系内部的理论观念和理论形态存在差异，并且在发展趋同于其他法学流派，但是分析法学始终能够保持相对独立的理论体系。其主要原因在于，分析法学在哲学基础、研究对象和研究方法上，能够始终保持共同的理论传统和法律理念。具体而言：

首先，在思想方法上，始终坚持实证主义哲学。实证主义是西方哲学史上重要的哲学流派。在理论形态的演变和发展上，实证主义哲学观始终是分析法学的指导思想和内在精神。奥斯汀的古典分析法学，就是孔德早期实证主义哲学理论被引入法学理论领域的直接结果；同时，分析法学的变化和发展与分析哲学的演化发展存在着密切联系。

其次，在研究对象的范围上，始终坚持实在法概念。在分析法学派的法学理论中，法的概念基本被限定为实在法，即所谓的“法”仅仅特指实在法。在他们看来，所谓的“实在法”，就是人类社会的统治者以一定的形式制定或者采纳的行为准则。他们拒绝承认超越实在法的“自然法”存在，同时也反对否认法律规范现实存在的“反规范主义”观点。同时，尽管在这个法学流派内部对于“实证法”的概念内涵、外延和区分标准存在分歧，但从总体上而言，基本都将研究对象限定在制定法范围内。随着法理学和法哲学的不断发展，分析法学也为法理学、法哲学探索确定其研究对象做出了重要贡献。

最后，在研究方法上，始终坚持分析方法。在方法论上，通常采用诸如逻辑的、实证的或者其他分析方法。譬如，实证分析方法就是从法的整体中解析出部分、从法律现象中抽象概括出法的内在规定性，以揭示法的共同要素和普遍属性的研究方法；逻辑分析方法就是通过分析法律概念、法律规则和法律命题之间的内在逻辑关系，以重新构建逻辑严密的法律制度和理论体系的研究方法。这些研究方法的运用，为分析法学家提供了普遍有效的研究范式。

2. 分析法学思想是英美法律关系理论的理论品性

西方现代实证主义哲学作为现代西方哲学的重要流派之一，是伴随着19世纪自然科学的发展并以西方实证主义哲学发展为其科学基础的；其核心思想认为，应当反对一切先验的思辨，严格将研究领域限定在经验的范围之内，排斥一切形而上学的命题。而与此同时，值得注意的是，在西方法律思想史上，分析法学则是分析哲学被引入法学领域的产物。当分析哲学所倡导的逻辑分析方法被借鉴到法学理论研究领域时，广义的“分析法学”便应运而生。由于分析法学在研究对象和研究方法上的显著特征，因而又被称作“实证分析法学”。然而，狭义的“分析法学”仅指古典分析法学，即19世纪英国边沁和约翰·奥斯汀所创立的法的“命令学说”。

然而，从18世纪开始，英美普通法在经过长期发展之后，通过“遵循先例”的司法原则逐渐积累了数量巨大且纷繁复杂的判例。这就在客观上使得法官常常无所适从。在对纷繁复杂的判例法进行系统梳理的过程中，分析法学派以其富有实证精神和实践特色的分析法学思想和方法，做出了最为卓越的理论贡献。但是，对于法律关系的理论诠释，分析法学派在不同时期的不同理论形态中则或多或少进行了程度、角度和侧重点都有所不同的研究。具体而言：

首先，在古典分析法学阶段，古典分析法学家们对法律关系理论的某些理论要素进行了有意无意的分析。奥斯汀在对权利和义务等法律概念进行实证分析的过程中，有意无意地将“法律关系”范畴引入法理学和法哲学领域。在奥斯汀看来，就法律范畴的字面含义而言，其在人们最通常的理解和接受程度上，就是指一个所谓的“理性存在（理性人）”为规范和调整另一个所谓的“理性存在（理性人）”，而为其设定特定的行为规则。① 在奥斯汀看来，“命令”的内涵主要包括三方面内容：（1）主权者或者统治者的权力；（2）“意愿或者要求（Wish or Desire）”，就是一个理性存在、理性人对另一个理性存在、理性人所提出的要求或意愿；（3）惩罚权，即如果后者没有服从前者意愿或者要求的，前者可以设定或者施加“不利后果（Evil）”来惩罚、处罚后者。② 由此不难看出，在奥斯汀的古典分析法学思想中，可以被看作法律的命令，主要包括四要素：（1）权力要素；（2）主权者的意愿或者要求；（3）惩罚权或者处罚权；（4）适当的表达方式。总体而言，在奥斯汀古典分析法学思想学说中，我们不难看出，可以被看作法律的“主权者（或者统治者）的命令”实际上揭示着被称为“理性存在”的理性人之间的权利义务关系。尽管奥斯汀并未明确使用“法律关系”的术语，但是在其学说中就已经蕴含着丰富的法律关

① 参见陈锐：《论分析哲学与分析法学之间的内在关联》，载《比较法研究》2010年第2期。

② 陈锐：《奥斯汀的分析法学思想研究——一种被误读的思想》，载《比较法研究》2010年第2期。

系理论因素，已经能够揭示法律关系自身运行的内在机理。

其次，20 世纪 30 年代美国纯粹分析法学的代表人物凯尔逊将古典分析法学的研究思路和方法论极端化，在研究内容和研究方法上追求所谓的“纯粹性”①。凯尔逊认为，由于法律规范所规定的是人们在理想状态层面“应当如何行为”的法律现实，属于“应当（Ought）”范畴；而“事实（Is）”范畴则是从实践层面客观描述人们“实际上如何行为”② 的自然现实、客观现实。因此，在纯粹法学看来，法律关系实际上是一种在应然层面被赋予法律规范性的社会关系，即所谓的“法律规范关系”。

最后，在新分析法学阶段，新分析法学理论强调区分法律规则的“义务设定”和“权力授予”功能，来完善利益调整机制，倡导法的“规则模式学说”，主张把法律规则根据不同的功能划分为设定义务的法律规则（规范）和“授予权力”的法律规则（规范）。同时，承认自然法哲学和社会法哲学的理论方法的合理性，并借鉴语言哲学领域中有关日常语言学派的理论方法。这表明，新分析法学侧重从内容和功能上区分法律规则（规范）。由此，法律规则（规范）在调整社会生产和生活关系的过程中，就会使人们之间的社会关系呈现出某种“义务设定性”（义务性）或者“权力授予性”（授权性）。这就意味着，在法律关系的发生过程中，在社会成员之间设定义务和授予权力，成为调整利益关系、协调利益冲突的重要手段。再后来，新分析法学的集大成者、美国学者霍菲尔德对包括权利与义务等八个法律概念在内的广义权利义务关系进行了分析，通过构建四对相关关系和四对相对关系，将这种利益调整机制进行完善，从而使之趋于理想化。尽管霍菲尔德的法律关系理论模式只是在理念世界的逻辑探索，但是却在客观上为法律关系

---

① ［美］凯尔逊《法律与国家概论》，哈佛大学出版社 1954 年版，转引自黄文艺等：《分析法学三论》，载《法律科学（西北政法大学学报）》1995 年第 3 期。

② 唐凌云等：《从纯粹法学到逻辑法学——一种法律理论研究的逻辑进路》，载《中南大学学报》（社会科学版）2004 年 1 期。

理论的广泛应用提供了可能。通过广义权利义务关系模式下的利益调整机制，新分析法学对法律关系内容理论的发展已然达到了以前分析法学家所无法达到的高度。由此可见，从理论发展的逻辑脉络来看，新分析法学首先通过分析法律规则的"义务设定"和"权力授予"功能来强调其利益调整功能，然后再通过分析基本法律概念的逻辑关系来完善法律利益调整机制。因此，笔者认为，新分析法学为英美法律关系理论的利益调整机制的完善做出了卓越的贡献。

综上所述，西方分析法学对英美法律关系理论的发展不但提供了科学和逻辑严密的分析方法，而且对其理论体系本身的发展也做出了直接贡献。因此，笔者认为，在西方法律哲学的理论视野下，英美法律关系理论具有鲜明的分析法学理论品性。

（四）霍菲尔德的法律关系理论

美国霍菲尔德的概念分析学说长期以来都被看作英美普通法的权威理论学说。霍菲尔德在加利福尼亚大学读书时，曾师从美国黑格尔哲学家豪威生（Hawison）研究黑格尔哲学思想，尤其是对黑格尔的逻辑哲学思想和逻辑分析方法有着较为深入精到的研究。[①]后来，他进入哈佛大学法学院学习法律，其学术兴趣随之转向分析法学家奥斯汀的法律思想。1919 年，也就是在霍菲尔德去世的第二年，他的两篇同名代表作品被编辑成专著正式出版。1923 年耶鲁大学的柯克（W. W. Cook）教授又将这两篇代表作品和包括《衡平和法律的关系》等在内的其他 7 篇论文编辑成专著《司法推理中应用的法律基本概念和其他论文》予以出版。

在《司法推理中应用的基本法律概念和其他论文》一书中，霍菲尔德这样说道："分析法学的目的之一是对所有法律推理中应用的基本概念获得准确的、深入的理解。因此，如果想深入和准确地思考并以最大合理程度的精确性和明确性来表达我们的思想，我

① See Pound, *Fifty Years of Jurisprudence*, 1937 Harvard Law Review, p.573.

们就必须对权利、义务以及其他法律关系的概念进行严格的考察、区别和分类。”[①] 如前所述，他的理论诠释主要集中于对八个基本法律概念相互之间关系的逻辑分析上。他认为，“对法律问题的明确理解、透彻陈述和真正解决的最大障碍之一往往来自于人们这样一种推定：所有法律关系都可以归结为‘权利’和‘义务’；而且这些范畴足以用来分析即使是最复杂的法律利益问题”[②]，“但事实上，广义的权利—义务概念是极为复杂的。”[③]

然而，在他看来，广义的“权利义务关系”主要包括八个既相互关联又相互对立的基本法律概念：（1）权利（Right），其狭义指请求他人作为或者不作为，其在逻辑上与义务（Duty）相关联，并与无权利（No-Right）相对立。（2）无权利（No-Right）。（3）特权（Privilege）、自由（Liberty），是指在法律上不受他人干涉地作为或者不作为。（4）义务（Duty），其狭义指应当为或者不为。（5）权力（Power），是指“通过一定行为或不行为而改变某种法律关系的能力”[④]。其与责任相关联，并与无能力相对立。（6）无能力（Disability）。（7）豁免权（Right of Immunity），是指“不因其他人行为或不行为而改变特定法律关系的自由”[⑤]。（8）责任（Liability）[⑥]。在霍菲尔德看来，如果将这八个法律概念看作“法

① ［美］霍菲尔德：《司法推理中应用的基本法律概念和其他论文》，耶鲁大学出版社1927年版，转引自沈宗灵：《对霍菲尔德法律概念学说的比较研究》，载《中国社会科学》1990年第1期。

② 沈宗灵：《对霍菲尔德法律概念学说的比较研究》，载《中国社会科学》1990年第1期。

③ 沈宗灵：《对霍菲尔德法律概念学说的比较研究》，载《中国社会科学》1990年第1期。

④ 沈宗灵：《对霍菲尔德法律概念学说的比较研究》，载《中国社会科学》1990年第1期。

⑤ 沈宗灵：《对霍菲尔德法律概念学说的比较研究》，载《中国社会科学》1990年第1期。

⑥ 沈宗灵：《对霍菲尔德法律概念学说的比较研究》，载《中国社会科学》1990年第1期。

律的最小公分母”，就可以对纷繁复杂的法律现象中的法律关系进行比较分析，从而抽象概括出更加符合逻辑和理性的特定法律关系。

除了那些较为典型的、最为常见的“权利义务关系”，其他形态的法律关系则蕴含于纷繁复杂的法律现象中。因此，从某种程度上而言，霍菲尔德的法律关系逻辑模型理论为英美法国家的法官们在发现和选择所要适用的法律规则时提供了有效的分析工具。尤其是，根据英美法国家的法律传统，如果判例法确定的权利和制定法确定的权利竞合时，如何解决这种权利冲突问题，便成为法官们不得不面对的一个问题。对此，霍菲尔德认为，在通常的法律诉讼案件中，通过分析法律概念所确立的前述法律关系逻辑模型，就可以在司法过程中确定具体的权利、权力、特权和豁免权的问题，因而没有必要再去讨论所谓的“普通法权利”和“衡平法权利”的冲突问题。实践中如果出现这样的情况，就可以直接适用“衡平法优于普通法”原则去处理。

（五）霍菲尔德理论评析

1. 霍菲尔德理论的影响[①]

霍菲尔德的法律概念分析学说最初在西方法律思想理论界尤其是英美法律思想理论界被认为过于学术化，尽管长期备受争议和被不断修正，但是却始终为理论界所关注。最值得一提的是，霍菲尔德作为分析法学派研究法律概念的集大成者，其学术思想被美国判例法权威文献《法律重述》所采用。[②] 除了在政治和法律哲学领域的影响，霍菲尔德学术思想的影响还体现在人权哲学、法经济学和法人类学领域。

首先，在西方现代法学思想中，霍菲尔德的基本法律概念分析

---

① ［英］D. 沃克：《牛津法律大辞典》，牛津大学出版社 1980 年英文版，第 575 页。

② ［英］G. W. 佩顿：《法理学》，牛津大学出版社 1972 年版，转引自沈宗灵：《对霍菲尔德法律概念学说的比较研究》，载《中国社会科学》1990 年第 1 期。

理论极大地影响了英国人权哲学思想的发展。比如英国哲学家A. J. M. 米尔恩在其经典著作《人的权利与人的多样性》[①] 中，通过运用霍菲尔德的研究方法和直接成果，从哲学层面对现代人权理论进行了见解独到的阐述，为现代人权理论的发展提供了新的研究视角。又如，在当今，随着现代计算机科学技术的广泛传播和应用，现代社会生产和生活的精细化（精致化）、人性化和科学化发展，对法律思想和法律门类提出了更高的要求，尤其是对法律概念的精确化、概念体系的逻辑化提出日益增高的要求。

其次，霍菲尔德法律思想的影响在某些方面甚至超出政治和法律哲学领域，如美国著名人类学家埃德蒙斯·霍贝尔（E. Adamson Hoebel 1906—1993）通过借助霍菲尔德的分析法学思想开创了他的法人类学和法社会学理论学说；其主要学术贡献在于开创性地对法律进行了人类学解释。他认为，所有的特殊性都是以普遍性为基础的，不论各种法律制度在其本身内容还是在其特有的原初动力上，都必然有其共同的特征或者要素。霍贝尔说，“所有的法律都有三个基本特征或构成要素，这就是物质强制的使用，执法者的存在和法律规则的科学性”。[②] 这就意味着，“特殊的强力、官吏的权力和规律性是构成法律的因素”。[③] 其中，“特殊的强力”就是指依赖于一定物质性强制力量的法律强制性。因为在霍贝尔看来，如果没有合法的物质性强制力量的保障，法律规则就无法得到很好的执行，社会秩序就无法得到很好的维持。同时，霍贝尔指出，法律强制力与其他强制力的区别之处，就在于其所获得的社会整体之公认。“法律强制的基本特征是物质力量适用上的一般社会承认，它或者以威胁的方式，或者事实上由特殊部分为合法的理由，以合法

---

① ［英］A. J. M. 米尔恩：《人的权利与人的多样性》，中国大百科全书出版社 1995 年版。

② 严存生：《霍贝尔的法人类学》，载《法律科学》1991 年第 4 期。

③ 严存生：《霍贝尔的法人类学》，载《法律科学》1991 年第 4 期。

的方式和在合法的时间内适用。”[1] 同时，在普遍地域或者特定地域范围内，获得特定社会全体正式承认的物质性强制力量被看作是社会公共权力的构成部分。因而，在法律的诸多共同要素中，适用法律强制力量的“特权”，构成法律中的“官吏”（即执法者）因素。在原始社会中，表现为氏族部落的首领，或者负责调停社会矛盾纠纷的“中间人”；“在现代社会中它表现为司法机关、法庭、法官等”[2]。在原始社会，作为执法者的氏族部落首领的权力固化，使他们成为社会公共权力的代表，从而使他们在事实上具有了立法、执法和司法的权力。[3] 总体而言，通过考察霍贝尔的法人类学思想，不难看出霍菲尔德分析法学思想的影响；同时，这也说明霍贝尔已经认识到霍菲尔德法律概念理论和逻辑分析方法在人类学研究中的重要价值。

另外，A. L. 科尔宾在《法律的分析和术语》[4] 中指出，“在每一个案件中，原告、被告、特权、争端、权力等，全部贯穿着人与人的关系”。[5] 在霍贝尔看来，“他（霍菲尔德）的基本概念不仅适用于基本法律关系的分析，而且适用于对任何复杂的规范或强制的社会相互关系的复合物的基础分析。即使我们承认一种社会关系必须经过法院加以审判和通过被法律认可的政务官加以实施，即使我们接受了社会关系也是被作为超自然力确定的而不是作为原始法律力量确定的主张，霍菲尔德的体系还是能够有效地影响一种对原始人作为除无形财产这种法律关系以外的其他社会关系的分析”。[6]

---

① 严存生:《霍贝尔的法人类学》，载《法律科学》1991 年第 4 期。

② 严存生:《霍贝尔的法人类学》，载《法律科学》1991 年第 4 期。

③ 严存生:《霍贝尔的法人类学》，载《法律科学》1991 年第 4 期。

④ 参见 A. L. 科尔宾:《法律的分析和术语》，载《耶鲁法律评论》1919 年第 29 期，第 165 页。

⑤ ［美］E. 霍贝尔:《原始人的法》，严存生等译，贵州人民出版社 1992 年版，第 85 页。

⑥ ［美］E. 霍贝尔:《原始人的法》，严存生等译，贵州人民出版社 1992 年版，第 85 页。

最后，作为现代制度经济学的奠基人之一，康芒斯不但从传统经济学理论中寻找理论根据，而且还从政治和法律哲学、社会学和历史学中汲取知识。在掌握了霍菲尔德的分析方法和法律概念逻辑分析理论之后，康芒斯甚至建议用“exposure”来代替霍菲尔德在法律概念分析理论中所使用的“liability”概念。在经济学理论研究过程中，康芒斯敏锐地洞悉了霍菲尔德分析方法在经济学研究中的借鉴价值。

2. 霍菲尔德学说的局限性

尽管霍菲尔德的分析法学思想对现代法学产生了极为广泛而深刻的影响，但是霍菲尔德的法律关系理论由于受社会历史条件以及其他因素的制约，也存在局限性。

首先，在西方法学史上，概念主义法学（Conceptualism Law School）认为，“法律概念的内涵和外延都不是固定不变的，它们随着社会生活的发展、法制水平和法学家认识水平的发展而不断发展变化”。[①] 这表明，尽管霍菲尔德的法律概念分析理论有其进步意义，但由于受特定社会历史条件的制约，也存在局限性。同时，霍菲尔德理论无法穷尽纷繁复杂的社会生活中的所有法律现象。但是，正是由于社会生活是纷繁复杂和不断变化的，这八个法律概念究竟能否穷尽所有法律现象，却是个值得怀疑的问题。在现代社会特定的社会历史条件下，传统法理学和法哲学中的这一重要理论是否能够解释现代社会生活中的大多数法律现象，是值得深入思考的。

其次，在适用法域上，在英美法国家的司法实践中应用较多。霍菲尔德关于法律关系的逻辑分析理论，一般只适用于有着悠久的判例法传统的普通法国家；在大陆法国家，因其特有的法律传统、法律诉讼体制和法律制度等因素的不同，在司法实践中法官往往在

① 沈宗灵：《对霍菲尔德法律概念学说的比较研究》，载《中国社会科学》1990年第1期。

成文法中选择适用法律规则即可，一般无须去考虑这些法律概念间的逻辑关系，只是在需要运用自由裁量权去处理案件的时候，才可能涉及运用分析法学方法去处理个案。同时，即便是在英美普通法国家，霍菲尔德理论在司法过程中也可能因法官基于具体案件情况、法律理念和公共利益等因素的考虑，而无法被完全接受或者全面得以适用。

最后，在法律领域上，霍菲尔德理论主要适用于私法领域。霍菲尔德长期将私法理论作为其研究领域，因此在霍菲尔德的知识体系中私法思想占据主导地位。这就直接导致他在其理论学说中所引用的案例，大都来自私法领域。这就招致大量来自理论界的关于其如何解释公法领域中与法律关系有关的法律现象的质疑。如刑法学理论中国家刑罚权和刑事责任两者间的关系。正是由于霍菲尔德学说对广义的权利义务关系没有做出清楚透彻的分析，同时在具体的法律制度层面，并不是所有的公法领域中的“义务（Duty）”，都有一个相关的“权利（Right）”存在，因此，一般认为，在法律领域上，霍菲尔德理论主要适用于私法领域。

3. 霍菲尔德理论的争议

尽管霍菲尔德理论在美国法院的司法实践中已经被广泛接受和采用①，但是，对于霍菲尔德的权利义务关系理论是否可以适用于公法领域的问题，尽管在其文章中并未言明，但从其对权力和责任等与公法密切相关的范畴的理论诠释来看，霍菲尔德是持肯定态度的。然而，由于其在文章中所引用案例都为私法问题，这使得学术界对其理论产生了质疑。但是，总体上而言，对于霍菲尔德权利义务关系理论（或者法律关系逻辑模型理论）是否适用于公法领域的问题，学术界主要存在三种观点：①“肯定说”。由于在英美法国家广泛采用陪审团制度，同时受其特定司法体制的影响，法院无论在审判公法案件还是在审判私法案件时，都要涉及在查清事实的

① 参见曾庆敏：《法学大辞典》，上海辞书出版社 1998 年版，第 1104 页。

基础上运用权利义务关系理论对案件的法律问题进行分析；而且有时在判决理由部分还要对基本法律概念进行明确的诠释，因此，权利义务理论在案件处理过程中可以适用于公法领域的法律诉讼案件。②“否定说”。公法案件在处理过程中，往往会涉及诸如国家权力的确立、国家机构之间的分权制衡、个人和群体的法律权利等一系列宪法上规定的、公法所特有的法律问题。因而，这些公法问题的特殊属性，就在客观上使得“在公法领域适用霍菲尔德的权利术语，总让人感觉有些怪怪的”。因此，这些学者便得出霍菲尔德理论不能适用于公法领域的结论。③“有限适用说”“折中说”。这些观点主张，在司法实践中，霍菲尔德法律关系理论在某些特殊情况下，可以有限地适用于公法领域的法律诉讼案件，尤其是根据法律规定或者基于宪法原则的要求，应当给予某些特定的当事人以明确保护的公法诉讼案件。

对此，笔者赞成“肯定说”的观点，因为尽管霍菲尔德的广义权利义务理论尚无法解释现代法学领域的许多法律现象，但是就目前而言，在现代公法领域中已发展出相应的法律关系理论。如在宪法学、行政法学和刑法学等领域，都已经潜移默化地自发形成了相应的理论形态。也就是说，霍菲尔德的基本法律概念理论在某种程度上能够贯穿于大部分的公法学领域。这对于解释这些法学领域的复杂法律现象有着不可忽视的启发意义。尤其是霍菲尔德通过区分八个基本法律概念，以及对它们之间的基本法律关系进行对比分析，将它们归结为四对“相关关系”和四对“相反关系”。

综上所述，尽管霍菲尔德法律关系学说也遭受了一些理论上的批判和质疑，但是这丝毫不影响霍菲尔德学说在西方法律哲学和法律史学上的重要地位，也丝毫不影响霍菲尔德学说被长期看作英美分析法学经典学说的权威地位。

最后，值得指出的是，在英美法律哲学和法理学领域中，除前述分析法学派的学者对法律关系所进行的研究之外，其实早在 19 世纪后期，美国分析法学者特利就在其 1884 年的著作《英美法指导原则》中较早地将义务和与其相对应的权利进行了研究。这在某种程度上为霍菲尔德系统研究“广义的权利义务关系”的八个基本法律概念奠定了重要基础。在霍菲尔德之后，新分析法学代表人物、美国西北大学教授 A. 考库雷克（Albert Kocoured）在其 1927 年出版的《法律关系》（*Jural Relations*）中，也对法律关系理论进行了独立的研究。这使得法律关系范畴问题正式成为英美法律哲学和法理学领域中专门的理论问题之一。从总体上看，这一历史时期英美法哲学和法理学领域的“法律关系”，既包括“人与人之间的法律关系”，也包括“人与物之间的法律关系”，甚至包括“由自然法则所确定的法律关系”；同时，在不同部门法领域，分析法学派的学者们又将其区分为不同类型的法律关系。

五、苏俄法律关系理论

（一）沙俄时期法律关系理论

实际上，由于受欧美政治和法律哲学思想的影响，俄罗斯在“十月革命”前的沙俄时代就开始借鉴西欧近代政治法律思想，并逐渐开始对传统大陆法国家的法典编纂理论和法律关系理论以及英美分析法学思想中的法律关系理论进行研究。自彼得大帝开始，俄罗斯就开始借鉴和学习西方法律思想，并在本国传统的基础上形成独具俄罗斯特色的制度特征。譬如打破大陆法理论中“私法优势地位”的传统，更侧重于强调公法在法律体系中的优先地位；又如在法律与政治的关系问题上，侧重强调两者的密切联系，同时强调法律的国家强制性。而正是由于这些特征的存在，俄罗斯法律传统被某些学者看作“大陆法系的东斯拉夫变种”①。

尽管“十月革命”之前的俄罗斯就有着很长的成文法历史，

① ［俄］B. B. 拉扎列夫：《法与国家的一般理论》，法律出版社 1999 年版，转引自王文：《大陆法系的东斯拉夫变种》，载《北京科技大学学报（社会科学版）》2005 年第 1 期。

但是其所受到的古罗马法的影响，并没有其他大陆法国家那样深远。即使是这样，也不会影响当时俄罗斯与其他国家共同分享大陆法传统。17、18 世纪，彼得大帝倡导的政治、法律改革，有效规制了俄罗斯的政治、经济、军事、社会和文化生活，为俄罗斯在政治、经济、文化和社会上的近代化变革提供了良好的法律保障。西方近代政治和法律哲学思想，尤其是欧洲近代自然法思想，为彼得大帝实施俄罗斯法律近代化改革提供了重要的思想来源和理论依据。在政治和法律哲学上，彼得大帝的近代化立法实践在立法内容和法律移植方法上，都具有浓厚的“专制主义”和“实用主义”色彩。譬如在内容上，立法往往只涉及那些跟社会生产、生活相关的领域；又如在法律移植的方法上，在国家管理制度、刑罚制度等公法领域通常采用选择性地借鉴吸收的方法，但是在民事法律等私法领域，则采用照搬的做法。因此，总体上而言，彼得大帝成功地将国家传统和大陆法精神有效地结合起来，将符合社会历史潮流的法律精神作为制定成文法典的指导思想，从而开启了俄罗斯法律制度发展的近代化进程，并确立了俄罗斯法律近代化运动的基本特征。

值得指出的是，受西欧大陆法国家的法典编纂运动的影响，沙俄早在 19 世纪末 20 世纪初，在编纂民法典的过程中就开始了对法国和德国民法学理论中的法律关系学说进行系统研究。这些研究的直接结果就是沙皇俄国在 1893—1907 年先后公布了三部“民法典草案”。然而，由于受到战争和革命等不以人的主观意志为转移的诸多客观因素的影响，沙俄民法典并未完成立法程序。但是，这并不能被看作法律关系理论在沙俄时代没有被研究过的证据；而且在这一特定历史时期，俄罗斯主要是出于民法典编纂活动的需要，在私法框架下对民法学中的法律关系理论进行研究。但是值得注意的是，“十月革命”后，苏维埃俄国对沙皇时代的旧法统进行了彻底的政治批判和清算，从而否定了沙俄时代的官方政治和法律哲学思想。正是因为后来对沙俄时代主流的政治和法律哲学思想所进行的政治批判和意识形态斗争，才直接导致苏联理论界对沙俄法律关系理论的刻意回避或者抹杀。

（二）苏联法律关系理论

尽管“十月革命”推翻了沙皇政权，但是其社会历史文化传统却是难以割断的[①]。法学家梅利曼说：“在演变为社会主义国家的古巴以及其他东欧国家（包括苏联），大陆法系也占据着主导地位，此种法系对社会主义法律制度所产生的影响依然会经久不衰。”[②] 苏联新法统尽管表面上是在彻底否定沙俄帝国旧法统，但是在事实上却通过继承国家特有的社会历史文化传统的形式，潜移默化地继承和吸收了旧法统的有益因素。正是因为这样，苏联在俄国特有的“专制主义”传统的基础上，继续坚持强调“公法优位”的成文法体系。这在客观上使得俄罗斯法律发展史上的私法理论并不发达。在这种特定社会历史条件下，苏联无论是批判地继承俄国传统法律关系理论，还是继续批判吸收西方传统大陆法的法律关系理论，都不可避免地被逐渐公法化。这种历史必然性就不可避免地使法律关系理论从私法理论中被抽象出来，并被发展为法理学中的基本法律范畴成为可能。从总体上而言，苏联法律关系理论发展的历史脉络主要分为以下几个阶段：

（1）在 20 世纪 20—30 年代，受过旧俄罗斯法学教育的早期法学家，如斯图契卡、巴舒坎尼斯等学者，开始运用马克思主义的观点、方法来认识和研究法律关系问题，但他们又都无法摆脱传统观念的制约。此时，苏联学者们热衷于讨论的主题之一，就是法究竟是法律规范体系，还是法律关系体系。[③] 斯图契卡在 1921 年出

---

① 任光宣：《俄罗斯文化十五讲》，北京大学出版社 2007 年版，第 215 页。

② ［美］约翰·亨利·梅利曼：《大陆法系》，顾培东、禄正平译，法律出版社 2004 年版，第 3 页。

③ ［奥］凯尔森：《共产主义的法律理论》，王明扬译，商务印书馆 1962 年版，转引自王勇飞、张贵成：《中国法理学研究综述与评价》，中国政法大学出版社 1992 年版，第 493 页。

版的《论法律的革命作用与国家：法的一般理论》中指出，“法律是符合统治阶级的利益并为这个阶级有组织的武装力量所保卫的一个社会关系的体系（或秩序）”[①]。后来，巴舒坎尼斯于1924年在《法的一般理论和马克思主义》中，深入阐述了斯图契卡的法律思想，将“法律关系看作是法的结构的基本细胞”[②]；同时，强调法在实质上就是商品社会中的法律关系。这种观点遭到克雷连科等学者的反驳，反对观点认为，法是国家为保障社会组织的现存秩序而制定的规范体系。这种理论后来被称为苏联法学理论中关于“法的概念”学说的基点。

（2）20世纪30—50年代，在苏联“规范法学”理论思想的影响下，苏联学者又从法律规范和法律体系的角度研究法的概念，否认法就是法律关系的传统观点。1938年维辛斯基主张，法既不是社会关系体系，也不是生产关系的形式，而是行为准则的总和。此后很长时期，法律关系理论遭到学术界的冷落。与此同时，有些学者曾尝试从心理学的角度进行重新诠释，但是却遭到学者的理论批判。最终，维辛斯基在苏联法学界将法律关系的内涵初步确定下来，即“法律关系是法律在调整人们行为的过程中形成的社会关系”。这种观点在此后很长时期内都是苏联学术界的主流学说。

（3）20世纪50年代，苏联法律关系理论无论在本体论还是在方法论上，都在理论研究的广度和深度上取得了较大进展。20世纪50年代中期，以彼昂特考夫斯基为代表的一些学者开始质疑维辛斯基的观点。他们认为，必须要明确地规定作为上层建筑一部分的法的概念，绝不能把法只看作是法律规范，而应理解为法律规范

---

① ［奥］凯尔森：《共产主义的法律理论》，王明扬译，商务印书馆1962年版，转引自王勇飞、张贵成：《中国法理学研究综述与评价》，中国政法大学出版社1992年版，第493页。

② 王勇飞、张贵成：《中国法理学研究综述与评价》，中国政法大学出版社1992年版，第493页。

和法律关系。[①]

与此同时，另外一些学者从政治哲学和法律哲学的角度，对维辛斯基的观点进行批判；其理论依据是，那种主张“法律可使社会关系变成法律关系”的观点是唯心主义的。因为即便是国家通过立法活动，也不能将那些在政治实质上非法的社会关系变成合法的社会关系，以此成为所谓的“法律关系”。然而值得注意的是，这些学者所举的例子往往都充满着政治批判和意识形态斗争的色彩，譬如贝卡里亚“匪帮”假借国家名义所制定的“行为规则”“决定”“命令”和“指示”等法律规范，并没有使得资产阶级统治者迫害苏维埃人民的暴行获得法律上的合法性，而成为法律关系。这种理论学说显然是将朴素的自然法思想作为其理论基础的，旨在批判、反对资产阶级统治者凭借立法权将他们非法的政治统治合法化。这种理论学说在当时的社会政治条件下具有某些合理性因素。

1956 年苏联科学院法学研究所曾经召开过专门研讨会，对“社会主义法律关系”问题进行专门讨论。学者们肯定了研究社会主义法律关系问题的价值，并认为其对完善社会主义立法、巩固社会主义法制和法律秩序都有重要意义。学者们客观分析了其理论落后的主要原因；同时，就其本体论问题，学者们还分别讨论了它的内容、形式和客体等问题。此外，他们还研究了其与法律规范的相互关系问题；社会主义法律关系的特点及其在上层建筑中的地位与作用、苏维埃法律相邻部门的法律关系的界限等问题。[②]

（4）20 世纪 80 年代，学者们从哲学、法学和社会学等社会科学角度，将“法律关系”范畴和与之密切相关的“法律规范”“法律秩序”“法的实现方式”等问题相互结合进行研究。通过借鉴吸

---

① 王勇飞、张贵成：《中国法理学研究综述与评价》，中国政法大学出版社 1992 年版，第 494 页。

② ［苏］T. M. 格罗莫娃：《苏联科学院法学研究所关于社会主义法律关系问题讨论的报道》，时筱节译，载《政法论丛》1956 年第 5 期，转引自王勇飞、张贵成：《中国法理学研究综述与评价》，中国政法大学出版社 1992 年版，第 494~495 页。

收西方传统学说的合理因素，在本体论中成功引入“权利义务”概念。这不但表现在适用范围和种类上，还表现在构成要素和运行机制上。具体而言：①在适用范围上，法律关系理论已经从民法等传统私法理论中被抽象出来，超越了传统法律关系理论羁绊于私法的藩篱，推而及于公法领域。②在法律关系的种类上，通过将一般的法律关系理论广泛适用于法律体系的所有部门法，演绎出较为系统的法律关系理论体系。③在构成要素上，同西方法律哲学和法理学中的法律关系理论相比较而言，他们以马克思主义“主客二元”学说作为理论基础，辩证地区分和抽象出主体和客体要素，实现了定性分析；同时，又通过积极借鉴吸收西方分析实证法学的有益因素，引入“权利义务”概念，借助权利义务范畴对法律关系内容进行定量分析。而且新的理论尝试已经能够逐渐适应、贴近实践。[①] 这表明，苏联学者已经将其主流政治哲学和西方法律实证主义哲学相结合，通过定性和定量分析方法的结合，来达到实现法律秩序的目的。④在运行机制上，苏联学者通过继受大陆法系传统法律关系理论中的动态研究方法和研究成果，对作为其运行机制的法律事实理论进行系统研究。

六、中国法律关系理论

清末修律过程中，中国在编撰法典时对西方近代法律思想进行了全面系统的考察、研究和借鉴。尽管清末修律因辛亥革命而未能得以颁布成文法典，但是在法律编修过程中，基本传承了中华法系的合理因素和近代西方最前沿的法律思想学说。在国民政府时期，中国法律学者对西方国家的法律关系理论也进行过研究，并且尝试将其引入当时的法律制度和理论语境中。在1949年以后，中国大陆地区在废除“旧法统”后，曾一度转而学习苏联法律理论，中

---

① 王勇飞、张贵成：《中国法理学研究综述与评价》，中国政法大学出版社1992年版，第493~495页。

国大陆理论界对法律关系理论的研究虽有所涉及，但并不深入。在肇始于20世纪70年代末的法制重建时期，中国大陆的法律关系理论开始重新沿着承袭苏联法律理论的路径发展。但与此同时，有些学者也逐渐开始把理论视野转向西方近现代法律哲学和法理学，将理论视野重新聚焦到大陆法国家的传统法律关系理论和英美法国家的分析实证主义的法律关系学说上。这为我国的法制建设、实践和法律科学的理论研究，提供了理论来源和可资借鉴的智力支持。

（一）中国民国时期和当代中国台湾地区的法律关系理论

1. 中国民国时期的法律关系理论

如前所述，中国在清末变法修律过程中，通过借鉴和引进传统大陆法民法理论，曾对西方近代民事法律关系理论进行过考察。尽管就目前而言尚没有发现可资参考的专门资料，但是从笔者在研究过程中所掌握的资料来看，在中国民法学理论史上，早在清末变法修律时，民事法律关系理论就被引入了中国。但是，它们基本上是德国、日本等传统大陆法国家法律关系理论的翻版，无论在理论内容还是在研究方法上都带有明显的法律移植的痕迹。其主要表现有：（1）在理论本体上，具有侧重私法化的研究倾向。并且，大多采用民法实例予以诠释，将其几乎完全等同于民法领域的相关理论，对其他部门法律关系则缺乏必要的研究。（2）在研究范围上，仅限于对法律关系构成要素或者有关要素进行说明，未能就法律关系与其他的法学范畴之间的关系进行必要探讨，过分拘泥于技术性解释，缺乏理论体系的架构。（3）在研究方法上，主要采用逻辑、比较分析方法，较少采用哲学和社会科学方法，缺少理论反思、思辨色彩。在方法论上的局限性，直接导致当时学者对于法律关系理论的探讨过于直观、简单。如早在20世纪30年代，民国学者吴学义就在其《法学纲要》中，将法律关系归结为“法所规律之人类社会生活关系”。①

① 吴学义：《法学纲要》，中华书局1935年版，第86页。

2. 当代中国台湾地区的法律关系理论

如前所述，由于历史原因，中国晚清和民国时期的旧法律关系理论直接被后来的台湾地区学者所继承。尽管当代台湾地区法理学界也有对法律关系理论的专门论述，如梅仲协的《法律关系论》①、郑玉波的《法学诸论》② 中都有专门论述，较之传统理论有所发展，在研究范围和研究层次上都有提高，但是其仍然局限于传统的民事法律关系理论。总体上而言，到20世纪70—80年代，当代中国台湾地区的法律关系理论，无论是在理论内容还是研究范式上，都没有超出传统理论的范围。

近年来，伴随着海峡两岸之间社会文化交流的不断发展，法学领域的学术交流越来越频繁。这就为海峡两岸法学理论的相互借鉴吸收提供了重要契机。自20世纪90年代以来，两岸法律实务界和法学理论界开始通过各种渠道的交流，逐渐消除意识形态、社会文化差异、法律用语和专业术语等方面的障碍。这就在客观上使得两岸法理学领域的法律关系理论，在理论形态、概念体系和理论框架等方面都逐渐趋于同化。从目前可资参考的有限资料中，笔者只发现了少数台湾地区学者对于法律关系理论的阐述。对此，笔者拟简要介绍当代中国台湾地区法理领域个别代表性学者对于法律关系理论的诠释。

台湾地区学者谢瑞智在其《法学绪论》中认为，法律关系也就是权利义务之变动关系。谢瑞智以权利范畴为基础，确立了法律关系的“权利四要素说”，其主要观点有：其一，“在德法语系中，将法与权利同样称为 Recht，droit；而将法律称为客观的 Recht（Objective Recht），将权利称为主观的 Recht（Subjective Recht），就是在反映这种法律关系。因此，权利、义务与法律关系，三者可

① 参见梅仲协：《法律关系论》，载刁荣华：《法律之演进与适用》，台北汉林出版社1977年版，第64页。

② 参见郑玉波：《法学诸论》，台湾三民书局1981年版，第113页。

谓是处于三位一体（Trinity）之关系”。[①] 其二，“权利之要素”主要由“权利之主体（Subject of the right）” “负有义务之人（Subject of the duty）” “权利之内容（Content of the right）”和“权利之目的（Object or subject matter of the right）”等四要素构成。另外，对于法律关系的发生机制，谢瑞智教授将法律关系和法律事实联系在一起，认为法律所规定的社会生活关系都应当称为法律关系。而社会生活中发生法律效果所需之一定条件，就是“法律要件”。这就意味着，法律关系的形成、法律效果的发生，都必须具备特定的法律要件。而那些作为此种法律要件的事实，就是“法律事实”。[②] 尽管无可否认其某些学术观点确实有独到见解，但是就整体上而言，其许多观点仍然体现着中国台湾地区学术界的通说。此外，对于权利的行使原则，台湾地区法理学界通说认为，应当普遍遵循的法律原则主要有“禁止违反公共利益”“禁止权力滥用”和“诚实信用”等原则。

最后值得一提的是，中国台湾地区学者黄默夫在其法理学教科书《法学绪论》中，提出了以权利、义务与责任为中心的法律关系学说[③]。这也是目前笔者在有限的资料中所获悉的较为有特色的理论体系。然而，由于篇幅所限及其在多数观点上仍遵循台湾学界的通说，在此笔者不再予以专门介绍。

（二）当代中国大陆的法律关系理论

1949年以后，中国大陆的法律制度和理论转而借鉴学习苏联法学理论和制度实践经验。自此以降，我国法理学上的法律关系理论大体经历了三个历史发展时期。

（1）理论的照搬移植时期。自20世纪50年代开始，学者们翻译了苏联的许多有关论著，如亚历山大·洛夫的《苏维埃社会

---

① 谢瑞智：《法学绪论》，台湾文笙书局2006年版，第173页。

② 参见谢瑞智：《法学绪论》，台湾文笙书局2006年版，第174页。

③ 参见黄默夫：《法学绪论》，一品出版社2009年版，第1~181页。

中的法制和法律关系》、凯契克扬的《法律规范和法律关系》等文献[①]。通过对这些论著的学习和借鉴，逐渐对法律关系理论进行了吸收和消化。此后，20世纪50年代后期到“文革”前，同样由于社会历史原因，开始采用充满浓厚的意识形态色彩的法律关系学说。

（2）理论研究的停滞时期。20世纪六七十年代，中国法制建设陷于停滞不前的特定历史时期。尽管中国社会科学院法学研究所所编著的《苏联“全民法”问题文摘》中编载有部分关于当时苏联理论中权利和义务等问题的零星论述[②]，但这些论著被后来学者认为无法反映当时苏联理论的真实研究水平。总体上，在“文革”期间，中国大陆对法律关系理论的研究基本陷入停滞。

（3）恢复和发展时期。自1978年始，我国开始进行国家法制重建。但是法律制度的重建要求理论根据，就使得法律关系理论重新回归大陆法学的理论视野。人大和北大编写了两部教材，涉及了这个理论问题。随后中国大陆的法学教科书中对于法律关系理论的论述，多以这两者为蓝本。在这一时期，符合中国大陆法律实践的法律关系理论，开始逐渐形成。此时，法律关系理论已经基本可以被用来诠释法律实践过程中的某些实际问题，其实践价值初步彰显。但是，总体上而言，当时中国法律关系理论的局限性，主要在于仍然是苏联理论和传统大陆法中民事法律关系理论的结合物。到20世纪80年代，学者们仍然沿着学习苏联法律关系理论的路径，将苏联近20年的理论研究成果引进中国。在借鉴吸收苏联理论的基础上，当时法律关系理论的内容主要涉及其概念、性质、构成要素、法律关系客体、权利和义务的性质和关系等问题。从总体上而言，法律关系理论尽管在广度和深度上都取得一定的发展，但是就目前的研究现状而言，传统法律关系理论在我国法学基础理论中处

① 参见王勇飞、张贵成：《中国法理学研究综述与评价》，中国政法大学出版社1992年版，第497页。

② 参见王勇飞、张贵成：《中国法理学研究综述与评价》，中国政法大学出版社1992年版，第497页。

于主导地位。

目前，我国大陆法理学界的主流学说①，主要涉及法律关系的概念、构成要素以及包括其产生、变更和消灭在内的运行机制。对此，各种法理学教科书、论文、专著多有论述，笔者在此不再赘述。与此同时，对于我国现有法律关系理论的局限性②也有学者进行论述。在此，笔者仅就我国传统法律关系理论的理论进径略作分析。

我国当代法理学界的反思，把我们寻找解决当前理论困境的视野回溯到近现代西方法律哲学和法理学中的传统学说中去；尤其值得关注的是萨维尼的经典学说和分析法学的权威学说。首先，无可置疑，法律关系理论是否适用于公法领域的理论难题，始终是困扰着当代法理学界的重要问题。尽管有些学者已经提出过许多解决方案，法律关系理论在公法领域的适用范围上的广度和深度都在不断加深，所面临的理论和实践难题都在逐渐地解决，我们也不得不承认，法律关系理论并不是解决古今中外一切法律难题的灵丹妙药，但是，在当代法律哲学和法理学的后现代化思潮下，以经验哲学为逻辑基础的法律关系理论，秉承其西方法律哲学传统的法律实证主义精神，为当代中国法制的科学化、民主化和现代化提供了必要的理论分析工具。无论是萨维尼的经典学说还是霍菲尔德的权威理论，不管是大陆法上的传统法律关系理论还是英美法上的法律实证主义学说，都可以为我们提供有益的思维路径和理论参考。

从总体上而言，尽管现有理论仍存在缺陷，但是对于法律关系理论在公法领域的适用，我国法理学界和公法理论界的多数学者基本都持肯定态度。同时，有些学者对于法律关系理论中诸如权力与责任等相关理论热点问题的探讨仍然在继续，以期为法律关系理论在公法领域的适用提供更为科学、合理的理论依据。

---

① 刘金国、舒国滢：《法理学》，中国政法大学出版社 2002 年版，第 86~88 页。

② 葛洪义：《法理学》，转引自童之伟：《对法律关系的内容重整和概念重估》，载《中国法学》1996 年第 6 期。

第二章　诉讼法律关系范畴的理论渊源

在诉讼法学理论发展史上，诉讼法律关系理论的孕育、产生和发展，经历了复杂的社会历史过程。因此，如果要探究其理论本体和内核，就必须将历史唯物主义哲学作为基本立场，去探究其内在规定性和一般规律。基此，笔者主张应当严格遵循历史学研究方法的要求来开展研究。然而，如果从法理学和法哲学的角度探究诉讼法律关系理论的历史发展脉络，它主要可以分为萌芽阶段、产生阶段和发展阶段等三个阶段。

19世纪初，拿破仑在制定资产阶级法典的时候，有意识地将实体法和程序法予以分离，分别制定了不同的法典。尽管人们更习惯将法国民法典称为“拿破仑法典”，但是这主要是由于在拿破仑所制定的五部法典中，法国民法典最具代表性、对后世影响最大的缘故，同时法国民法典也是源于古罗马法，蕴含着丰富的契约思想。但是，值得指出的是，实体法和诉讼法分立的立法体例，为法国大革命前纷繁杂乱的民事、商事和刑事等实体法律规范，以及民事诉讼和刑事诉讼等诉讼法律规范的分门别类和统一奠定了重要的制度基础。[①] 19世纪初，法国法典化运动奠定了大陆法系的成文法基础，也使大陆法系传统民法理论中以传统契约精神为基础的法律关系理论的产生和萌芽成为可能。但是，这种理论主要适用于民商

① 参见［德］K. 茨威格特、H. 克茨：《比较法总论》，潘汉典等译，法律出版社2003年版，第114页。

法领域。这种立法体例所导致的另一后果，就是实现了诉讼法的法典化，并直接促进了诉讼理论体系的发展。尽管此时尚未产生诉讼法律关系理论，但却为其产生奠定了较好的制度理论基础。

然而，诉讼法律关系理论肇始于 19 世纪后期的德国。其之所以能够产生在近代德国，主要是由于当时德国的政治、法律和社会等方面具备特定的制度和理论条件。基于此，笔者认为，近代诉讼法律关系理论在德国得以孕育产生的条件，主要有制度条件、理论条件、研究方法（或者研究范式）等。具体而言：

首先，在制度条件上，专门的诉讼法典是诉讼法律关系理论产生的制度前提。在欧洲资产阶级革命胜利之前，欧洲在法律制度发展史上尚处于实体法和诉讼法不分的诸法合体阶段。在司法实践中，人们彼时过度关注实体问题，程序法沦为附庸。直到法国大革命胜利后，拿破仑自 19 世纪初开始制定资产阶级法典，以法国民事诉讼法典和刑事诉讼法典为标志的专门诉讼法典才出现。这奠定了近代诉讼法律关系理论的制度基础。

其次，在理论条件上，近代诉讼理论和法律关系理论的产生，是诉讼法律关系理论产生的必要理论基础。值得一提的是，法国近代化的专门诉讼法典早在 19 世纪初就已出现，但是诉讼法律关系理论却并没有出现。为什么呢？因为尽管法国制定出包括法国民事诉讼法典和刑事诉讼法典在内的成文法典，但此时近代化的诉讼理论尚处于逐渐形成的早期阶段。一方面，诉讼法律关系理论并不是孤立的理论体系，仅是近代诉讼理论的重要组成部分而已。因此，在近代诉讼理论体系的框架下，在缺乏其他基本理论支撑的情况下，诉讼法律关系理论也无从产生。另一方面，德国历史法学派代表人物萨维尼，直到 1835 年才开始撰写被公认的历史上首次系统创建了法律关系理论的《现代罗马法体系》一书。该理论的产生和其理论体系的发展成熟，是诉讼法律关系理论产生的重要前提。因此，笔者认为，在此特定的制度理论语境下和特定的历史时期，在近代诉讼理论和法律关系理论等方面仍然不具备基本的理论条件，因而其尚无法产生。

最后，在研究方法和范式上，西方法律实证主义的法哲学方法论，为诉讼法律关系理论的产生提供了重要的法哲学和法理学方法论依据。从法律哲学和法理学的角度而言，传统的法律实证主义研究方法在诉讼法学领域的应用，为诉讼法律关系理论的产生奠定了方法论基础。德国潘德克顿法学派的温德雪德（Windscheid）在1862年编撰完成的经典著作《学说汇纂》，使得德国实体法学（尤其是民事实体法学）领域的理论研究方法和研究范式逐渐转向分析实证主义法学。因为近代诉讼法理论被看作是围绕实体法问题而展开、构建的理论体系。诉讼法学者逐渐开始借鉴吸收实体法理论中的实证分析方法，去解决诉讼过程中的程序问题，继而借以不断构建和完善近代化的诉讼理论体系。这在客观上促进了诉讼理论的发展，为诉讼理论体系的近代化奠定了重要基础。应运而生的法律关系理论作为秉承西方法律实证主义精神的重要范畴，便被引入诉讼法领域作为诠释诉讼的基本性质的基础理论。其标志性事件便是，1868年德国学者标罗创造性地提出诉讼法律关系学说。因此，笔者认为，实证分析主义的法律研究方法和理论研究范式，是德国近代诉讼法律关系理论产生的重要研究工具。

一、近现代德国诉讼法律关系理论

诉讼法律关系理论作为传统法律关系理论的重要组成部分，是其在诉讼理论领域的具体应用，现在已经被发展为传统大陆法诉讼理论的基础理论之一。尽管在传统大陆法中长期存在着理论争论，但是，理论界的通说认为，就理论实质而言，无论是诉讼法律关系理论还是诉讼法律状态理论，都是关于“诉讼是什么”的理论学说。实质上就是关于诉讼的法律性质的理论学说。

（一）标罗诉讼法律关系理论

“诉讼法律关系”术语最早可以追溯到德国诉讼法学者标罗（Bülow，又译为比洛，1837—1907）在1868年所发表的经典文献

《诉讼抗辩论与诉讼要件》。在这篇经典文献中，标罗认为，“诉讼是法院与当事人三者之间的权利义务关系，而且是随着诉讼的进程向前发展的统一的法律关系”。①

1.“诉讼要件”与“诉讼法律关系”

当时标罗在提出诉讼法律关系学说时，还提出了所谓的“诉讼要件”理论作为理论支撑。在标罗看来，诉讼法律关系并不是由于当事人起诉而产生的，而是在客观上具备了某些规定的条件。这些条件就是“诉讼要件”。根据这些条件，标罗将诉讼过程在纵向结构上区分为两个阶段。在这种纵向的诉讼构造下，法官首先要对诉讼要件进行审查。如果所有的诉讼条件都满足的话，那么诉讼关系就是成立的，诉讼进程将推进到实体审理阶段。否则，如果缺乏其中的某些所谓的诉讼要件，法院和当事人之间就不存在诉讼关系；其结果就是诉讼进程的终结，实体审理将不再进行。② 在此值得指出的是，当时标罗提出诉讼要件理论的理论实质，就是诉讼关系的成立条件理论。经过上百年的发展，该理论现在已经演化成为独立的诉讼理论。

2. 标罗理论的理论基础

标罗学说的理论基础主要有两方面：其一是对近代传统理论中“诉讼法分立”思想进行继承的结果。在近代德国法律理论中，“诉讼法与实体法两元分立”的思想理念，使得实践中那些与实体关系并不直接相关的程序事项开始受到关注。进行诉讼条件审查的直接目的，就是究问诉讼关系能否成立，继而开始实体问题的处理。这就意味着，审判过程必须遵循“先程序、后实体”的逻辑

① 孟涛、潘水良：《论标罗诉讼要件理论的创立》，载《政治与法律》2008年第5期。

② 孟涛、潘水良：《论标罗诉讼要件理论的创立》，载《政治与法律》2008年第5期。

顺序。[1] 处理程序事项的专门化和独立化成为诉讼关系理论产生的重要前提。因而诉讼条件学说本身所体现的“两元分立”思想，也理所当然地体现在诉讼法律关系学说当中，并且是作为其重要的理论前提的。也就是说，标罗诉讼法律关系理论就更应该是这种思想框架下的重要表现。其二，标罗诉讼条件学说是对德国传统抗辩学说进行批判的结果。“诉讼要件事项，均属于具有强烈公益色彩的程序事项，因此必须以职权主义方式进行审理。因此标罗认为诉讼要件的审理必须以法院职权调查的方式进行。”[2] 这就意味着，标罗主张将这些必备的条件事项，严格作为法院的职权调查事项，通常不允许当事人以此作为抗辩理由。然而，这却与德国当时普遍的抗辩观念相悖。究其原因，可能主要是由于职权主义因素的影响，还有就是观察角度问题——条件事项的审查主要发生在法院与原告间，而被告就无关实体问题的程序事项所进行的抗辩，主要发生在被告和法院之间。因此，也有学者主张这并不冲突。这些程序性条件事项，实际上也可作为被告的抗辩理由。[3] 总之，标罗学说就是在这样的争论中逐渐发展起来的。

综上所述，通过考察标罗诉讼要件理论的理论基础，笔者认为，从理论框架和理论定位上来看，标罗诉讼要件理论的主要目的，就在于为诉讼法律关系学说提供理论根基。因此，从理论逻辑上而言，标罗据以构建诉讼要件理论范畴所根据的理论基础，当然也可以被看作是其诉讼法律关系理论的理论基础。同时，值得指出的是，标罗诉讼法律关系理论不但能够在大陆法传统诉讼理论上找

---

① 孟涛、潘水良：《论标罗诉讼要件理论的创立》，载《政治与法律》2008 年第 5 期。

② 孟涛、潘水良：《论标罗诉讼要件理论的创立》，载《政治与法律》2008 年第 5 期。

③ ［日］阪口裕英：《ビューローの诉讼要件论の研究》，载《名城法学》（第 17 卷），1967 年，转引自孟涛、潘水良：《论标罗诉讼要件理论的创立》，载《政治与法律》2008 年第 5 期。

到理论根据，譬如辩论主义、不告不理原则等传统诉讼原则；而且在更深层次上，也能够在西方传统法律哲学和法理学范围内找到法律哲学和法理学根据。

3. 标罗诉讼法律关系理论的基本内容

通过考察标罗在《诉讼抗辩论和诉讼要件》中所诠释的经典思想学说，我们不难从中归纳出标罗所力图构建的诉讼法律关系理论学说。基于此，笔者认为，标罗诉讼关系学说的理论内容有：首先，标罗认为，"诉讼是法院与双方当事人三者之间的权利义务关系，而且是随着诉讼的进程向前发展的统一的法律关系。"① 同时，如果抛开实体问题，就诉讼程序运行而言，整个诉讼过程本身就是围绕诉讼法律关系形成的体系。其次，标罗认为，诉讼法律关系是否成立的问题完全属于公法领域的事项，是法院必须以职权手段进行调查的事项，因此作为判断诉讼法律关系是否成立的诉讼要件不能通过当事人任意处分的"抗辩"形式来表现。② 然而，他同时也认为，这种职权调查也并不是要求法官必须进行"警察式调查"，但至少要符合辩论主义的要求。而根据"辩论主义"的诉讼原则精神，对于诉讼要件事项的审理，当事人既有权利也有责任收集和提出有关事实和证据等诉讼资料③。同时，法院针对诉讼条件事项所做出的决定，应当将当事人提供的诉讼资料作为基础。最后，诉讼条件是诉讼关系成立所必需的前提性因素。通常而言，不具备实质的诉讼条件，就无法启动审判程序的条件。因此，在诉讼要件确定之前，并不意味着法院已经在实质上确立了对具体案件的审判权，法院和当事人之间也不是当然存在诉讼法律关系。只有在法院

---

① ［日］平野龙一：《刑事诉讼法》，日本有斐阁 1958 年版，转引自徐静村：《刑事诉讼法学》（第三版）上，法律出版社 2003 年版，第 93~97 页。

② 孟涛、潘水良：《论标罗诉讼要件理论的创立》，载《政治与法律》2008 年第 5 期。

③ ［日］兼子一：《民事诉讼法》，日本有斐阁 1965 年版，转引自孟涛、潘水良：《论标罗诉讼要件理论的创立》，载《政治与法律》2008 年第 5 期。

确认已经具备必需的诉讼条件的情况下，诉讼程序才能够正式启动，法院与当事人之间的诉讼关系才能够被确认成立；在此基础上，法院才当然取得对案件的审判权，才能够对案件本身的实体法律关系进行审理和裁判。

4. 标罗学说的理论贡献

尽管标罗最初所创建的诉讼法律关系理论仅仅局限于传统民事诉讼理论，但是标罗理论在整个传统大陆法诉讼理论中的影响是深远的，其影响范围早已不再局限于民事诉讼领域，还被引入刑事、行政诉讼等传统公法性诉讼领域。后来学者虽然曾就标罗学说提出过各种质疑和争论，但是标罗创造性地提出的诉讼法律关系理论被后世学者所继承和发扬光大。

此外，笔者认为，标罗最主要的理论贡献在于，标罗不但明确区分了实体法律关系和诉讼法律关系，而且把传统上主要适用于"民法、国际私法等私法领域的法律关系理论开创性地引入到公法领域"①。标罗诉讼法律关系理论的创建，不但在客观上增加了诉讼法在实践和理论中的独立性，而且为诉讼理论（尤其是民事诉讼理论）的科学构建提供了更加科学、理性的理论分析工具。

（二）戈尔德施密特的"诉讼法律状态说"

针对标罗学说的理论不足，德国诉讼理论家戈尔德施密特（GoldSchmidt）提出"诉讼法律状态学说（Rechtliche Situation）"，尝试着去彻底推翻标罗学说。1925年，他在其经典文献《作为法律状态的诉讼》中指出，"权利义务关系是人们通过主观的观察形成的印象和观念，是静态的反映，而诉讼是动态的发展的法律状态"。②总体上，戈尔德施密特的"法律状态说"主要包括以下几方面：

（1）"对于诉讼必须运用诉讼法学特有的诉讼法的、动态的法

① ［日］平野龙一：《刑事诉讼法》，日本有斐阁1958年版，转引自徐静村：《刑事诉讼法学》（第三版）上，法律出版社2003年版，第93~97页。

② 蓝冰：《德国新民事诉讼法律关系理论及启示》，载《政治与法律》2008年第1期。

律考察方法来把握。"[①]"诉讼状态论"主张，首先应当在整体上把诉讼和各种诉讼现象联系起来，那么如果把诉讼法律规范看作一种裁判标准，而不是一种所谓的静态的、确定的"命令"或者"要求"，就需要运用动态的、符合诉讼规律的研究方法来考察诉讼本身。从程序性动态理论的基本立场来看，当事人所预期、期待（Aussicht）的判决中的实体权利义务关系，在法院判决确定之前，始终处于待决的不确定状态，因而具有某种潜在的不安定性。这种实体法律关系的不安定性的根源，不但与法官在诉讼过程中的主观认知、判断活动存在必然关联，而且与诉讼的程序启动、诉讼过程中诉讼行为的为或者不为存在某种关联。因此，从研究方法或者观察诉讼现象的特定视角来看，戈尔德施密特的"法律状态"学说，实际上是一种程序动态性理论。

（2）"运用动态考察方法可以看出，诉讼不是以权利义务为内容的法律关系，而是以既判力为终点的浮动的法律状态。"[②] 诉讼不是以权利义务为内容的法律关系。戈尔德施密特"否认法院和当事人之间存在比洛所称的诉讼法律关系上的真正的义务"。[③] 在他看来，即便法院和当事人之间存在所谓的"义务"，这种义务也会因其固有的公法或者私法属性，导致其不可能在诉讼法律关系中产生。由于传统理论中的权利和义务范畴通常只是人们的主观印象和抽象观念，因此无法揭示诉讼程序推进过程中的各种动态的、不断发展变化的诉讼现象。这就意味着，戈尔德施密特的"法律状态说"否定了标罗理论的静态研究方法，同时通过借助诸如"诉讼前景（Prozessuale Aussicht）""诉讼负担（Last）"等全新术语，为其揭示前述动态诉讼现象提供了更具合理性的理论诠释。在戈尔德施密特看来，诉讼意义上的权利，并不必然具有法律属性，

① 蓝冰：《德国新民事诉讼法律关系理论及启示》，载《政治与法律》2008 年第 1 期。
② 蓝冰：《德国新民事诉讼法律关系理论及启示》，载《政治与法律》2008 年第 1 期。
③ 蓝冰：《德国新民事诉讼法律关系理论及启示》，载《政治与法律》2008 年第 1 期。

既不是诉讼法所规定的诉讼义务人“应当”为或者不为特定诉讼行为，也不是诉讼法所规定的诉讼权利人“可以”为或者不为特定诉讼行为。

但是值得强调的是，戈尔德施密特“法律状态说”的致命缺陷，就在于其否认法院和当事人之间存在法律义务。这种观点无法得到诉讼理论界多数学者的认同，使其彻底否定标罗诉讼法律关系理论的企图未能实现。1933 年德国司法改革时，出于对司法具有的公法属性等因素的考虑，多数德国学者主张将更多的“诉讼上的义务”纳入到“诉讼法律关系”范畴的理论框架下。[①] 并且在内容上，诉讼中的法律义务不但涉及法院和当事人之间的法律义务，而且涉及当事人之间的法律义务。

（3）法律应当是法官的裁判标准[②]。对于戈尔德施密特学说中的“法律究竟是命令还是裁判标准”的问题，如果从静态的实体法角度考察，法官根据实体法作出判定、判令被告为或者不为一定行为的裁判时，法律就会被视为一种命令；如果从动态的诉讼法角度考察，法官根据诉讼法只能要求当事人为或者不为一定诉讼行为，法律仅是一种为推动诉讼程序进程的裁判标准。在诉讼过程中，原告和被告都会根据法律条文而对将来的诉讼结果产生某种诉讼预期、期待，同时自愿或者应要求承担“为或者不为某种诉讼行为”的诉讼负担，以期获得有利的诉讼结果。这就意味着，诉讼必然表现为某种“包含了诉讼前景、可能性、负担和摆脱一方当事人的负担”[③]，或者某种掺杂了主观诉讼预期、胜诉的客观可能性、诉讼负担等主客观因素的法律状态。

---

① 参见蓝冰：《德国新民事诉讼法律关系理论及启示》，载《政治与法律》2008 年第 1 期。

② 蓝冰：《德国新民事诉讼法律关系理论及启示》，载《政治与法律》2008 年第 1 期。

③ 蓝冰：《德国新民事诉讼法律关系理论及启示》，载《政治与法律》2008 年第 1 期。

（三）查瓦尔法律状态学说

后来，德国诉讼法学者查瓦尔（Sauer）针对戈尔德施密特诉讼法律状态学说的缺陷，提出了新的法律状态说，即“三重过程说”。查瓦尔将诉讼看作具有时间性和发展性的动态程序推进过程，并在此基础上，从实体形成、诉讼追行和程序过程等三个维度重新诠释诉讼的发展状态。其中，所谓“实体形成”，就是指诉讼过程中，作为当事人所预期、期待的诉讼目标的实体法律关系的发展变化、并最终确定的过程。所谓“诉讼追行”，是指法院和当事人以具体案件中的实体形成为直接目的而实施一系列特定的诉讼行为的程序推进过程。所谓“程序过程”，是指当事人直接现实地实施特定的诉讼行为，推动诉讼程序向前持续推进的过程。值得指出的是，这三者之间存在着严密的逻辑关系。其中，“实体形成”是“诉讼追行”的目的，“诉讼追行”又是“程序过程”的目的；同时，“程序过程”是“诉讼追行”的手段，“诉讼追行”又是“实体形成”的手段。“诉讼追行”作为“实体形成”和“程序过程”的桥梁和中介，同时扮演着目的和手段的双重角色。

从总体上而言，查瓦尔诉讼法律状态说的理论核心在于，将当事人参加诉讼的对象和目的限定在预期、期待的实体性权利义务关系，同时以此为基础，将诉讼本身看作有层次的依次推进的程序性诉讼活动。值得指出的是，除所构建的理论模型的差别之外，查瓦尔法律状态学说与戈尔德施密特学说的关键区别，还在于戈尔德施密特学说主张“诉讼是以当事人对于应当形成的判决所持有的期待背后的利益变动为中心而展开的”，而查瓦尔则主张诉讼应当通过作为诉讼对象和最终目的的，当事人所预期、期待的实体法权利义务关系进行考察。

此外，在标罗、戈尔德施密特和查瓦尔之后，德国诉讼理论界将前人的各种经典理论学说进行综合，采取折中主义的理论立场，认为应当从静态和动态双重视角加以考察：首先，如果从静态的角度来看，诉讼是某种法律状态，诸如当事人参加诉讼所预期、期待的判决中的实体权利义务关系，在诉讼过程中始终所处的待决的、不确定的法律状态。只有在裁判最终确定后才能够结束这种状态。如“诉讼前景（Prozessuale Aussicht）”“诉讼负担（Last）”。[①]其次，从动态的角度来看，诉讼是法律关系。前者主要是将诉讼行为作为出发点和落脚点，后者主要是从诉讼关系的角度来考察诉讼运行的。也就是说，从总体上而言，诉讼实际上既是法律状态，也是法律关系。德国新的理论学说首先将标罗所创立的传统讼法律关系理论作为基础，通过“法律状态说”来重新诠释诉讼的法律性质。

（四）德国学说的理论形态

在德国诉讼法学理论发展史上，诉讼法律关系理论的理论形态主要包括：“统一关系说”“一面关系说”“两面关系说”和“三面关系说”。

1. 标罗的“统一关系说”

如前所述，标罗认为诉讼是法院与双方当事人三者之间的权利义务关系，而且是随着诉讼的进程向前发展的统一的法律关系。标罗强调诉讼中法院和当事人之间存在的统一的法律关系，旨在通过将它看作权利义务关系，来弱化法院的权力和地位、加强当事人的诉讼地位。[②]

诉讼是法院与双方当事人三者之间的权利义务关系，而且是随着诉讼的进程向前发展的统一的法律关系。

2. 科勒尔的“一面关系说”

在标罗之后，德国学者科勒尔（Kohler）提出“一面关系学说”。科勒尔在强调诉讼法律关系相对于实体法律关系的相对独立

---

① 参见蓝冰：《德国新民事诉讼法律关系理论及启示》，载《政治与法律》2008年第1期。

② 张卫平：《程序公正实现中的冲突与衡平——外国民事诉讼研究引论》，成都出版社1993年版，转引自刘家兴、潘剑锋：《民事诉讼法学教程》，北京大学出版社2013年版，第40页。

性的基础上，继续坚持否定法院在诉讼过程中的主体地位，从而将诉讼关系限定为原告与被告双方的相对面关系。然而，没有法院的诉讼，实际上就纯粹演变成只有原被告双方的法律战争。这明显违背传统的诉讼观念。尽管这种观点因为其固有的理论缺陷而很快就被其他学者所否定，但是科勒尔的理论尝试却为后来学者进一步研究和探讨提供了可资借鉴的研究视角。①

3. 普兰克的“两面关系说”

这种观点只承认在法院和原告的相对面、法院与被告的相对面中存在着诉讼关系，在原告和被告两者之间只有实体上的法律关系。这种观点过度强调法院在诉讼中的中心地位和指挥作用，认为当事人只有通过法院才能发生诉讼法上的“法律联系”。原被告双方之间的实体法律关系以及与之密切相关的诉讼过程中的“法律联系”，则属于私法范畴。②

4. 瓦希等学者的“三面关系说”③

鉴于科勒尔学说和普兰克学说的弊端，瓦希（Wach）和德根科尔伯（Degenkolb）等人提出了“三面关系说”。这种学说后来成为大陆法诉讼理论的通说。一方面，这种观点可以被看作是“一面关系说”和“两面关系说”的折中理论；另一方面，由于共同的理论基础的缘故，也可以将“三面关系说”看作是“被补充和修正的‘两面关系说’”。其理由是“当事人之间的协议管辖、合意停止诉讼程序、诉讼上和解等诉讼行为能够直接产生一定的诉讼法律后果”④。

---

① 张卫平：《程序公正实现中的冲突与衡平——外国民事诉讼研究引论》，成都出版社 1993 年版，转引自刘家兴、潘剑锋：《民事诉讼法学教程》，北京大学出版社 2013 年版，第 40 页。

② 参见刘家兴、潘剑锋：《民事诉讼法学教程》，北京大学出版社 2013 年版，第 40 页。

③ 参见刘家兴、潘剑锋：《民事诉讼法学教程》，北京大学出版社 2013 年版，第 40 页。

④ 江伟：《中国民事诉讼法专论》，中国政法大学出版社 1998 年版，第 19 页。

二、日本诉讼法律关系理论概况

自1890年到“二战”后，日本诉讼法学理论基本是在继受德国法律学说的基础上形成的。当时日本诉讼法学者的主要任务，就是将德国诉讼法学理论和学术界对诉讼法典的含义、内容的理解传达给立法和司法实践部门。日本诉讼法学界的这种研究方法和范式一直持续到“二战”后。在日本诉讼法学理论发展史上，这种特定历史时期的特殊研究范式和方法，决定了日本诉讼法学领域的基本理论具有浓厚的继受法、移植法色彩。通常来讲，日本早期的理论主要也是对德国诉讼理论的转述、复制和移植。因此，1890年之后的日本诉讼法律关系理论无论在研究内容还是在研究视角、研究方法和研究范式上，都无法超出德国传统理论的框架。基于此，笔者对日本在该特定历史阶段的相关理论不予赘述。

三、中国诉讼法律关系理论的发展概况

中国传统理论在理论来源上的外源性、移植性等特性，决定了其不可能超出传统大陆法的理论框架。同时值得指出的是，我国诉讼法学者多是在民事诉讼领域或者刑事诉讼领域，单独地去探讨仅适用于特定领域中，具有特定内涵的诉讼法律关系，并未从中抽象出适用于所有诉讼领域的关于诉讼法律关系的一般理论。因此，出于资料有限性、理论视野局限性和理论严谨性等方面的考虑，笔者在此不再赘述。

1949年以后中国大陆的诉讼理论体系主要是在20世纪七八十年代开始逐渐形成的。在理论来源上，同国家上层建筑的其他领域一样，主要源于对苏联诉讼法学理论的学习和借鉴。但是，与此同时，中国语境中诉讼法制、诉讼实践和诉讼理论的相互推动、相互促进，也在客观上为诉讼理论在范畴体系、理论形态和理论范式等方面的发展起到了不可忽视的积极作用。因此，在当时立法主导的、以注释法学为主流研究范式的特定时代语境中，一系列诉讼法

典的相继颁布，对中国诉讼理论的发展和进步，起到了至关重要的作用。中国诉讼法学者们根据法律实践的现实需要，抽象出各种专门的诉讼法学范畴，为诉讼法律实践和诉讼理论构建提供理论支撑。因而直到20世纪90年代初期，中国诉讼法学者才在各诉讼理论领域抽象出具有普遍适用性的诉讼法律关系理论。而对于行政诉讼领域的法律关系理论，尽管也已形成独立的理论体系，但是由于行政法规范的分散性及其所调整对象的特殊性等特点，使得行政诉讼领域并不是特别重视这一理论。目前就当代我国诉讼法学理论领域而言，诉讼法律关系范畴已经被看作三大诉讼领域，被用于诠释诉讼本质的基本范畴。这在很大程度上是由三大诉讼所共同具有的规律性所决定的，同时也是由我国现实的司法体制、诉讼制度和法律适用方式所决定的。

20世纪90年代初期，中国大陆有些诉讼理论研究者曾经主编了《中国诉讼法学》教科书，其理论体系主要是在探讨诉讼法学的研究对象、体系和方法的基础上，对诉讼法律关系等诉讼法学基础理论范畴进行专门研究。尽管在理论内容、研究方法和研究范式上与传统大陆法国家的传统学说有着明显差别，但是在当时特定的制度环境、理论语境中基本能够自圆其说，也基本能够适应当时的理论实际和实践需要。例如，于绍元等学者就曾经进行过此种理论体系的尝试。

于绍元在其主编的《中国诉讼法学》中，对诉讼法律关系的概念、特征和构成要素进行了探讨，同时还对诉讼法律关系发生、变更和消灭的根据，即诉讼法律事实进行了探讨。在他们看来，诉讼法律关系的特征主要表现在“既分立又统一”“以人民法院为中心”和“由国家强制力保证诉讼主体的权利和义务得以实现”等方面[①]。刑事诉讼、民事诉讼和行政诉讼等领域的诉讼法律关系，除具有前述共同特征之外还有差异，譬如所依据的法律规范不同、

① 参见于绍元：《中国诉讼法学》，中国法制出版社1994年版，第29~30页。

理论重心不同、权力制约机制不同、诉讼主体和诉讼指向（即诉讼对象）等方面的不同。[①] 这些学者通常将构成要素理论作为理论主体，来展开对诸如主体要素、客体要素和权利义务的探讨。对于客体问题，我国理论界争论比较多。这些学者主张，其客体要素主要涉及“案件的事实和实体权利的请求”[②]。此外，诉讼法上的法律事实具有“客观存在的事实”“法律意义”等特征。根据其与主体意志关系的不同，将诉讼法律事实区分为诉讼法上的法律行为和法律事件，并且对这两类法律事实的概念、种类等问题进行简要探讨。[③]

20 世纪 90 年代初期，华东政法大学的沈福俊和叶青主编的《中国诉讼法学》也对诉讼法律关系范畴进行过专门论述，[④] 其无论在理论框架、概念体系和基本观点，还是在研究方法和研究范式上都基本与于绍元相同。这表明，于绍元和沈福俊等学者对于诉讼法学关系范畴的理论阐述，基本代表当时我国诉讼法学界的通说。值得一提的是，20 世纪 90 年代后期，我国理论界曾在某年的诉讼法学年会上进行过专门讨论，并掀起过研究诉讼法律关系理论的热潮。但是在此之后，由于受到一系列主客观因素的制约，理论界无法实现重大理论突破，从此关于诉讼法律关系的探讨开始逐渐淡出学术界的理论视野。近年来，学术界关于诉讼法律关系的探讨最终变成无人问津的理论命题。但这并不意味着理论界对诉讼法律关系范畴的根本否定，也不能因此否定我国学术界就这一揭示“诉讼本质属性和基本规律”的范畴所达成的既有共识。

---

① 参见于绍元：《中国诉讼法学》，中国法制出版社 1994 年版，第 30~31 页。

② 参见于绍元：《中国诉讼法学》，中国法制出版社 1994 年版，第 38 页。

③ 参见于绍元：《中国诉讼法学》，中国法制出版社 1994 年版，第 40~44 页。

④ 参见沈福俊、叶青：《中国诉讼法学》，华东理工大学出版社 1994 年版，第 20~33 页。

第三章 刑事诉讼法律关系的理论渊源

一、刑事诉讼法律关系的起源

19 世纪中后期，德国诉讼法学者标罗在当时的民事诉讼理论框架下，首先创建了著名的“诉讼法律关系”经典学说。此后，出于共同的诉讼机理和一般规律，诉讼法律关系理论很快被引入德国刑事诉讼理论以及其他诉讼理论领域，用来指导诉讼制度构建和司法实践。随着传统大陆法诉讼理论在世界范围内的传播，这些学说也被传播到日本、中国等传统大陆法国家和地区。在近现代德国诉讼理论中，标罗的“诉讼法律关系说”戈尔德施密特的“诉讼法律状态说”和查瓦尔的“三重过程说”前文已经述及，在此笔者不再赘述。除去研究资料的缺乏、理论视野的局限以及其他主客观制约因素的影响，在此笔者想要说明的是，近现代日本、中国等传统大陆法国家的传统诉讼理论中关于刑事诉讼法律关系的理论阐述，其实大多来源于德国学说。

二、日本刑事诉讼法律关系理论的理论渊源

如前所述，日本诉讼法制主要源于法、德等西方国家。其刑事诉讼法律关系理论主要是在立法和司法实践过程中照搬德国理论，将诸如标罗、戈尔德施密特和查瓦尔等德国著名的诉讼法学者的经典学说引入日本诉讼法理论中。20 世纪 30 年代，日本的刑事诉讼理论基本可以与其本土法律实践情况相结合，解决法律实践中的现

实问题。在成功对德国理论进行借鉴吸收的基础上，将其改造成适合日本国情的新理论。这些理论中影响比较大的主要有小野清一郎的“调和说”、团藤重光的“诉讼两面说”和平野龙一的“诉讼三面说”。

1. 小野清一郎的“调和说”

1933年，日本学者小野清一郎在其出版的教科书《刑事诉讼法讲义》中，对德国学者的诉讼法律关系理论进行本土化改造，提出了折中主义的理论学说。他主张将诉讼关系区分为基本的诉讼关系和派生的诉讼关系。其中，前者是后者的基础，后者是前者的发展延伸。并在此基础上主张，诉讼是由静态、静止的基本法律关系和动态发展的派生法律关系组成的，并以诉讼法律关系的产生、变化和发展为运行标志的诉讼法律状态。小野理论学说实际上是将德国的“状态说”和“关系说”等传统学说进行折中、调和的结果。①

2. 团藤重光的“诉讼两面说”

日本学者团藤重光在其1967年出版的《刑事诉讼法纲要》中，对刑事诉讼法律关系理论进行了专门讨论。他批判地继承了标罗的关系学说。但是对其理论缺陷，团藤重光则认同戈尔德施密特的动态研究方法，承认在动态的诉讼过程中是存在诉讼法上的权利义务的。在此基础上，团藤重光将德国学者查瓦尔的“三重过程说”加以改造，将“诉讼追行过程……并入程序过程”作为理论前提。主张实体形成行为和程序形成行为两者在事实上不是毫无关联、相互孤立的，而是“不可分离的同一诉讼整体的两个侧面，因而称作诉讼的实体面和程序面更为适当”②。①所谓“诉讼实体面”，“其实不过是具体案件中实体的法律关系由形成直到确定的

① 参见徐静村：《刑事诉讼法学》（第三版）上，法律出版社2003年版，第95~96页。

② ［日］团藤重光：《刑事诉讼法纲要》，日本创文社1967年七订版，第139页。

浮动的、流动的法律状态"[1]。从动态的角度来看，诉讼实体面"开始是侦查机关的主观嫌疑，逐步根据证据证实而成为客观嫌疑，公诉的提起使诉讼的客体特定化，并通过当事人的攻击和防御对其进行审查，最后当法官形成内心确信时作出有罪判决，使实体的确定力得以固定"[2]。②所谓"诉讼程序面"，是法院和当事人之间以诉讼行为为动力、以实体面为目标的诉讼法律关系。同时，团藤重光指出：

"对于实体面和程序面的判断标准不同。实体面既然是浮动的法律状态，实体形成应当以判决为最后的确定点。……与此相反，程序面既然是固定的法律关系，诉讼行为应当以行为时的实体形成为判断标准，即使后来实体形成发生变化，也必须维持当初行为的效力。"[3]

团藤重光的重要贡献之一，就在于提出了一些新概念去诠释刑事诉讼。如将诉讼行为区分为"实体形成行为"[4] 和"程序形成行为"[5]，将"判决的确定力"区分为"实体的确定力"[6] 和"形式的确定力"。[7]

① ［日］团藤重光：《刑事诉讼法纲要》，日本创文社 1967 年七订版，第 139 页。

② 参见徐静村：《刑事诉讼法学》（第三版）上，法律出版社 2003 年版。

③ 徐静村：《刑事诉讼法学》（第三版）上，法律出版社 2003 年版，第 97 页。

④ 参见徐静村：《刑事诉讼法学》（第三版）上，法律出版社 2003 年版，第 97 页。

⑤ 参见徐静村：《刑事诉讼法学》（第三版）上，法律出版社 2003 年版，第 97 页。

⑥ 参见徐静村：《刑事诉讼法学》（第三版）上，法律出版社 2003 年版，第 97 页。

⑦ 参见徐静村：《刑事诉讼法学》（第三版）上，法律出版社 2003 年版，第 97 页。

3. 平野龙一的"三面说"

日本当代刑事诉讼法学者平野龙一在批判团藤重光学说的基础上，继承了德国学者查瓦尔的"三重过程说"。同时，平野龙一也提出了他的新学说，即"三面说"。针对团藤重光理论的缺陷，平野龙一主张诉讼实体面主要是法律状态，但也有法律关系；诉讼程序面主要是法律关系，但也有法律状态。[①] 对于刑事诉讼中"诉讼法律关系"和"诉讼法律状态"两者的关系，平野龙一采用的是"并立说"。其核心观点主张，诉讼是由诉讼追行过程、实体过程和程序过程三方面组成的，其中，"诉讼追行过程就是与诉因和证据相应的发展过程"[②]，而程序过程则是"基于诉讼追行而为的各种行为构成过程"[③]。

三、苏联刑事诉讼法律关系理论的理论渊源

如前所述，"十月革命"之后，苏联的诉讼法学者在批判继承沙俄旧法理论和借鉴吸收大陆法理论的合理因素的基础上，逐渐开始将法律关系学说应用于具体的部门法理论中。从总体上而言，这一时期的苏联刑事诉讼理论坚持运用党性原则和阶级分析方法进行理论研究。

20 世纪 30 年代，苏联学者切利佐夫在其主编的教科书《苏维埃刑事诉讼》中，在讨论"苏维埃刑事诉讼的本质"的过程中，对"诉讼关系"进行了探讨。对于苏联学界在其后很长一段时间内对诉讼关系的理论探讨，由于资料有限性和其他因素制约，笔者无法考究。20 世纪 80 年代苏联蒂里切夫等学者的理论，将刑事诉

① 参见陈朴生：《刑事诉讼法实务》，台湾海天印刷厂有限公司 1998 年版，第 110~114 页。

② 参见陈朴生：《刑事诉讼法实务》，台湾海天印刷厂有限公司 1998 年版，第 110~114 页。

③ 参见陈朴生：《刑事诉讼法实务》，台湾海天印刷厂有限公司 1998 年版，第 110~114 页。

讼法律关系作为“苏维埃刑事诉讼的本质”。蒂里切夫等学者在他们编著的教科书《苏维埃刑事诉讼》中，通过对“苏维埃刑事诉讼的本质和任务”的讨论，对该问题进行了专门论述。其主要观点为：①“刑事诉讼法是一种社会性的、互相制约的法律规范体系，这种法律规范调整提起刑事诉讼、侦查、审理和解决刑事案件，执行判决等活动，以及由这种活动产生的社会关系。”[①] ②从静态的角度来看，“诉讼法律关系是各种主体发生相互联系的体系”[②]；而从动态的角度来看，“刑事诉讼关系的产生、发展、变化和终止，同刑事诉讼活动有着不可分割的关系。诉讼活动的产生和发展及其方向和目的，也同刑事法律关系有联系”。[③] ③“刑事诉讼关系同实体法律关系是有机联系的。在实施犯罪时，实体法律（刑事法律）关系发生在犯罪人和国家之间。犯罪是一种法律事实，它使国家有权惩罚犯罪人，而犯罪人必须对自己的行为承担责任。为了实现国家的刑罚权，该人的罪过应由法院予以确定。”[④] 由此看来，苏联学者认为，为实现国家刑罚权，法院在刑事诉讼中有权认定犯罪人和国家间的实体法关系。

四、中国刑事诉讼法律关系理论的理论渊源

（一）1949 年以前我国刑事诉讼法律关系理论的发展概况

在清末修律过程中，通过借鉴和移植法国、德国和日本等国家的法律制度和理论，将这些国家刑事诉讼的制度和范畴引入并确立在中国的刑事诉讼理论体系中。尽管此时中国现代刑事诉讼的法学

---

① ［苏］蒂里切夫等：《苏维埃刑事诉讼》，张仲麟等译，法律出版社 1984 年版，第 18 页。

② ［苏］蒂里切夫等：《苏维埃刑事诉讼》，张仲麟等译，法律出版社 1984 年版，第 18~19 页。

③ ［苏］蒂里切夫等：《苏维埃刑事诉讼》，张仲麟等译，法律出版社 1984 年版，第 18~19 页。

④ ［苏］蒂里切夫等：《苏维埃刑事诉讼》，张仲麟等译，法律出版社 1984 年版，第 21 页。

理论体系尚未确立，沈家本在就《大清刑事诉讼律草案》进行立法说明时，就已经对某些“刑事诉讼之主义”进行了精辟阐释。后来在20世纪20年代，夏勤、陈瑾琨和蔡叔衡等学者，也对相关问题进行过些许探讨。在他们的话语体系中，通常从“刑事诉讼关系”“性格”“主义”等颇具特色的范畴来进行学术讨论。

1. 夏勤的刑事诉讼法律关系理论

夏勤认为，刑事诉讼是审判衙门、原告和被告的行为，并且将实现国家刑罚权作为其目的。这就在客观上要求，刑事诉讼不能没有规定的程序，同时审判衙门、原告和被告之间的行为，也不能没有“法律上之权利义务关系”作为其保障。否则，“审判衙门及原被两造将为所欲为，诉讼之目的终不可得期也”。[①] 在夏勤看来，“刑事诉讼之法律关系，乃原被告两造间或原被两造与审判衙门之法律关系”。[②] 他还将刑事诉讼与民事诉讼中的相关理论进行比较：两者在共同点上主要表现在三方面，即在性质上同属公法关系，都将“当事人之诉讼关系”作为必要组成部分，在本体上都属“三方面之关系”[③]。两者的区别在于“原被两造之差异”和“（诉讼）目的之差异”[④]。刑事诉讼将国家刑罚权之实现作为其目的，而民事诉讼则将确定民事法律关系、定纷止争作为目的。

2. 陈瑾昆的刑事诉讼法律关系理论

在20世纪二三十年代，陈瑾昆在其《刑事诉讼法通义》中，对“刑事诉讼关系”进行了论述。他认为，“诉讼关系乃谓诉讼主体相互之权利义务关系，固与诉讼程序有别。但诉讼程序既为诉讼行为之总体，而诉讼主体得为或应为诉讼行为之法律关系，即为诉讼关系”。对于诉讼关系的本体，陈瑾昆对当时中国理论界的各种学说、观点进行了系统考察。对此，陈瑾昆主张“三面关系说”，

① 夏勤：《刑事诉讼法要论》，中国政法大学出版社2012年版，第18~19页。
② 夏勤：《刑事诉讼法要论》，中国政法大学出版社2012年版，第18~19页。
③ 夏勤：《刑事诉讼法要论》，中国政法大学出版社2012年版，第18~19页。
④ 夏勤：《刑事诉讼法要论》，中国政法大学出版社2012年版，第18~19页。

其理由是"盖刑事诉讼关系，虽通诉讼全体而一贯，并为整个，但系因诉讼程序之进行终结而发展终结。即在侦查程序，则仅为检察官与被告之关系；在审判程序，通常固仅见各当事人与法院之关系，但当事人相互间亦非全无关系，如检察官在审判中仍得继续侦查，被告仍有服从其侦查权之义务是也"。[①]

3. 陈朴生早期理论[②]

20 世纪 40 年代末 50 年代初，陈朴生实际上与当时国内的其他学者一样，对刑事诉讼法律关系理论的探讨还停留在比较初级的阶段。尽管在他早期的论著中进行过简要论述，但是其观点主要是客观描述当时理论界的通说，并未对其发生机理和动态运行机制进行阐述。[③] 对此，陈朴生认为，诉讼关系与诉讼程序的区别在于：诉讼程序是诉讼行为的总称；而诉讼关系则是"诉讼主体在诉讼上得为或不得为诉讼行为之权利义务之关系"[④]。对于包括法院、检察官（或者自诉人）和被告在内的诉讼主体在诉讼上的关系，主要学说有三类："一方面关系说"，有学者认为是"原告与被告之关系者"，也有学者认为是"原告与法院者"；"二方面关系说"，则通常认为是"原被告与法院之关系者"；"三方面关系说"，主张"除当事人与法院之关系外，各当事人相互间亦生法律上之关系者"。但是，理论界通说认为，诉讼关系仅存在于审判程序中，在侦查程序和执行程序中不存在诉讼关系。因为在侦查程序和执行程序中，法院通常不得干预检察官实施侦查权和执行指挥权。同时，这种狭义的诉讼关系学说认为，诉讼关系的内容就是"原告实施攻击，被告行使防御，法院从中审判"[⑤]。对于诉讼关系的特征，陈朴生认为，在刑事诉讼的特定语境中，诉讼关系首先是公法上的

---

① 陈瑾昆：《刑事诉讼法通义》，法律出版社 2007 年版，第 110 页。

② 参见陈朴生：《刑事诉讼法论》，台湾正中书局 1960 年版，第 84~86 页。

③ 陈朴生：《刑事诉讼法论》，台湾正中书局 1960 年版，第 84~85 页。

④ 陈朴生：《刑事诉讼法论》，台湾正中书局 1960 年版，第 84~85 页。

⑤ 陈朴生：《刑事诉讼法论》，台湾正中书局 1960 年版，第 85 页。

关系，也就是刑事诉讼法上的关系；其次是“当事人之诉讼关系”①。

（二）1949年后中国台湾地区理论的发展概况

1949年后中国台湾地区刑事诉讼理论仍然继续坚持中国原有的法律制度和理论。但是，这时台湾地区的刑事诉讼理论更加成熟，尤其注重对传统大陆法国家的现代刑事诉讼理念加以借鉴和吸收，从而最终形成了既富有传统大陆法精神，又很好地保留了本土传统法制的新诉讼法理论。对于刑事诉讼法律性质（又称为刑事诉讼之性格、刑事诉讼之本质），中国台湾地区学者多有论述，其中比较有代表性的人物是陈朴生等学者。这些学者的理论视野并不局限于中国传统的既有理论，对德国、日本等传统大陆法国家的相关理论也有很深的研究。

1. 陈朴生后期理论

在陈朴生后期的经典教科书《刑事诉讼法实务》中，将“诉讼关系”与“诉讼之实体与程序”“诉讼条件”作为“诉讼程序”的“基本观念”进行专门研究；同时，陈朴生将前述“基本观念”和“诉讼行为”“强制处分”共同作为“诉讼程序”的下位概念，来构建诉讼程序理论的范畴体系。这是笔者迄今为止所见到的理论体系最为完整、论述最为精辟的刑事诉讼法律性质学说，因此，笔者拟将陈朴生先生的学说进行重点介绍。首先，他根据对“公诉权是否以刑罚权为前提”问题的不同回答，将有关学说划分为三种学说：“关系说”、“状态说”和“折中说”，同时，在此基础上系统阐述了他自己的学说。在陈朴生看来：

刑事诉讼，系为实现刑法之目的而设之程序。刑法，仅就实体的法律关系系设其抽象的规定。此种实体的法律关系，非经诉讼无从使之具体的实现，观之本法第一条第一项“犯罪，非依本法或其他法律所定之诉讼程序，不得追诉，处罚”之规定自明。刑事

① 陈朴生：《刑事诉讼法论》，台湾正中书局1960年版，第85页。

诉讼之目的，固在使刑法得以正确适用；但为维持程序的公正，其诉讼应循法定程序而进行，即所谓程序的法律关系，亦即诉讼法上法律关系。故诉讼，从其形成实体言，为诉讼之实体；从其形成程序言，则为诉讼之程序。实体法，应经诉讼过程而实现。诉讼程序，系就具体的案件为实现刑法之目的而设。称此具体的刑事案件，为诉讼客体并非超越诉讼而存在，乃依诉讼程序，随其发展而形成。因之，诉讼之客体，并非本来存在，乃经诉讼主体之活动而形成者，称此从诉讼而形成之实体，为诉讼之实体。就具体的程序发展言，诉讼之客体，经检察官（或自诉人）之起诉而特定，并从他造当事人之防御，两造当事人之主张经判明其当否后，凭裁判官之心证而为裁判。具体案件之实体的法律关系，系经此过程而形成，至于确定。故在此过程中，实具有浮动的性格，得称之为法律状态，具有假定诉讼对象之性格，因称之为诉讼状态。①

陈朴生在对诉讼关系理论阐述了独到的见解之后，还阐述了诉讼关系的产生、内容、移转和消灭。具体而言：①对于诉讼关系的产生，陈朴生将其归结于“诉讼系属”。诉讼系属是诉讼关系的前提；在诉讼过程中，诉讼关系随着诉讼系属的存续（或者消灭）而存续（或者消灭）。②诉讼关系的内容。陈朴生认为，诉讼过程是以认识具体的实体法关系为目的的，并且它是随着诉讼程序的不断发展而逐渐确定的。因此，在诉讼过程中，这种以具体的实体法律关系为目的的认识对象，是静态的、空间的；但其认识过程，则是动态的、时间的。因此，从认识对象和组织而言，诉讼是“诉讼主体与客体之法律关系”②。③诉讼关系的移转。这种情况特指原系属法院没有管辖权的情形；这就是所谓的“系属转移”，其法

① 陈朴生：《刑事诉讼法实务》（增订版），台湾海天印刷厂有限公司 1998 年版，第 101~102 页。

② 陈朴生：《刑事诉讼法实务》，台湾海天印刷厂有限公司 1998 年版，第 102 页。

律后果就是诉讼关系的改变，而非诉讼关系的消灭。[①] ④诉讼关系的消灭。对于诉讼关系的消灭，陈朴生认为，诉讼关系与诉讼系属不可分离。一般而言，刑事诉讼中，诉讼系属不存在的原因，主要有“诉之撤回”和“终局裁判”。因此，在刑事诉讼中，诉讼关系消灭的原因通常就可归结为法律规定的“诉之撤回”和“终局裁判”的具体情形。[②]

总体上而言，陈朴生的刑事诉讼性质学说，是在“折中主义”的立场上，以对传统理论学说进行系统梳理为基础，提出的刑事诉讼法律性质观。相较于刑事诉讼理论界的传统观点而言，其所持观点实际上是一种“两面说”。如对传统大陆法诉讼理论中的“三重过程说”，其在区分诉讼制度（即诉讼模式）差异的基础上，主张台湾地区采行“职权主义”和“当事人主义”相混合的诉讼制度；在此基础上，在诉讼中主要由当事人推进诉讼程序的“追行过程”，实际上要受到诉讼制度的客观制约。同时，陈朴生还对实体面和程序面的法律关系和法律状态进行了系统分析。在吸收传统“诉讼要件说”的基础上，陈朴生还区分了诉讼要件与侦查条件、起诉条件、审判条件等范畴的差异。综上所述，陈朴生刑事诉讼性质学说，既坚持用传统的诉讼关系理论去诠释刑事诉讼的性质，同时也注意吸收“诉讼法律状态说”的合理因素。

2. 林永谋的刑事诉讼性质理论[③]

在当前台湾地区刑事诉讼理论界，也有部分学者另辟蹊径，将诉讼关系理论置于“诉讼程序论”的理论框架下，分别讨论了“诉讼程序的基本构造”和“诉讼行为”；并且将“诉讼程序”解

① 参见陈朴生：《刑事诉讼法实务》，台湾海天印刷厂有限公司 1998 年版，第 104~105 页。

② 参见陈朴生：《刑事诉讼法实务》，台湾海天印刷厂有限公司 1998 年版，第 105 页。

③ 参见林永谋：《刑事诉讼法论》（上册），台湾冠顺印刷事业有限公司 2006 年版，第 181~186 页。

构为“实体面”和“程序面”。同时，在诉讼理论上，从诉讼主体的角度将“诉讼追行过程”看作是“当事人在诉讼上为其本身利益追求所进行之活动阶段”①。在此基础上，林永谋将“公诉权与防御权”作为着力点，对“诉讼两面说”进行了引申，以求在逐渐吸收当事人主义特点的诉讼制度框架下对前者进行合理诠释。

林永谋认为，在中国台湾地区刑事诉讼理论领域，受传统大陆法理论中“诉讼法律关系说”“诉讼的动态理论”的影响，日本学者团藤重光所提出的“诉讼两面说”，基本上为中国台湾地区诉讼理论界所赞同。其中，关于所谓的“诉讼追行”，他认为：

“乃两造当事人就其本身诉讼上利益所为追求之活动，虽其双方均系以实体形成为目的，但两造所追求者互不相同，检察官（或自诉人）原则上系以‘维持’其所为请求（追诉）之此一诉讼上利益为追求之目标；反之，其居于对立地位之被告则以‘否定’检察官（或自诉人）所为请求（追诉）之此一诉讼上利益为追求之目标，似此，当事人以追求其各自诉讼上利益所进行之活动，其于强化当事人诉讼地位之现行制度下，由于法院之实体形成仅具备补充性，则当事人此种追求诉讼上利益之活动应受必要之重视，要属当然。因是其于实体与程序两面之外，关于‘诉讼追行’，自亦有并予重视之必要，而不宜加以忽略……其所剩余者要属无几，似已几近无物可言，强将‘诉讼追行’之过程特予羼入其间，实无明显之实益；毕竟此一当事人诉讼追行过程，并非在同一平面并行之实体与程序，而系立体性的一体之两面，亦即在此阶段乃相对的、交互的有实体与程序之一再加入，藉以推动诉讼程序之进行。故必须就诉讼之主体方面予以理解，始能把握此一阶段之真谛所在。本此意义，其属于当事人诉讼追行之问题，吾人将以检

① 林永谋：《刑事诉讼法论》（上册），台湾冠顺印刷事业有限公司2006年版，第186页。

察官之公诉权与被告之防御权予以讨论。”①

由此不难看出，在此理论框架下，林永谋实际上主张“两面说”，即诉讼是由实体面和程序面两个层面组成的。具体而言：

对于“实体面”，林永谋认为，刑事诉讼是在具体案件中以实现刑法为目的所进行的程序。但是，该具体的刑事案件，也就是诉讼客体并不是超越诉讼程序而存在的，而是与诉讼程序相对应，并伴随着诉讼程序的发展而逐渐形成的。在他看来：

“关于其全体始属此之所谓诉讼，从而其为诉讼之‘客体’者，就其本身并非仅系客观的存在，而系于诉讼主体之外同时由于诉讼主体之活动陆续所形成，是以就此意义而言，其乃主观的、同时亦系客观的构造之事物，如此实体形成之进行，其诉讼过程乃至其实体本身一方所属之层面，称之为诉讼之实体面。”②

关于“实体面”的具体的程序发展过程，主要表现为：①侦查程序的启动，最早始于侦查机关的“主观性嫌疑”，继而由于案件调查和相关证据收集的结果，遂成为“客观性之嫌疑”。②在检察官提起公诉之后，诉讼客体就会因公诉的提起而特定化为具体的审判对象（即具体的审判案件）。当然，公诉仅是检方的单方主张，尚不能完全将其作为判断依据。这就意味着，基于公诉所形成的诉讼关系，相对于被告的“客观嫌疑”而言，实质上仅是“假设性命题”而已，仍然需要在审判过程中通过双方当事人以攻击、防御的方式进行辩论，并最终确定其主张是否适当。③只有在这种“客观嫌疑”已经非常明显，并且由法官根据其自由心证确认“明确存在犯罪事实”的情况下，才由法官依法作出有罪判决。这种诉讼程序的发展过程，对于具体的刑事案件而言，就是实体法律关

① 林永谋：《刑事诉讼法论》（上册），台湾冠顺印刷事业有限公司2006年版，第181~182页。

② 林永谋：《刑事诉讼法论》（上册），台湾冠顺印刷事业有限公司2006年版，第182~183页。

系开始形成、直到其最终确定时浮动的过程，从而其确实可以被称为“法律状态”。因此，林永谋认为，运用“诉讼状态说”对“诉讼实体面”进行诠释，是适当的。[①]

对于“程序面”，林永谋认为，如果“从诉讼程序中抽去……实体面成分，所余之纯程序之层面，称之为程序面”。[②] 伴随程序面逐步发展的应当是实体面的发展；这两者之间是相辅相成的，因此程序面和实体面两者也是依照这种关系而存在的。“诉讼行为之效力，通常系于一定之诉讼主体而产生其权利与义务，是以关于程序面，原则上应以法律关系（即诉讼法律关系说）予以把握，始属适当。”[③]

对于两者的关系[④]，他认为，“实体面与程序面系一个诉讼程序之两面”[⑤]，因而两者是相辅相成、相互影响的。首先，对于实体面对程序面的影响，林永谋认为，在程序面的诸如“被告应否到庭”等程序问题，无法将其与实体面彻底割裂去进行判断。因为实体面必然反映在程序面上，并且在一定限度内规范和约束诉讼行为。因此，“不能否认程序面之里层亦存在一种可认系浮动性之法律状态”[⑥]。“唯诉讼程序既系多数行为（诉讼行为）相互连锁而发展所成之计划性、合目的性之行为，后行为乃藉前行为为其基础而进行，亦即一行为系其后再次所进行之程序之基础（从行为

① 参见林永谋：《刑事诉讼法论》（上册），台湾冠顺印刷事业有限公司 2006 年版，第 182~183 页。

② 林永谋：《刑事诉讼法论》（上册），台湾冠顺印刷事业有限公司 2006 年版，第 183 页。

③ 林永谋：《刑事诉讼法论》（上册），台湾冠顺印刷事业有限公司 2006 年版，第 183 页。

④ 参见林永谋：《刑事诉讼法论》（上册），台湾冠顺印刷事业有限公司 2006 年版，第 183~186 页。

⑤ 林永谋：《刑事诉讼法论》（上册），台湾冠顺印刷事业有限公司 2006 年版，第 183 页。

⑥ 林永谋：《刑事诉讼法论》（上册），台湾冠顺印刷事业有限公司 2006 年版，第 184 页。

法之原理转换为组织法之原理)，其业已进行之程序，于后尚遂于推翻，则有害于程序之计划性而违反诉讼经济原则。"① 因此，这就要求特定程序在其进行过程中，必须以当时有效存在的“实体形成者”为基础；那么，该程序在其后就不会再被以“实体形成已经发生变动”为由而推翻。这就是所谓的“程序维持原则”。这样的话，实体面对程序面的影响结果，就肯定不会致使程序面成为浮动的法律状态，反而会使法律关系更加确定。②

其次，对于程序面对实体面的影响，林永谋认为，实体面的发展大多是要依靠证据调查来进行的，这就使得实体面当然要受到有关证据“法的规制”的影响。因此，诉讼程序中支配实体面的自由心证原则，根据中国台湾地区“程序法”的规定是允许的，并且仅是以出现在程序中的证据为前提的。证据法规范对证据的规制，当然会对法官心证的形成产生影响。如台湾地区现行“证据法”在法律规范层面，逐渐加大对传闻证据的证据能力进行限制，其结果就必然会使得许多证据不能被采纳作为定案的根据。这样，程序面对实体面的影响在广度和深度上都必然会加大。③

此外，台湾地区对于诉讼关系问题的讨论，除前述学者的经典论述外，还有些学者常常在“诉讼程序论”中将其与“诉讼条件”和“诉讼行为”共同作为“诉讼程序”理论的重要组成部分。④一般而言，在这种理论框架下，“诉讼关系”通常与诉讼系属相关联，并以诉讼系属为前提。在内容上，诉讼关系分为基本的和程序的诉讼关系。其中，前者通常是指诉讼主体在诉讼中基于其诉讼地

---

① 林永谋：《刑事诉讼法论》(上册)，台湾冠顺印刷事业有限公司 2006 年版，第 183 页。

② 参见林永谋：《刑事诉讼法论》(上册)，台湾冠顺印刷事业有限公司 2006 年版，第 184 页。

③ 参见林永谋：《刑事诉讼法论》(上册)，台湾冠顺印刷事业有限公司 2006 年版，第 185~186 页。

④ 参见林东法：《刑事诉讼法》，台湾东法公职补习班 2010 年版，第 51~53 页。

位而产生的诉讼关系，即原告基于其攻击者（控诉者）地位、被告基于其防御者（辩护者）地位、法院基于其裁判者地位，而产生的权利义务关系，这种关系始终不变；后者通常是指诉讼主体为达成诉讼目的，以基本的诉讼关系为基础而次第实施各种诉讼行为、推进各种诉讼程序所形成的诉讼关系，程序的诉讼关系通常随着时间的推移而发展。值得指出的是，这种观点实际上与台湾地区理论界的通说差别不大，其理论特质就在于体现了以“程序本位”为基本价值理念的刑事诉讼理论体系。但是，如果从刑事诉讼法律性质的理论框架和内容上来看，这一派观点实际上主要来源于陈朴生的权威论述。由此足见陈朴生先生对刑事诉讼性质理论的经典诠释，对当代中国台湾地区刑事诉讼理论和实践的影响之深广。

（三）1949 年后中国大陆刑事诉讼法律关系理论的发展概况

1949 年 2 月，中共中央决定废除“六法全书”。这对中国大陆后来的法律制度实践以及法学理论研究，都产生了重大的历史影响。这在客观上使得 20 世纪上半叶中国刑事诉讼法学理论从理论框架、内容和方法上遭到彻底否定。同时，在司法实践的具体操作层面，解放区的司法工作经验得到系统总结和普遍推广。自 20 世纪 50 年代起，中国大陆开始学习借鉴苏联和东欧国家的法律制度和理论。通过翻译他们的专著、教科书和刑事诉讼法典，为当时的立法和司法实践提供理论支撑和制度参考。这最终使得新的理论体系逐渐确立，使得中国刑事诉讼法学逐渐实现转型。在这一时期，中国刑事诉讼理论中的刑事诉讼法律关系理论，基本上还处于全盘学习苏联理论的阶段。同时，由于受许多主客观因素的制约，将其付诸实践尚且存在困难。

在 20 世纪五六十年代，由于受当时政治形势和学术环境的影响，诉讼法学界将当时主流意识形态贯彻到诉讼法学理论领域。这就在客观上使得“党性”和阶级分析方法被无条件地绝对贯彻于当时主流的政治和法律哲学思想中。当时苏联诉讼理论界对于法律关系理论的批判，直接影响了我国思想学术界。因为在当时的学者看来，如果从辩证唯物主义和历史唯物主义的立场出发，那种主张“法律可使社会关系变成法律关系”的观点，无疑是唯心主义的。也就是说，那些在实质上缺乏政治合法性的社会关系，即便是通过国家立法的形式，也不能变成合法的社会关系。其理论根据就是贝卡里亚“匪帮”假借国家名义制定的“行为规则”“决定”“命令”“指示”等法律文件，并没有使他们迫害苏维埃人民的行为成为法律关系。[①] 对此，笔者认为，如果从政治哲学的角度来考察，苏联学者旨在通过质疑资产阶级立法的政治合法性，来否定试图通过立法取得形式上的合法性的法律关系。正是在苏联理论的影响下，对当时新生的国家政权而言，这种观点具有某种政治哲学上的合理性，也契合了当时特定的社会历史条件；但是从法律哲学的立场来看，这种朴素的自然法哲学思想却是值得反思的。因为这种法律思想所导致的直接后果，就是法律关系理论乃至刑事诉讼法律关系理论中充斥着浓厚的意识形态色彩。在这种情况下，该理论因为与主流意识形态相悖而成为学术禁区。随着后来60—70年代“文化大革命”等政治运动的开展，刑事诉讼法律关系理论在中国大陆刑事诉讼理论中长期成为理论空白。

20世纪70年代后期“文革”结束后，尤其是十一届三中全会的召开，使得社会主义法制在国家政治、经济和社会生活中的重要作用得到重视。20世纪70年代末80年代初期，国家厉行法制重建的努力取得重大成果，其重要标志就是以“82宪法”为根本大法、以刑法、刑事诉讼法等基本法律为部门法的社会主义法制体系逐渐得以确立。在这一时期，理论界逐渐厘清过去曾遭受非理性政治批判的法律制度、理论和原则，重新明确了诸如“法律面前人人平等”“辩护原则”等问题的重要性和必要性。在国家政治生活中，大量而频繁的立法活动，为法学理论的繁荣提供了最直接和迫

① 参见陈瑞华：《刑事诉讼的前沿问题》，中国人民大学出版社2005年版，第25页、第97~113页。

切的现实要求。刑事诉讼法律关系理论作为苏联和传统大陆法诉讼理论中的基本范畴，其在刑事诉讼法学理论体系中的重要地位和作用重新受到学者们的重视。

20 世纪 80 年代中期以后，随着意识形态领域的禁锢和政治因素干预的逐渐减少，法学研究的学术氛围日渐宽松。随着立法和司法实践的不断推动，许多基本理论问题逐渐定型化，不同的学术观点也开始逐渐形成。然而，由于当时中国无论在政治体制还是在司法体制和法律制度上，都直接或者间接移植苏联制度，所以，在政治哲学和法律哲学上，苏联理论对中国的影响依然是非常深远的。在这种社会历史条件下，对于刑事诉讼法律关系理论，我国诉讼法学界仍然习惯于从苏联经典著作和权威理论中寻求理论根据。因此，在 20 世纪 80 年代，中国大陆的刑事诉讼法律关系理论基本上是对当时苏联学术界的多数理论和通说的转述。而此时，通过司法实践被证实符合中国国情的观点，也逐渐成为中国刑事诉讼理论的现实基础。但是即便如此，这一时期中国学者对苏联理论的认识也是片面的、有很大局限性的。究其原因，在很大程度上是由于中国正处于法制重建的初期，司法实践中所遇到的各种复杂的现实问题，尚无法通过法律关系理论去获得合理解释。但是，这并不能否认法律关系理论作为实证分析工具所具有的独特的实践价值和理论意义，反而恰恰说明，更加深入系统的理论研究尚有待理论界继续进行。

20 世纪 90 年代后期，学术界曾掀起过研究刑事诉讼法律关系的理论热潮。尤其是在 1996 年刑事诉讼法修改后，刑事诉讼法律关系理论甚至曾被作为某年诉讼法学年会的重要议题进行讨论。然而，随后理论界所进行的广泛而普遍的探讨，尽管在基础理论层面形成了一些共识，但由于受当时的政治哲学和主导意识形态的影响，导致其最终结果仍然无法突破苏联理论的窠臼。受理论视野、研究方法和研究范式等方面的局限，这一时期学者们依旧习惯于从苏联学者的有关论述中寻求理论支撑。但是值得注意的是，1991

年苏联解体和东欧剧变，这些重大社会历史事件对当时中国国家政治哲学和法律哲学产生了重大影响。随着俄罗斯国家的主流政治哲学和意识形态的剧烈震荡，国家上层建筑也随之发生剧烈转变。法律作为上层建筑，也随之发生剧烈变化。在苏联传统的刑事诉讼理论中，“刑事诉讼法律关系”曾经长期被作为诠释“苏维埃刑事诉讼的本质”的重要理论范畴。因此，对于以苏联的“刑事诉讼法律关系”理论为直接和主要来源的我国刑事诉讼理论而言，理念上的迷茫和混乱是不可避免的。实际上，这在我国理论界也存在过有意无意的争论。与此同时，西方国家在意识形态领域对中国的敌视和戒备，使得中国尚没有足够宽松的国际环境和学术氛围，去直接借鉴和吸收西方成熟理论的有益成果。正是由于受到这些特殊的国际国内因素的影响，我国刑事诉讼理论界在当时尚无法取得理论突破。无论在理论视野还是在研究范式和研究方法上，无不如此。因此，笔者认为，当代我国刑事诉讼法律关系理论所面临的这种理论困境，有其社会历史必然性。

从总体上而言，当前我国理论界主要有两个发展方向：其一，继续沿着苏联传统理论的研究路径发展，主要以樊崇义等学者为代表；其二，沿着借鉴和吸收传统大陆法理论的研究路径发展，主要以徐静村和陈瑞华为代表。前者的主要理论渊源来自对苏联理论和民事诉讼理论的引进和借鉴，持这种观点的学者较多，论著也较多，故而在此不再赘述。对于后者，也就是在当前理论困境中寻求新的角度、新的思路和新的理论视野，其在理论界引起较大影响的代表人物主要有徐静村教授和陈瑞华教授。具体而言：

首先，1997 年西南政法大学的徐静村教授在其主编的《刑事诉讼法学》教科书中，对该问题进行过专门讨论。他对德、日等传统大陆法国家和中国台湾地区的相关理论，进行了简要介绍。尤其是在面向广大法科学生的教科书中，专门介绍诸如德国标罗、戈尔德施密特、小野清一郎和团藤重光等国外学者的经典学说，这确实是令人耳目一新的。这无论是对打破传统理论的僵局、突破传统观念的羁束，还是拓展国内学者的理论视野、转变传统学说的研究范式，都有着积极的推动和促进作用。

其次，北京大学的陈瑞华教授在 2000 年出版的《刑事诉讼的前沿问题》中，不但对德、日等传统大陆法国家的传统学说进行了阐述，而且对我国民国时期刑事诉讼理论界的代表人物夏勤和陈瑾昆的刑事诉讼法律关系理论进行简介和评述。[①] 同时，陈瑞华教授在对刑事诉讼主体、刑事诉讼客体和刑事诉讼行为等范畴进行综述性的专门研究的过程中，也对这些范畴与“刑事诉讼法律关系”范畴的理论联系有所侧重。不可否认，对于刑事诉讼法律关系理论而言，陈瑞华教授不但在进行深入系统分析的基础上确实提出过许多独到的见解，而且沿着传统大陆法理论的研究路径又向前迈进了一步。

在新旧世纪交替之时，陈瑞华教授曾作出这样的判断：“不少青年学者都认为现行刑事诉讼法律关系理论已经走到了尽头。”[②] 但是，对于其理论突破，陈瑞华教授提出了四点研究思路：

（1）在研究视野上，跳出苏联法学的“窠臼”，对德国、日本等传统大陆法国家的刑事诉讼法律关系理论进行深入分析和借鉴，从而构建新的理论体系。从典型的诉讼形态角度考察刑事诉讼，而不仅是将刑事诉讼简单地看作“行政治罪活动”。

（2）重新回到“传统”刑事诉讼法律关系的理论轨道上来，关注控诉、辩护和裁判等三方的权利义务关系[③]。

（3）“将刑事诉讼法律关系与相关的理论范畴研究结合起来，并从中发现一些新的规律和原理”。[④]。陈瑞华教授认为，理论突破在很大程度上取决于刑事诉讼主体、职能和构造等相关范畴研究的

---

① 陈瑞华：《刑事诉讼的前沿问题》，中国人民大学出版社 2005 年版，第 97 ~ 103 页。

② 陈瑞华：《刑事诉讼的前沿问题》，中国人民大学出版社 2005 年版，第 103 页。

③ 陈瑞华：《刑事诉讼的前沿问题》，中国人民大学出版社 2005 年版，第 103 页。

④ 陈瑞华：《刑事诉讼的前沿问题》，中国人民大学出版社 2005 年版，第 103 页。

理论深化和创新。

（4）强调从动态的研究视角[1]展开研究。刑事诉讼作为确定被告人刑事责任的活动，本身就具有动态性、立体化和多层次性等特点。因此，作为控、辩、审三方因刑事诉讼的启动而发生的法律关系，刑事诉讼法律关系的存在和发展，在很大程度上取决于三方的诉讼行为、终止与裁判结论的最终形成。

从总体上而言，陈瑞华教授所指出的前述几点研究思路已经得到理论界的普遍认同。对此，笔者持肯定观点，因为只有从三方诉讼机制的启动、诉讼行为的发展和实体裁判的最终形成等方面多角度重新诠释刑事诉讼，才存在构建新的理论体系的可能性。当然，如果要在现有理论的基础上探索构建全新的理论框架，还需要具备许多其他方面的主客观条件。对此，笔者会在后面对相关问题进行讨论，在此不再赘述。

最后，笔者认为，假如我们真正全面、客观地去考察苏联理论的话就不难发现，我们对苏联学者的认识和理解实际上是片面的。譬如苏联学者蒂里切夫在其《苏维埃刑事诉讼》中，也关注到刑事诉讼关系的发展、变化问题，而并不是单纯地从静态角度观察刑事诉讼的特性；而且，由于受当时政治哲学、指导思想和司法体制等方面的主客观因素的制约，尽管苏联学者所得出的某些结论与传统大陆法理论有着很大程度上的区别，但是这并不意味着在追问刑事诉讼的性质这一法哲学命题上，苏联学者必然得出与传统大陆法理论截然相反的结论。恰恰相反，苏联学者也关注到了西方国家，尤其是德国等传统大陆法国家的相关理论。正因如此，他们所得出的结论实际上与大陆法理论有着某种相似或者巧合之处。譬如，蒂里切夫在其《苏维埃刑事诉讼》中主张，“在实施犯罪时，实体法律（刑事法律）关系发生在犯罪人和国家之间。犯罪是一种法律

① 陈瑞华：《刑事诉讼的前沿问题》，中国人民大学出版社2005年版，第103页。

事实，它使国家有权惩罚犯罪人，而犯罪人必须对自己的行为承担责任”。[①] 这同传统大陆法理论将实体法律关系看作是诉讼目标的观点不谋而合。也就是说，尽管苏联理论和大陆法理论的研究路径是不同的，但是两者在对“刑事诉讼是什么”的问题上都能得出相同的结论。也就是说，刑事诉讼法律关系范畴确实具有这种独特的理论品性和功能。

① ［苏］蒂里切夫等：《苏维埃刑事诉讼》，张仲麟等译，法律出版社 1984 年版，第 21 页。

第四章 刑事诉讼法律关系的构成要素

一、刑事诉讼法律关系本体论

（一）哲学本体论

本体论（Ontology）是西方哲学史上最古老的命题之一。就其语源而言，它是希腊语词“*ον*（存有）”和“*λόγος*（科学、研究、理论）”的组合。因而，有学者认为，作为形而上学的基本分支的本体论，主要是研究“存有本身”的，也就是研究“一切现实事物的基本特征”。但是值得注意的是，在西方哲学史上，不同时代的哲学家们曾经就本体论提出过诸如“本原本体论”“属性（本质）本体论”“概念本体论”和“科学本体论”等各种哲学本体论。

早在古希腊哲学中，先哲们就有关于“本原本体论”① 的思想学说。由于缺乏科学基础，哲学家转而认为“这种万物共同的属性就是‘本体’”。② 这也被称为“本质本体论”。后来，柏拉图又发展出“词源意义上的本体论”，又被称为“概念本体论”“理

① 谢维营：《关于本体论演化的历史考察》，载《烟台大学学报》（哲学社会科学版）2004 年第 2 期。

② 谢维营：《关于本体论演化的历史考察》，载《烟台大学学报》（哲学社会科学版）2004 年第 2 期。

念本体论”。[①] 这种学术思想被他的学生亚里士多德所继承。在后者的“理念本体论”学说中，主张应当“研究物体的存在的科学”。然而，作为形而上学的重要分支理论，除研究“事物的存在本身”之外，它还研究“一切现实事物的基本特征”和基本分类。

在马克思主义产生之后，科学主义哲学家们认为，“只有科学能给人们实证的知识”。[②] 在西方哲学史上，传统形而上学所研究的“本体”是否真实存在，无法通过科学来检验、证实，很容易导致认识论上的“不可知论”。据此，科学主义哲学家们主张，“哲学只应研究世界‘是什么’，而不应去追问世界‘为什么’”。[③] 综上所述，笔者认为，现代哲学本体论的基本任务，就是要回答事物原本“是什么”的问题，不但要回答关于事物本体的性质、规定和本质问题，而且要回答事物本体对人类活动的社会历史条件和主客观需要的规定性问题。

（二）本体论视角的“刑事诉讼法律关系”

如前所述，通过从历史角度考察其学说发展史，我们不难看出，刑事诉讼法律关系作为一种社会历史现象，不可否认是一种社会历史存在，同时也可归结为一种哲学上的客观存在。刑事诉讼法律关系不但具有法律关系理论本身所固有的“实证主义”品格，而且已经演化为诠释刑事诉讼法律现象的分析工具。然而，尽管在一百多年的发展历史中，许多学者曾就“刑事诉讼法律关系究竟是什么”的问题做出过各种理论诠释，提出过各种经典的理论学说，但是，通过考察其理论发展的历史轨迹，我们也可以看出，刑事诉讼法律关系理论始终是在与诉讼实践的互动过程中不断发展

① 谢维营：《关于本体论演化的历史考察》，载《烟台大学学报》（哲学社会科学版）2004年第2期。

② 谢维营：《关于本体论演化的历史考察》，载《烟台大学学报》（哲学社会科学版）2004年第2期。

③ 谢维营：《关于本体论演化的历史考察》，载《烟台大学学报》（哲学社会科学版）2004年第2期。

的。因而作为一种实证分析工具，它不但可以通过诉讼实践来检验，也可以通过科学、经验加以验证。因此，如果从哲学角度严格遵循这种研究范式，我们就必须从本体论角度回答“刑事诉讼法律关系是什么”的基本命题。而对这个法哲学命题进行研究，就会不可避免地要回答这个法律范畴的内在规定性问题，就是要揭示它的实质内涵、性质、基本特征和分类。总之，本体论的重要价值是不言而喻的，因为它不但关系到“研究对象的基本形式”的问题，也关系到研究对象的理论内核等本源性课题。

就其在刑事诉讼理论体系中的地位而言，其命题本身实际上就已经能够说明问题。然而，近年来我国刑事诉讼理论领域中的某些基本理论问题，学术界的不同学者似乎都能给出不同的回答，即便理论界能够获得某种理论共识，却仍然不足以解决实践中的现实问题，至少无法为推动实践的不断发展提供鲜活的动力。对此，笔者认为，就现有理论中的传统问题进行必要的理论反思和思辨，无论对刑事诉讼理论体系的重新建构和完善还是对刑事诉讼实践的不断创新和发展，都是有所助益的。无论在传统大陆法理论还是苏联传统理论，抑或是我国通行理论中，普遍都认为刑事诉讼的法律关系具有揭示其本质的独特功能。但是，在我国现有的研究状况下，刑事诉讼法律关系却并未发挥出其应有的作用。究其原因，既有对苏联经典诉讼理论的简单移植的因素，也有对传统大陆法理论中之合理因素借鉴不足的缘故。那么如何才能将这一传统理论进行符合规律和契合实际的现实转型，便是我们所面临的一个重要课题。应当通过梳理国内外传统学说的发展脉络，从中寻求实现理论突破的合理土壤；同时结合我国当代刑事诉讼法学的重大转型，从现实的司法实践和理论创作中寻求发展契机。考察国内外理论正反两方面经验，假如全方位、多视角地审视我国既有理论的话，其致命缺陷在于研究范式上的僵化。无论在它的基本概念体系上还是在它的研究方法上，都存在这样的问题。首先，正是由于理论视野的问题，导致了其在认识论上的局限性；其次，在理论范式上，侧重概念法学和注释法学，忽视理论法学，这与我国实务界和理论界“重实体、轻程序”的传统观念、过度强调刑事诉讼的工具价值，是密不可分的。然而，这些问题的出现，或多或少都可归结为传统理论的研究范式问题。那么，我们该怎么办？

笔者认为，必须从诉讼基础理论建构的高度，转换僵化的传统研究范式，只有对本体论、认识论和方法论进行重新整合，才能实现这一理论的重大转型。也就是说，必须通过对传统大陆法理论中的经典学说、苏联理论中的权威学说和我国现有理论中的合理因素进行通盘整合，来构建新型的理论体系；同时，应着重对我国传统理论的局限性和发展瓶颈进行必要的理论反思和本体思辨。因而，就其理论现状和理论进径来说，只有在本体论研究上取得突破，才能构建起符合我国实际的理论体系，从而在我国现有法律体制框架下，兼顾国际视野和本国实际，为切实加强制度实践和理论研究注入新的思想源泉。对此，笔者认为，这些基础性研究工作必须从几个路径着手：从静态角度重构传统的构成要素理论，从动态角度重构传统的诉讼条件理论；同时，还要多视角考察诉讼关系结构问题，合理构建其保障机制，以及有重点地加强类型化研究。

（三）刑事诉讼法律关系的传统本体论学说

通过考察国内外诉讼理论中的各种观点，不难发现，除传统的“一面关系说”和“两面关系说”外，主要有两大本体论学说：其一是传统大陆法理论中的“三面关系说”，其二是苏联以及我国学者主张的“多面关系说”。对此，笔者仅就诉讼理论界的这两种代表性观点予以简要介绍。

（1）“三面关系说”。[①] 在德国、日本和中国台湾地区，多数学者主张“三面关系说”，将“诉讼关系”界定为法院、原告和被告等诉讼主体之间的诉讼权利义务关系。其中比较有代表性的是台

① 陈朴生：《刑事诉讼法实务》，台湾海天印刷厂有限公司1989年重订版，第112~113页。

湾地区学者陈朴生教授对于该问题的理论阐述，他认为：

“刑事诉讼之目的，固在使刑法得以正确适用；但为维持程序的公正，其诉讼应循法定程序而进行，即所谓程序的法律关系，亦即诉讼法上的法律关系……具体的案件，经起诉而系属于法院，称此状态，为诉讼系属。诉在法院系属中法院与当事人间均受其拘束。称此因诉讼拘束而生之关系，曰诉讼关系；详言之，即诉讼主体相互间在诉讼上权利义务之关系。”①

（2）“多面关系说”。中国大陆当代诉讼理论界的主流观点，则沿袭苏联权威学说，主张“多面关系说”。如陈光中教授主张，“刑事诉讼法律关系，是指进行或参加刑事诉讼的机关或个人基于刑事诉讼法的规定而产生的相互间的权利义务关系”。②

同时，刑事诉讼理论界的另一较为权威的观点认为，“刑事诉讼法律关系是指刑事诉讼法规定和调整的、在刑事诉讼活动中司法机关及诉讼参与人之间在诉讼上的权利义务关系”。③ 这两种观点只是表述上存在细微差别，理论上并没有实质差别。

从总体上而言，这两者的关键区别主要在于诉讼立场、发生机制、诉讼主体等方面的不同。具体而言：（1）传统大陆法理论对于诉讼本身的发生机制，源起于纠纷化解机制，由此原告和被告将其纠纷诉诸法院来寻求司法判断，传统的诉讼机制便由此产生。传统大陆法中的诉讼关系学说，就是基于这种最原始的诉讼观而产生的。这些事实上的诉讼关系，经过法律调整之后，被法律赋予特定的法律意义。也就是通过赋予各方诉讼主体以诉讼法上的权利义

① 陈朴生：《刑事诉讼法实务》，台湾海天印刷厂有限公司 1989 年重订版，第 112~113 页。

② 陈光中：《刑事诉讼法学》，中国政法大学出版社 1990 年版，第 12 页；陈光中主编：《刑事诉讼法学》（新编），中国政法大学出版社 1996 年版，第 9 页。

③ 杨建广：《刑事诉讼法》，中山大学出版社 2001 年版，第 130 页；徐静村主编：《刑事诉讼法学》（第三版）上册，法律出版社 2003 年版，第 98 页。

务，来将这种事实关系法律化，使之能够确保公正、秩序、效率、效益等诉讼理念的实现。（2）而苏联传统理论则将刑事诉讼看作行政性治罪活动。在苏联主流的政治哲学和法律哲学中，法律被看作国家上层建筑的范畴。而在诉讼理念层面，秩序优于其他价值。当特定的社会成员实施被看作“孤立的个人反对国家和社会”的犯罪行为时，就会被代表国家的司法机关实施犯罪治理。通过这种行政治罪活动所产生的诉讼关系，便自其产生之初就当然地具有法律特性、法律属性。对于这种诉讼法律主体的范围，也不仅仅限于传统诉讼上的法院、原告和被告三者，只要为法律所规定的、在这一行政治罪活动中享有诉讼权利并承担一定诉讼义务的个人，都当然地被推定为诉讼法律主体。由此，不同诉讼地位的法律主体，因这种行政治罪活动而产生的相互间的权利义务关系，就是刑事诉讼法律关系。因此，在发生机制上，苏联传统理论中的刑事诉讼法律关系，是由法律到事实并重新回归法律、由上到下地产生的。因此，笔者认为，从更深层次上来讲，对于苏联学说的这种解读，是其国家主流的政治哲学和法律哲学理论的必然要求。

当然，如果从诉讼立场上来讲，传统大陆法诉讼理论的基本主张是在最基本诉讼构造的基础上对诉讼关系的诉讼法内涵进行诠释的，因而狭义的诉讼观念是其基本立场。而苏联诉讼理论的基本主张，则是将刑事诉讼本身当然地视为国家治理活动，通过对犯罪人实施行政性治罪来实现国家立场。因而在此基础上对刑事诉讼法律关系的诠释，必然将广义诉讼观作为其基本立场。

二、构成要素的理论基础及其学说概览

1. 构成要素的理论基础

如前所述，尽管我国传统的法律关系理论主要来源于对苏联学说的借鉴和学习，然而，就目前的法律关系理论来讲，对其构成要素进行分析的研究方法，通常被看作是规范分析法学的典型做法。因而，它通常被看作构成要素理论的法哲学基础。在现代法哲学

中，规范分析方法通常分为价值实证、社会实证和规范实证等实证方法。[①] 由于"法律的核心要素是权利与义务，法律就是用以分配、调整人们权利义务关系的规范体系"，[②] 而"规范分析方法中的规范实证，其本质是权利与义务分析方法，所要解决的是法律中的权利与义务问题，因此可以把它视为规范分析方法中的技术之维"。[③] 因此，在传统的分析实证法学看来，构成要素理论就是传统法律关系理论中最具分析实证精神的组成部分。只有通过对法律关系进行微观、静态的准确分析，才能够对人们相互之间在复杂的社会生活中所产生的权利义务关系进行准确认定。刑事诉讼作为现代诉讼的重要组成部分，通过法律关系理论分析工具对其进行实证研究是我国当代刑事诉讼法学的一个全新课题。

众所周知，自 20 世纪 30 年代以来，刑事诉讼法律关系在苏联诉讼理论中就成为描述刑事诉讼性质的范畴。尽管苏联学说和传统大陆法理论在诉讼关系的发生机制、理论立场等方面存在客观差异，但是在将其作为解释刑事诉讼本质这一点上，似乎并无二致。在苏联和我国传统理论中，刑事诉讼法律关系是潜移默化地贯穿于整个刑事诉讼当中的一条红线。如何对其进行理论解构和重新诠释，是我国当代诉讼理论的一个重要命题。对此，笔者认为，在当前我国特定的历史条件下，要完成这个重要的理论任务，不但要继续吸收苏联理论的合理因素，而且要结合传统大陆法理论的诉讼传统，同时还必须从西方传统规范分析法学中发掘实证法学精神内涵。只有这样，才能建构出既符合我国诉讼制度和理论实际，又兼顾传统和现代诉讼理论优势的新型构成要素理论。

2. 我国传统的构成要素理论概览

自 20 世纪 80 年代以来，我国刑事诉讼理论中的刑事诉讼法律

① 谢晖：《论规范分析的三种实证方法》，载《江海学刊》2008 年第 5 期。

② 谢晖：《论规范分析方法》，载《中国法学》2009 年第 2 期。

③ 谢晖：《论规范分析方法》，载《中国法学》2009 年第 2 期。

关系学说主要采用概念法学研究范式。究其根源，其理论范式的形成应主要归结为综合吸收了注释法学、评论法学和历史法学等流派的合理优势。这就意味着，传统刑事诉讼法律关系学说的理论核心在于，通过揭示其概念的内涵和外延来界定法律范畴本身。这样，构成要素理论实际上就是其概念内涵理论伴随着研究的深入而导致的理论化、系统化和体系化的结果。也就是说，刑事诉讼法律关系的构成要素理论，实际上就是从其概念内涵学说中引申出来的。这就在客观上使得构成要素理论必然成为刑事诉讼法律关系理论的核心组成部分。当然，这种理论体系的形成，也经历了一个不断探索的历史发展过程。自 20 世纪 80 年代以来，我国刑事诉讼理论学说史上，刑事诉讼法律关系的构成要素理论也经历过各种理论形态，诸如“两要素说”“三要素说”“四要素说”和“五要素说”等学说。① 其中，通说主张“三要素说”，即刑事诉讼法律关系由主体、内容和客体等要件构成，任何要件都不可或缺。至于通说外的其他观点，是学者们简单借鉴和移植传统大陆法理论的结果，尽管在某种程度上能自圆其说，但很少得到理论界的认同。

① 就目前我国传统理论中的有关学说而言，(1)“两要素说”产生于 20 世纪 80 年代初，正处于刑事诉讼法律关系理论初具雏形的时期。在理论来源上，一方面源自苏联刑事诉讼理论的相关学说，另一方面源自我国诉讼理论界对民事诉讼法律关系理论的借鉴。这种观点主张，刑事诉讼法律关系由主体、客体二要素构成。参见徐友军等：《刑事诉讼法通论》，光明日报出版社 1985 年版，第 7 页。(2)“三要素说”是我国诉讼理论界的通说，与民事诉讼、行政诉讼的相关理论相同，“三要素说”由主体、客体和内容三要素构成。参见周伟主编：《刑事诉讼法》，北京大学出版社 2006 年版，第 58 页；樊崇义：《刑事诉讼法学》，中国政法大学出版社 2002 年版，第 31 页。除此之外，在我刑事诉讼理论中，“三要素说”主要还有几种理论形态：有学者认为由刑事诉讼主体、行为和客体等诸要素构成。参见樊崇义、吕萍：《刑事诉讼法学》，中国人民公安大学出版社 2002 年版，第 59 页；也有学者认为，由刑事诉讼主体、客体和法律关系内容构成。参见边慧亮：《刑事诉讼法律关系研究》，西北政法大学 2009 年硕士学位论文，第 20~40 页。(3)“四要素说”认为，刑事诉讼法律关系由刑事诉讼法律关系的主体、客体以及刑事诉讼权利和义务构成。(4)“五要素说”认为，刑事诉讼法律关系包含刑事诉讼主体、刑事诉讼行为和刑事诉讼客体等要素，但是同时以刑事诉讼权利和刑事诉讼义务为实质内容。

三、刑事诉讼法律关系主体研究

在我国刑事诉讼的特定语境中，“刑事诉讼法律关系主体”术语，是与诉讼主体、程序性主体和诉讼行为主体等主体性学说密切相关的理论范畴。理论界有学者认为，这个范畴主要来源于苏联理论，其理论基础主要是法律关系理论，而非传统大陆法理论上的“诉讼主义”。这就在客观上使得中国大陆传统理论的理论路径区别于传统大陆法理论，最明显的标志就是大陆学者习惯于从法律关系的构成要素角度切入探究其刑事主体性学说，而德国、日本和中国台湾地区学者则通常从自然的诉讼形态出发构建其刑事主体性学说。这种理论分野也体现在传统诉讼理论领域的方方面面。

（一）刑事诉讼法律关系主体学说及评述

如前所述，在当代中国大陆传统的刑事诉讼理论中，“刑事诉讼法律关系主体”范畴，通常被作为刑事诉讼法律关系概念体系的下位概念，主要来源于苏联学说，其理论根据就是法律关系的构成要素理论。我国理论界一般认为，成为这种主体，必须具备两个条件，即“依法参与刑事诉讼”① 和“在刑事诉讼中享有一定诉讼权利和一定诉讼义务”②。此外，“作为机关则是享有一定司法权和承担一定职责。两个条件必须同时具备，缺一不可”。③ 据此，它在范围上不但包括公安司法机关，而且包括犯罪嫌疑人、被告人和被害人等当事人，以及附带民事诉讼当事人。此外，还有辩护人、诉讼代理人、证人、鉴定人、翻译人员等其他诉讼参与人。然而，对于主体资格、权利能力等问题，很少有学者对其进行讨论。因为

---

① 宋世杰：《刑事诉讼法学》，湖南大学出版社、湖南人民出版社 2002 年版，第 45 页。

② 宋世杰：《刑事诉讼法学》，湖南大学出版社、湖南人民出版社 2002 年版，第 45 页。

③ 宋世杰：《刑事诉讼法学》，湖南大学出版社、湖南人民出版社 2002 年版，第 45 页。

在我国当前理论基本能够满足司法实践需要的实用主义思想的指导下，似无进行研究的必要。

对于我国传统理论的缺陷，有学者指出，这种“泛化”的主体理论实际上抛弃了传统大陆法理论上“诉的理论”、诉讼职能理论、诉讼主体理论等传统诉讼理论，从而无法完全揭示诉讼的本质及其运行机制。这种学说把刑事诉讼看作纯粹的法律活动，忽视了诉讼在事实层面作为一种特殊社会现象（或者社会存在）的一般属性和运动规律。对此，笔者认为，应当重新关注传统诉讼主体学说的合理因素，从而在现有理论的基础上重构符合诉讼规律的刑事诉讼法律关系主体理论。

（二）刑事诉讼主体学说及评述

我国理论界的普遍观点认为，刑事诉讼主体是与刑事诉讼关系密切相关的理论范畴。在理论来源上，其最早来源于18、19世纪欧洲传统大陆法国家的宪政改革和司法改革，是近代西方诉讼民主化、理性化的产物。在欧洲传统的纠问式诉讼中，被告人处于被追诉者的地位，没有辩护的权利，承担着自证其罪的义务，通常被当作司法机构的刑讯对象。欧洲资产阶级在近代启蒙思想的影响下，迫切要求在司法活动中改变被告人的诉讼地位。在这种社会历史条件下，把被告人当人看，尊重其作为人的基本人权，成为司法改革的客观要求。在这种情况下，司法权与行政权的分离，就成为司法改革的当然选择。自此，司法权演化为某种独立自主的国家权力。这种以权力分立、权力制约为指导思想的政治法律改革，通过国家权力的重新配置来加强政治统治的合法性。这就在客观上为检察机构从法院中分离、公诉权从审判权中分离创造了重要条件。在西方资产阶级启蒙思想的影响下，以笛卡尔“我思故我在”、康德“人是目的”为基本观点的“主体性哲学”，为被告人在诉讼中获得主体地位奠定了重要的理论基础。对其人性尊严和基本人权的尊重，为被告人在刑事追诉活动中获得辩护权提供了自然法哲学基础。在法国、德国等欧洲传统大陆法国家，近代民主、法治和人权理念，为被告人在刑事诉讼中取得辩护权，成为刑事程序性主体提供了重要思想条件。后来，德国传统诉讼理论被我国民国时期的诉讼法学者后又被台湾地区学者所借鉴和吸收，并以此为基础发展出其独特的理论学说。早在19世纪二三十年代，民国时期的中国诉讼法学者就在吸收德国、日本等大陆法国家诉讼理论的基础上，提出了自己的学术主张。如夏勤认为，“诉讼上所不可或缺之人，谓之诉讼主体”。[①] 他们是“诉讼成立、进行及终结时不可缺少之人”[②]。其意在强调诉讼主体是诉讼程序不可或缺的要素，其存在伴随着诉讼程序的始终。当时这些学者对诉讼主体的论述，其中大多数观点为后来中国台湾学者所继承。

1. 我国台湾地区学者的“诉讼主体说”

在台湾学者陈朴生看来，如果以传统诉讼理论学说为基础，诉讼主体首先是根据诉讼法规定实施诉讼行为的自然人或者法人。他的早期学说认为：“诉讼主体，乃得在诉讼法上为诉讼行为之人。本法（指台湾地区“刑事诉讼法”）采诉讼主义，故诉讼主体，包括法院及当事人。”[③] 但是，在其后来的学说中，他主张诉讼主体应该是特定诉讼程序的主体：

> “诉讼，乃一程序，应由一定主体进行之。从其基本的法律关系而言，乃当事人与法院间之法律关系，亦即基于请求及接受审判与法院为审判而生之权利义务关系。故诉讼，系由法院及两造当事人组织之，即以法院及当事人为其主体。”[④]

由于陈朴生主张“诉讼两面说”，在诉讼基本面存在着基本的诉讼法律关系，而这种基础性法律关系是发生在法院和当事人之间的，是基于原告请求审判、被告接受审判与法院主导审判等诉讼行

① 夏勤：《刑事诉讼法论》，中国政法大学出版社2012年版，第33页。
② 夏勤：《刑事诉讼法论》，中国政法大学出版社2012年版，第33页。
③ 陈朴生：《刑事诉讼法实务》，台湾海天印刷厂有限公司1998年版，第14页。
④ 陈朴生：《刑事诉讼法实务》，台湾海天印刷厂有限公司1998年版，第14页。

为而发生的。由于诉讼是由法院和原告被告两方当事人组织并实施诉讼活动的，因而应当将他们作为诉讼主体。

在陈朴生之后的台湾地区学者中，翁玉荣也进行过专门论述。翁玉荣主张：

“法律行为中，享有权利并负有义务之行为主体，称之为法律主体。刑事诉讼系一种法律行为，于此法律行为中，自亦有诉讼权利，并承担诉讼义务；在诉讼法关系中，从事诉讼行为，以达诉讼目的之诉讼行为主体，简称为诉讼主体。换言之，诉讼主体者乃在刑事诉讼中为诉讼行为，享诉讼权利，负诉讼义务之人，为诉讼上所不可或缺之人。”①

这就意味着，在翁玉荣看来，刑事诉讼中的诉讼主体，就是能够实施诉讼行为，并且享有诉讼权利、承担诉讼义务，在诉讼中不可或缺的人。由此不难看出，翁玉荣在其刑事诉讼主体的概念界定上，将其诉讼行为、诉讼关系与诉讼程序等范畴相联系，使得诉讼主体首先必须是诉讼行为主体、诉讼关系主体（即诉讼权利义务主体）和诉讼程序主体；否则就不能看作诉讼主体。在此基础上，翁玉荣又对诉讼主体的范围进行了严格的限定：

“诉讼主体，得行诉讼上之处分权。诉讼上之处分权，其主要作用，有审判、诉追与辩护，现行法将三者分属不同之主体。审判作用由法院行之，诉追作用由原告之检察官或自诉人行之，辩护作用由被告行之。换言之，法院乃居于负责审理与裁判之超然角色，检察官或自诉人居于诉追犯罪之攻击主动角色，被告则系接受检察官或自诉人之诉追，以及法院审判之防御被动角色。”②

---

① 翁玉荣：《最新实用刑事诉讼法》（上），台湾新学林出版股份有限公司2005年版，第73页。

② 翁玉荣：《最新实用刑事诉讼法》（上），台湾新学林出版股份有限公司2005年版，第73页。

在其相关阐述中，翁玉荣将诉讼主体与诉讼作用（即诉讼职能）相联系。在刑事诉讼中享有诉讼处分权并在诉讼中承担审判、追诉与辩护基本职能的程序性主体，其在诉讼中要么是扮演“居中裁判”、要么扮演“实施追诉犯罪的攻击”或者“对控方追诉和法院审判实施防御”等诉讼角色。通过将诉讼主体范畴与诉讼处分权、诉讼作用（即诉讼职能）与诉讼角色等范畴相联系，翁玉荣将刑事诉讼主体的范围严格限定为法院、检察官或自诉人以及被告。其他与刑事诉讼程序密切相关、对刑事诉讼进行具有一定影响的诉讼关系人（如被告的辩护人、辅佐人与代理人等）则不属于诉讼主体的范畴。从总体上来讲，对于诉讼主体的界定，翁玉荣采用狭义的“诉讼主体说”。

值得注意的是，在当代台湾地区的诉讼主体学说中，也存在广义和狭义之争。尽管台湾地区理论界多数主张狭义说，但也有少数学者采用广义说，即将被告的辩护人、辅佐人或者代理人以及证人、专家等其他诉讼关系人也看作诉讼主体。这与我国大陆诉讼理论界的某些观点有相同或者相似之处。在我国大陆，有些学者也主张参考澳门刑事诉讼法的立法例，采用广义的“诉讼主体说”，将所有参加刑事诉讼的公安司法机关和诉讼参与人都看作是诉讼主体，其中将公安司法机关和当事人看作“主要的诉讼主体”，将其他诉讼参与人看作“次要的诉讼主体”。这表明，我国大陆和台湾地区诉讼理论界对某些刑事诉讼基础理论问题的认识，在不同层面存在着不同范围和不同程度的共识。对此，笔者认为，这种理论状况与台湾地区传统诉讼理论的相似性，实际上也为我国大陆借鉴吸收传统大陆法诉讼理论提供了很好的基础。

2. 苏联学者的“诉讼主体说”

苏联刑事诉讼理论通常采用广义诉讼立场，将所有参加刑事诉讼的国家机关、当事人和其他诉讼参与人都看作“诉讼主体”。如20 世纪 80 年代苏联学者蒂里切夫主张，“参加刑事诉讼的一切机关和个人，作为一定权利和义务的承担者，都是刑事诉讼的主体。”[①] 但是与此同时，他也指出，“这些主体参加诉讼的作用、使命和目的各不相同”。[②] 其中，包括法院、检察长、侦查员、调查机关在内的国家机关，在审判活动中居于主导地位，所实施的处理案件的活动是实现法律目的的基本手段，是解决重要社会任务的方式；社会团体的代表在法庭审理时代表劳动集体支持公诉和社会辩护，给法庭提供社会帮助；刑事诉讼参加人主要涉及在诉讼中维护本人利益的刑事被告人、受害人、民事原告人和民事被告人，以及维护被辩护人和被代理人利益的辩护人和代理人，包括证人、鉴定人、专家、翻译、见证人等“其他参加诉讼的人”。[③] 这表明苏联刑事诉讼理论采广义的“诉讼主体说”。值得注意的是，20 世纪 80 年代初我国学者在引进苏联法学专著的过程中，也有学者将这一术语翻译成“刑事诉讼法律关系主体”。这就直接造成我国理论界的某些混乱，从而将诉讼主体和诉讼法律关系主体看作是同一概念。

对于苏联学说的缺陷，我国诉讼理论界有学者认为，如果从诉讼职能的角度考察，就会发现苏联理论中这种广义的诉讼主体说“不加分析地将所有参与诉讼的机关和个人列为诉讼主体，忽视了诉讼主体与诉讼职能的联系”[④]；同时“将被告人同其他刑事诉讼参加人并列为诉讼主体，忽视了被告人在刑事诉讼中的地位和特

---

① ［苏］蒂里切夫等：《苏维埃刑事诉讼》，张仲麟等译，法律出版社 1984 年版，第 10 页。

② ［苏］蒂里切夫等：《苏维埃刑事诉讼》，张仲麟等译，法律出版社 1984 年版，第 10 页。

③ 参见［苏］蒂里切夫等：《苏维埃刑事诉讼》，张仲麟等译，法律出版社 1984 年版，第 10~11 页。

④ 樊崇义：《刑事诉讼法学研究综述与评价》，中国政法大学出版社 1991 年版，第 22 页。

点”。[①] 因此主张，与其将所有参加诉讼的机关和个人统称为“诉讼主体”，不如将“诉讼主体”与“诉讼法律关系主体”加以区分。

3. 我国大陆刑事诉讼主体学说

自20世纪80年代以来，我国理论界关于刑事诉讼主体的界定有多种学说。但是总体上来讲，刑事诉讼主体观念多与诉讼职能、诉讼地位、对诉讼程序的影响和作用等因素密切联系。[②] 通观我国大陆诉讼理论界的各种诉讼主体学说，笔者将其中某些共同性的要素抽象概括出来，并以此展开论述。总体上而言，在我国大陆理论语境中，诉讼参与者只有满足特定的条件才能取得诉讼主体资格。

刑事诉讼主体通常应当具备的要素，也就是诉讼主体资格的必备要素。笔者称之为诉讼主体资格三要素，即职能要素、权能要素和重大影响或者利害关系要素。具体而言，刑事诉讼主体通常应当具备的要素主要有：①职能要素。如果从诉讼职能的角度来看，整个刑事诉讼过程实际上就是控诉、辩护和审判职能的辩证统一过程，那么诉讼主体首先必须是一定诉讼职能的主要承担者。②权能要素。在刑事诉讼中法律普遍赋予所有诉讼参加者一定的诉讼权利和诉讼义务，这在某种程度上就决定着他们在诉讼中的法律地位。诉讼参加者在诉讼过程中通过行使诉讼权利、履行诉讼义务而参加到一定的诉讼法律关系中去。但与此同时，其在诉讼关系中的诉讼地位，却又是由其自身的诉讼权利义务所决定的。只有依据刑事诉

① 樊崇义：《刑事诉讼法学研究综述与评价》，中国政法大学出版社1991年版，第22页。

② 有学者主张，“凡是在刑事诉讼中是一定诉讼职能的主要执行者，可以影响一定的诉讼关系，对一定诉讼程序的产生、发展和结局能起到决定性影响和作用的机关和诉讼参与人，都是诉讼主体。”也有学者认为，诉讼主体是“在刑事诉讼中具有一定诉讼职能，具有独立的诉讼地位，享有一定的诉讼权利并且承担一定义务的国家机关和诉讼参与人”。参见樊崇义：《刑事诉讼法学研究综述与评价》，中国政法大学出版社1991年版，第14页。除这两种代表性观点之外，我国刑事诉讼理论界还有部分其他观点，在此不再赘述。

讼法规定享有特定诉讼权利、负担特定义务，并因此获得独立诉讼地位的诉讼参加者，才能够对某些诉讼关系的产生、变更和消灭施加影响。③重大影响或者利害关系要素。刑事诉讼主体在履行诉讼职能的过程中，必须能够对诉讼程序的产生、发展和结局具有决定性或重大影响和作用。同时，在刑事诉讼主体的范围上，我国理论界通常认为应当包括公安司法机关，犯罪嫌疑人、被告人和被害人以及附带民事诉讼的原告和被告等当事人。

（三）我国传统学说的理论思辨与重构

1. 理论思辨：制约传统理论进路的理论要素

首先，理论建构过程中所产生的“诉讼立场”上的分歧是重要因素。诉讼立场差异导致诉讼主体范围不同。我国刑事诉讼理论通常采用广义的诉讼理论立场，即将广义的“诉讼阶段说”“诉讼职能说”和“权利义务说”作为基础。将审前阶段的侦查机关和犯罪嫌疑人，以及附带民事诉讼的原告与被告，也看作诉讼主体。这种理论观点，实际上区别于传统大陆法诉讼理论。这在很大程度上，是由于沿袭苏联传统学说造成的。而传统大陆法理论通常采用“狭义的诉讼理论立场”。如前所述，我们也不难看出，传统大陆法理论通常将所谓的“诉讼主义”的刑事诉讼限制在审判阶段，审前程序则通常被看作诉讼准备程序；在诉讼作用（诉讼职能）上，主要限制在公诉、审判和辩护等基本诉讼职能方面；在权利义务学说上，则通常将法院审判权、检察官公诉权与被告人辩护权作为核心内容。因此，在传统大陆法理论上，只有履行公诉职能的检察官、履行辩护职能的被告与履行审判职能的法院被看作诉讼主体，除此之外的其他诉讼参加者都不是诉讼主体。两者间的这种客观差异的形成，有着其特定的社会历史原因，对此不再赘述。

其次，对于附带民事诉讼的当事人是否刑事诉讼主体的问题，在诉讼理论和实践上的某种倾向，也是阻碍诉讼主体理论研究走向深入的重要问题。对此，笔者以为也是值得重新讨论的。笔者主张，附带民事诉讼的当事人不属刑事诉讼主体。主要理由是：尽管目前我国大陆理论界的通说，将刑事附带民事诉讼的原告和被告列入当事人的范围，将其看作刑事诉讼主体。但是，因为刑事附带民事诉讼在本质上属于民事诉讼，而附带民事诉讼相对于刑事诉讼而言，具有相对独立性；同时法律在附带民事诉讼中已经赋予附带民事诉讼的原告和被告以附带民事诉讼当事人的地位，因而仅应将其看作刑事附带民事诉讼的诉讼主体，而不应再将其纳入“刑事诉讼当事人”的范围，也不宜看作“刑事诉讼主体”。

最后，值得注意的是，在我国大陆，现行的诉讼结构通常被看作“线性结构”与“三角结构”相结合的“两重结构”。线性结构实际上将刑事诉讼中的“国家权力”看作某种刑事执法权，具有明显的行政性特征；同时将“刑事诉讼”看作某种明显的具有行政性色彩的国家司法活动，尤其是侦查机关依法实施侦查、检察机关依法进行审查起诉，在行使法定职权履行侦查、审查起诉职能方面在某种程度上有很大的主动性，而区别于以消极性、被动性为特征的司法权。这就使得理论界通常自觉不自觉地将“刑事诉讼”看作行政性治罪活动，这主要是由于诉讼作为国家上层建筑，受政治哲学上“国家主义”影响的结果。同时，从三角形结构的角度解读审判程序，其中检察机关提起公诉（自诉人提起自诉）、法院主导审判、被告人实施辩护，其他诉讼参与人再辅助前三者履行各自的诉讼职能。另外，对于检察机关在审判程序中的部分法律监督职能，尤其是对其中不具有“诉”的理论意义的职能，如庭审监督等职能，在此暂且不予讨论。

2. 理论重构：以诉讼主体为核心构建“两重主体学说”

对于主体理论的重构，应当从“刑事诉讼法律关系主体”与“刑事诉讼主体”两者的关系入手，通过寻求两者契合点来创造新的主体性理论模式。对于两者的关系，尽管我国理论界存在着“同一说”与“区别说”的差异，但是通说认为，“刑事诉讼主体是刑事诉讼法律关系主体，不能反过来说，刑事诉讼法律关系的主体就是刑事诉讼主体”。[①] 笔者赞成这种观点，理由是通过本文对国内外“诉讼主体学说”的核心内容所进行的前述探讨，不难看出这两者无论在理论来源、理论形态、实质内涵，还是在诉讼机理等方面，都存在客观差异。因此，这是两个既有相同之处也有不同之处的范畴。

正是基于前述分析，笔者主张，大陆学者应当将这两个既有联系、又有区别的主体范畴统一起来，借鉴台湾地区传统诉讼理论中的“诉讼两面说”，创造具有鲜明、独立特色的“两重主体学说”。对于两者统一的理论模式，主要有三种：其一是既有“刑事诉讼主体”范畴的两分模式。也就是说，继续沿用“刑事诉讼主体”范畴，采用广义立场，通过诉讼参加者与诉讼职能、在诉讼中的影响和作用以及诉讼结局的关系，将其区分为主要主体与次要主体。其中前者即狭义的刑事诉讼主体，后者即通常意义上的刑事诉讼法律关系主体。其二是既有“刑事诉讼法律关系主体”范畴的两分模式。也就是说，继续沿用“刑事诉讼法律关系主体”范畴，但要对其各自在诉讼中的诉讼职能、影响和作用以及其与诉讼结局的关系进行考察，将其区分为主要主体与一般主体，其中前者即通常意义上的诉讼主体，后者即通常意义上的刑事诉讼法律关系主体。其三是“刑事诉讼主体”与“刑事诉讼法律关系主体”两个范畴并用模式。也就是说，尊重理论界关于两者关系所达成的共识。在继续沿用两者传统既有理论的基础上，重构两范畴之间的关系模式。对此，笔者倾向于第三种模式。我国大陆理论界在长期的理论探讨中已经对特定的理论问题形成基本共识，同时借鉴吸收传统大陆法理论中的合理因素，只有这样才能够很好地将两者统一起来。另外，值得一提的是，无论采用第一种模式还是第二种模式，都要否定、抛弃另一范畴，笔者认为这两种理论倾向都是有失偏颇的，而且可能会在理论界引起一定的理论混乱。

---

① 王生今、杨旺年：《刑事诉讼法学新论》，法律出版社 1996 年版，第 50 页。

从总体上来讲，笔者认为，这两个刑事诉讼中的主体性范畴，各自代表着不同的诉讼关系层面，其中前者主要存在于基本关系层面，后者主要存在于程序关系层面。具体而言：首先，在基本的诉讼关系面，刑事诉讼主体基于其控诉、辩护和审判等基本诉讼职能，行使法定的公诉权、辩护权与审判权，对诉讼程序、进程能够施加重大影响，或者与诉讼结局有着某种利害关系。刑事诉讼主体就是基本的刑事诉讼法律关系主体（或称为刑事诉讼的基本法律关系的主体、刑事诉讼法律关系的基本主体）的简称。其次，在程序的诉讼关系面，刑事诉讼法律关系主体在侦查、审查起诉和审判过程中，以其特定的诉讼地位为基础依法行使诉讼权利、履行诉讼义务，通过为或者不为特定诉讼行为来推动诉讼程序发展。刑事诉讼法律关系主体实际上就是程序的刑事诉讼法律关系主体（或称为刑事诉讼的程序法律关系的主体、刑事诉讼法律关系的程序主体）的简称。笔者此处所谓的刑事诉讼法律关系主体是狭义的，特指诉讼程序面的所有程序性主体。其在范围上，与诉讼实体面的刑事诉讼主体有重叠。此外，值得指出的是，刑事诉讼主体实际上既存在于诉讼实体面，也存在于诉讼程序面。这就是两重主体新论。

四、刑事诉讼法律关系内容研究

对于“刑事诉讼法律关系内容”或者“诉讼关系内容”，无论在我国大陆理论界还是在台湾地区诉讼理论界，都有论述。但是由于理论来源、研究路径和法哲学基础等方面的差异，两者在理论形态、发展路径和所得出的结论等方面都存在不同。在我国大陆刑事诉讼理论的特定语境中，采用“刑事诉讼法律关系内容”术语，将其作为本体范畴的下位概念，侧重运用传统实证分析法学的基本方法，来研究诉讼上的权利与义务。而在台湾地区刑事诉讼理论中，则采用“诉讼关系”术语，将以“无告诉就无审理”为核心思想的“诉讼主义”，作为基本理论前提和诉讼法哲学基础。这在客观上导致两者的理论发展路径是不同的。前者是构成要素理论的组成部分，后者归结于诉讼程序内在本质理论。

（一）苏联“诉讼法律关系内容”理论[①]

早在20世纪50年代，苏联诉讼理论中，无论是刑事诉讼，还是民事诉讼，都存在过对于何者为诉讼法律关系的第一性内容的争论。其中，有学者采用“权利义务说”[②]，主张权利和义务是第一性的；也有学者采用“行为说”，主张诉讼行为是第一性的。其中，前者是苏联诉讼理论界的主流观点。

对于刑事诉讼法律关系内容，苏联的主流观点认为：

> “诉讼法律关系主体的权利和义务，是法律关系的实质、中心和内容，并且决定了这种法律关系主体可以做什么和不应该做什么。……正是根据主体的权利和义务的特点和范围，这一种法律关系才不同于另一种法律关系。所以，不能同意有些学者下述的断言，即把法律关系的内容说成是法律关系主体的行为，而不是他们的权利和义务。”[③]

尽管在苏联诉讼法学理论界，B. H. 谢格洛夫等少数学者主张，在诉讼中诉讼行为（或者诉讼活动）是诉讼法律关系的内容；而诉讼权利和义务则是诉讼法律关系的形式，但是，谢格洛夫也多次强调，正是诉讼权利和义务决定着诉讼法律关系主体的诉讼行为，也正是诉讼权利和义务构成诉讼法律关系的法律基础。所以，在那些已经发生的诉讼中，诉讼权利和义务是第一性的存在，而诉讼活动（或者诉讼行为）则是第二性的存在。因此，针对谢格洛

① 参见［苏］阿·阿·多勃罗沃里斯基等：《苏维埃民事诉讼》，李衍译，法律出版社1985年版，第51~52页。

② 参见［苏］阿·阿·多勃罗沃里斯基等：《苏维埃民事诉讼》，李衍译，法律出版社1985年版，第51~52页。

③ ［苏］阿·阿·多勃罗沃里斯基等：《苏维埃民事诉讼》，李衍译，法律出版社1985年12月版，第51~52页。

夫主张的明显错误，多勃罗沃里斯基等学者得出了这样的结论：权利和义务，只能是诉讼法律关系的内容，而不是它的形式。[①]

苏联诉讼理论中关于诉讼法律关系内容的学说，显然是将马克思主义哲学作为其理论基础的。同时，其在方法论上，尽管也贯彻了唯物辩证法，但是却仍然将“诉讼”看作是纯粹的法律活动，也并未将传统诉讼理论的某些合理因素予以继承和吸收。

（二）我国台湾地区“诉讼关系内容”学说

至于台湾地区的诉讼关系内容理论，通说主张“诉讼两面说”。在实体面与程序面都存在诉讼法律关系；不同层面，其各自内容不同。在有迹可循的有限资料中，台湾地区学者陈朴生的有关论述最为经典，目前中国台湾地区理论界尚且无人能够做出更加经典的论述。笔者在此将陈朴生的经典论述所蕴含的学术思想加以诠释。陈朴生在其经典著作《刑事诉讼法实务》中，在“诉讼两面说”的基础上，将诉讼关系区分为“诉讼内在关系”与“诉讼外在关系”。[②] 具体而言：

“具体案件，虽经起诉，成为诉讼之客体，发生诉讼关系；但必基于诉讼之组织，经一定之程序而形成，并确定其内容，详言之，即诉讼，系以认识具体的法律关系为目的，随程序之进行，发展至于确定。因之，为认识具体的实体法律关系之对象，固为静的、空间的；而其认识过程则为动的、时间的。此项实体的法律关系，固应依诉讼而形成、确定；但其对象，既系附随诉讼而存在，自始固定。故从其认识对象及组织言，系诉讼主体与客体之法律关系；从其认识过程言，则系经起诉，至于判决确定之法律关系。前者，为诉讼内在关系，即基本的诉讼关系；后者，为诉讼外在关

① 参见［苏］阿·阿·多勃罗沃里斯基等：《苏维埃民事诉讼》，李衍译，法律出版社1985年版，第51~52页。

② 参见陈朴生：《刑事诉讼法实务》，台湾海宇文化事业有限公司1998年版，第115~117页。

系，即程序的诉讼关系。”①

在他看来，具体的刑事案件虽然在经过起诉之后，才能成为诉讼客体，也才会在诉讼主体之间发生诉讼关系；但是，具体刑事案件必须以诉讼的组织机制为基础，并经过一定的诉讼程序才能形成和确定具体刑事案件的内容。也就是说，刑事诉讼是以具体的法律关系为认识目的的，（这种认识目的总是）随着诉讼程序的不断推进、发展并得以最终确定。但是对它的认识过程却是动态的、时间的。尽管这项实体法律关系自身是应当通过诉讼活动来形成、确定的，但是它作为诉讼认识对象，却是伴随着诉讼活动的进行而存在并且自始至终都是确定不变的。因此，如果从诉讼组织机制中诉讼认识主体和诉讼认识对象的关系的角度来看，就是诉讼法上诉讼主体与诉讼客体（具体刑事案件）间的关系。这就是所谓的“诉讼内在关系”，即“基本的诉讼关系”；如果从诉讼认识过程的角度来看，则是经过起诉等一系列诉讼活动、最终由判决所确定的法律关系。这就是所谓的“诉讼外在关系”，即“程序的诉讼关系”。

首先，对于“基本的诉讼关系”，陈朴生做出了比较权威的阐述：

“诉讼主体，在诉讼上因本其地位而生之基本的诉讼关系，详言之，即本于原告为攻击者，被告为防御者，法院为裁判者间之关系而生之权利义务。此乃诉讼之组织及其对象之内在的关系，始终不变。法院仅就特定之诉讼客体有为审判之权利义务，当事人亦始有请求与接受审判之权利义务。此项客体，虽为进行程序之基础，但无发展性。”②

---

① 陈朴生：《刑事诉讼法实务》，台湾海宇文化事业有限公司 1998 年版，第 115~116 页。

② 陈朴生：《刑事诉讼法实务》，台湾海宇文化事业有限公司 1998 年版，第 116 页。

在陈朴生看来，所谓的“基本的诉讼关系”，是与诉讼地位、职能密切相关的范畴。也就是指原告作为控诉者、被告作为辩护者、法院作为裁判者而产生的相互间的权利义务关系。这是在诉讼主体与诉讼对象，也就是具体案件之间始终不变的内在关系。因而，法院只能在具体的刑事案件中行使审判权、履行相关的审判义务，当事人也只能就该案件行使诉讼请求权或者履行接受审判的义务。该具体的刑事案件，尽管是诉讼程序进行的基础，但是其自身并没有发展的特性。

其次，对于“程序的诉讼关系”，陈朴生认为：

“诉讼主体，为达成诉讼之目的，本其基本的诉讼关系，而次第进行各种程序。如诉之提起，审判期日之指定，被告之传唤羁押，证据物件之搜索扣押，审判之进行。故诉讼主体，得本此基本的诉讼关系，而进行各种行为。因之，程序的诉讼关系，系随一定之顺序而进展，至于判决。”①

在陈朴生看来，所谓的“程序的诉讼关系”，就是诉讼主体为实现特定的诉讼目的，根据基本关系，依照程序实施诉讼行为所产生的诉讼权利义务关系。

最后，从总体上来看，陈朴生的“诉讼关系内容”理论实际上就是在狭义诉讼说的基础上采行“诉讼两面说”，在不同的诉讼关系层面，其各自的具体内容是不同的。在基本的诉讼关系层面，其内容主要是诉讼主体为基于其诉讼地位所产生的基本权利义务，即原告的公诉权、被告的辩护权与法院的审判权；在程序的诉讼关系层面，其内容主要是为实现诉讼目的，诉讼主体根据基本面实施诉讼行为而形成的程序性权利义务。另外，在陈朴生的诉讼关系内容学说中，他将诉讼严格限定在审判程序中，即采狭义的诉讼理论立场；同时在程序的诉讼关系层面，仅仅将诉讼

① 陈朴生：《刑事诉讼法实务》，台湾海宇文化事业有限公司 1998 年版，第 116 页。

主体纳入讨论范围，未将法院与当事人之外的其他诉讼参加者纳入讨论范围。

（三）我国大陆刑事诉讼法律关系内容理论

目前，在我国诉讼理论中，通说主张刑事诉讼法律关系的内容就是诉讼权利和诉讼义务。[①] 也有学者主张“诉讼行为说”。这就产生了“权利义务说”与“诉讼行为说”的争论。其实，无论是前者，还是后者，抑或是这个理论焦点本身，都是来源于苏联诉讼理论。早在 20 世纪 50 年代，苏联理论界也曾就该问题进行过争论。由于诉讼行为说的某些缺陷，苏联多数学者赞同“诉讼权利义务说”。同时，我国诉讼理论界也有些学者对民国时期和台湾地区的诉讼理论进行借鉴，提出过以诉讼主体、诉讼客体和诉讼行为为理论框架的“诉讼行为说”，以及其他的学术主张。但是，由于存在明显缺陷，而无法取得学术界的普遍认同。

目前就其内容问题，我国理论界的研究和讨论主要集中在刑事诉讼权利与刑事诉讼义务等范畴上，并且将两者分别作为独立的范畴加以研究，力求在现有框架下将针对构成要素理论的研究继续推进。笔者认为，这种传统范式有其存续的合理性、必然性，但是这种继续沿着注释法学和概念法学的路径进行研究的方法是否能够突破刑事诉讼法律关系理论当前的理论困境，仍然是值得怀疑的。因而笔者在此仅对这两个基本范畴的内涵进行简要阐述。其中，前者通常是指公安司法机关和诉讼参与人，在刑事诉讼中根据法律规定享有的为或者不为一定诉讼行为的权利（法律许可和保障）。同时，也有学者主张，诉讼参与人在刑事诉讼中为维护自身合法权益而实施某种行为的权利，也应当纳入刑事诉讼法律关系内容的范围。因为尽管这些权利本身在性质上并非诉讼权利，而是法律为维护诉讼参与人的合法权益而赋予他们的民主权利（如申诉权），但

---

① 参见宋英辉：《刑事诉讼法学研究述评（1978—2008）》，北京师范大学出版社 2009 年版，第 40 页。

是这些权利归根结底是为诉讼服务的。[①] 后者通常是指必须为或者不为一定诉讼行为的法律拘束或者负担。

（四）理论思辨与重构

通过考察国内外相关理论学说，不难看出，我国传统理论基本上是苏联理论的延续，在理论框架上也并没有超出苏联理论框架。在苏联解体之后，我国并未进行及时的转型，同时对传统大陆法诉讼理论中的合理因素未能及时加以借鉴和吸收。这就在客观上导致刑事诉讼法律关系的构成要素理论趋于简单化，而趋于流泛。这种倾向，也体现在其内容理论上，在此不再赘述。对于中国大陆既有理论的突破，笔者认为，关键是要从诉讼自身的组织运行机制层面发掘新的理论内涵，重新关注传统诉讼理论中能够揭示诉讼规律和本质属性的有益理论；同时，在理论视野上，既要廓清现有理论的理论源流和发展脉络，又要将理论视野重新回归传统诉讼理论。基于此，笔者认为，从具体操作层面上来说，在我国现有理论通说的基础上，应以陈朴生先生的“诉讼关系”理论作为理想的理论模式，根据“两面说”改造我国现有理论。也就是说，在笔者前文所构建的“两重主体说”的基础上，将刑事诉讼本身看作是由诉讼实体面和诉讼程序面构成的诉讼实体。具体而言：

首先，在基本的刑事诉讼法律关系层面，在刑事诉讼中因诉讼主体与诉讼结局有某种利害关系或者依法能够对某些诉讼程序（或者诉讼进程）施加决定性或重要影响的刑事诉讼主体，基于其自身所肩负的控诉、辩护与审判等诉讼基本职能，所享有的基本诉讼权利和义务。在目前我国大陆刑事诉讼理论的场域中，基于广义的诉讼立场的基本诉讼权利，主要包括侦查机关的侦查权，检察机关的审查起诉权和公诉权，犯罪嫌疑人、被告人的辩护权，被害人

① 参见宋英辉：《刑事诉讼法学研究述评（1978—2008）》，北京师范大学出版社 2009 年版，第 40 页。

的申诉权与法院的审判权。这些基本诉讼权利根据其是否具有“诉的理论”意义（或者与诉的理论意义密切相关的）可以划分为“诉的理论”意义上的（或者与诉权密切相关的）基本诉讼权利和非“诉的理论”意义上的基本诉讼权利。前者主要包括检察机关的公诉权、被告人的辩护权和法院的审判权（审判权是与诉权相对的、密切相关的基本诉讼权利），后者则包括侦查机关的侦查权、检察机关的法律监督权以及犯罪嫌疑人的辩护权和被害人的申诉权等重要诉讼权利。然而，如果将基本的刑事诉讼法律关系的内容限定于“审判中心主义”的理论场域中，则仅限于检察机关的公诉权、法院的审判权和被告人的辩护权。也就是说，在狭义的理论立场上，诉讼实体面的刑事诉讼权利主要涉及与审判程序密切相关的公诉权、审判权和辩护权等具有传统“诉的理论”意义的（或者与诉权密切相关的）诉讼权利，而不涉及侦查权和其他诉讼参与人的诉讼权利，因为这些权力或者诉讼权利有着浓厚的“行政权力”或者“司法行政管理相对人的权利义务”属性；而且，它们大多也并不具有与案件诉讼标的有直接利害关系的程序权利义务。值得指出的是，现代刑事诉讼是以权利本位作为主导理念的，因此笔者在此着重讨论诉讼权利，对于诉讼义务仅作一般论述。

其次，在程序的刑事诉讼法律关系层面，侦查、审查起诉和审判过程中，具有独立法律地位的刑事诉讼法律关系主体，在依法可以实施或者不得实施特定诉讼行为，所享有的诉讼权利或者所负有的诉讼义务。这些诉讼权利和诉讼义务，主要是刑事诉讼法根据各方参与刑事诉讼的目的不同，而为其设定的一些程序性的诉讼权利和诉讼义务，从而确保其在诉讼中具有独立的诉讼地位，维护诉讼参与人的合法权益。

五、刑事诉讼法律关系客体研究

对于本体范畴的客体问题，我国传统诉讼理论通常将其作为刑事诉讼法律关系的构成要素之一。尽管目前我国大陆理论界对这两者的关系问题已经达成一定共识，但是仍然有少数学者将刑事诉讼客体与刑事诉讼法律关系客体相混淆，主张两者为同一范畴。其实，刑事诉讼法律关系的客体范畴，在理论上也是来源于苏联学说。而刑事诉讼客体范畴，则属于传统大陆法诉讼理论中的基本范畴，而且在传统大陆法理论中形成了完整的理论体系。因此，这两者在总体上而言是不同的。

我国传统客体理论大体是在苏联学说基础上发展起来的。因此，长期盛行于苏联和我国大陆的法律关系构成要素理论就是其重要的法理学基础。从法哲学的角度来看，这种客体理论是西方分析实证法学的传统研究对象。同时，作为诉讼认识对象，刑事诉讼法律关系客体是与诉讼客体密切相关的理论范畴。

（一）刑事诉讼法律关系客体

20 世纪 80 年代以来，我国刑事诉讼理论界对刑事诉讼法律关系客体范畴，在刑事诉讼法律关系的构成要素的理论框架下，进行了长期而大量的讨论，且在这场旷日持久的探讨中达成了许多共识。目前我国传统理论主要包括内涵界定和范围两部分。对此，笔者进行了较为广泛、深入的系统考察①。

然而，基于前述分析，笔者认为，目前我国理论界的这些学说

① 对于刑事诉讼法律关系客体范畴的界定，主要涉及其内涵和范围两方面。首先，刑事诉讼法律关系客体的基本内涵。目前我国刑事诉讼理论界关于刑事诉讼法律关系客体的学说，主要有：（1）有学者认为，“刑事诉讼法律关系的客体，是刑事诉讼法律关系主体的诉讼权利和诉讼义务所指向的对象，也就是刑事案件事实和被告人犯罪所负担的刑事责任问题，即被告人是否犯罪，犯何罪，是否需要处罚以及如何处罚的问题。换言之，刑事诉讼法律关系的客体就是刑事诉讼需要查明的法律事实和诉讼活动要求解决的法律责任”。参见宋世杰：《新编刑事诉讼法教程》，中南工业大学出版社 1998 年版，第 42 页；宋世杰：《刑事诉讼法学》，湖南大学出版社、湖南人民出版社 2002 年版，第 47 页。（2）有学者认为，“刑事诉讼法律关系的客体是刑事诉讼法律关系主体的权利义务指向的对象，也就是刑事诉讼法律关系主体的权利、义务的载体和标的，即刑事诉讼法律关系主体的诉讼权利和义务的外化形式——诉讼行为”。参见汪建成、张向军：《刑事诉讼法律关系若干问题之研究》，载《烟台大学学报》（哲学社会科学版）1993 年第 1 期。（3）有学者认为，“刑事诉讼客体，是指刑事诉讼主体通过实施诉讼行为确立的诉讼权利与义务所共同指向的对象，主要包括实体性案件事实和程序性案件事实”。参见樊崇义、吕萍：《刑事诉讼法学》，中国人民公安大学出版社 2002 年版，第 59 页。（4）有学者认为，“刑事诉讼法律关系的客体是指刑事诉讼主体实施诉讼行为、进行刑事诉讼活动所指向的对象，刑事诉讼法律关系客体包括案件事实和被告人刑事责任两个方面”。参见陈和华、叶利芳：《刑事司法学》，中国方正出版社 2004 年版，第 76 页。（5）有学者认为，“刑事诉讼法律关系的客体是指刑事诉讼法律关系主体的诉讼权利和诉讼义务共同指向的对象，也就是刑事案件事实和犯罪嫌疑人、被告人的刑事责任”。参见王生今、杨旺年：《刑事诉讼法新论》，法律出版社 1996 年版，第 54 页。上述学说是我国理论界比较有代表性的学说。总体上，对于刑事诉讼法律关系客体的理论学说，我国刑事诉讼理论界通常将其分为概念内涵的界定和范围两部分。首先，对于其概念内涵，通说主张将其界定为“刑事诉讼法律关系主体的诉讼权利和诉讼义务所指向的对象”。对于有学者将其界定为“诉讼行为对象”“诉讼活动对象”的观点，理论界多数观点认为这混淆了其与刑事诉讼客体的区别。因为无论是传统大陆法诉讼理论的通说还是我国诉讼理论界的多数观点，都将“诉讼行为对象”“诉讼活动对象”限定为刑事诉讼客体。因而，如果将其归结为刑事诉讼法律关系客体，无疑会引起相应的理论混乱。其次，对于刑事诉讼法律关系客体的范围。刑事诉讼法律关系客体的范围，就是刑事诉讼权利义务所共同指向的对象范围。对于刑事诉讼法律关系客体的范围，我国诉讼理论界也有多种学说：（1）有学者认为，是“刑事案件事实和犯罪嫌疑人、被告人的刑事责任”。参见王生今、杨旺年：《刑事诉讼法新论》，法律出版社 1996 年版，第 54 页。（2）有学者认为，是“案件事实和被告人的刑事责任”。谢佑平：《刑事诉讼模式与精神》，成都科技大学出版社 1994 年版，第 96~97 页；参见陈和华、叶利芳：《刑事司法学》，中国方正出版社 2004 年版，第 76 页。（3）有学者认为，“所谓刑事诉讼法律关系的客体就是指由刑事案件派生出来的、对被告人刑事责任的追究”。裴苍龄、易萍：《论刑事诉讼法律关系》，载《法律科学》1996 年第 2 期。（4）有学者认为，“主要包括实体性案件事实和程序性案件事实”。参见樊崇义、吕萍：《刑事诉讼法学》，中国人民公安大学出版社 2002 年版，第 59 页。在上述这些观点、学说中，目前我国诉讼理论界的通说认为，刑事诉讼法律关系客体的范围主要是刑事案件事实和犯罪嫌疑人、被告人的刑事责任。

无论是其内涵上、还是其外延上，都存在某些不足或者局限性。首先，从理论本体上而言，这种将范畴本身区分为概念内涵和范围的研究方法和范式，曾经对于推动刑事诉讼法律关系客体学说的发展起到过积极作用。但是，这种侧重于其概念逻辑分析方法、局限于传统的概念法学的研究范式，已经无法满足当前的理论发展和诉讼实践的需要。

其次，由于刑事诉讼法律关系客体理论本身的抽象性、复杂性，通过这种界定内涵的方法所得出的结论过于简单化，无法揭示其内在的诉讼机理和诉讼规律。刑事诉讼作为一种复杂的法律现象，自其产生开始，就伴随着各种错综复杂的法律活动，其中既有所谓的法律关系，也有德国学者戈尔德施密特提出的“诉讼法律状态”；此外还伴随着大量与法律活动密切相关的诉讼事实活动（行为）。因为除刑事诉讼的法律属性外，刑事诉讼首先作为一种社会事实，在广泛的社会生活中有其自身的运行机制和活动规律。但是，实践状态中的诉讼，其事实要素和法律因素两者实际上是不可分离的。如何从复杂的法律现象中以合理的研究方法和路径抽象出诉讼本体的法律本质或者属性，就必然成为理论研究不得不回答的问题。因此，从这个角度来讲，刑事诉讼法律关系客体理论是构成要素理论中最为抽象、复杂的命题之一。

最后，在客体范围上所得出的结论无法揭示多层次、多角度、多阶段的刑事诉讼法律关系客体的特有属性，即便是就这种高度概括的简单结论而言，在内容上也存在不足或者局限性。就目前我国现实的制度理论环境而言，将其界定为“犯罪嫌疑人、被告人刑事责任”① 的观点，实际上忽视了刑事诉讼追求实现实体刑罚权的终极目的。但是反过来说，在传统大陆法国家的刑法学理论中，国家刑罚权与犯罪人的刑事责任是“一体两面”的，也就是说，两者是同一事物的两个方面。因为作为实施刑事实体法的必然后果

① 王生今、杨旺年：《刑事诉讼法新论》，法律出版社 1996 年版，第 54 页。

（结果），实现国家刑罚权的过程与实现犯罪人刑事责任的过程，两者是同一过程。这两个过程紧密联系、不可分割。如果从刑事诉讼目的的角度来看，无论是追求国家刑罚权的实现，还是追求犯罪人刑事责任的实现，都是刑事诉讼所追求的实体法律效果。

（二）刑事诉讼客体

如前所述，刑事诉讼客体是与刑事诉讼法律关系客体范畴密切相关的概念之一。术语本身的相似性和客体范畴的抽象性等因素，导致理论研究过程中极易将两者混淆。但是，就其理论内涵、理论来源和理论范式等方面而言，这两者都是有着很大理论差异的。刑事诉讼客体是传统大陆法诉讼理论中的重要范畴，通常在“诉讼主义”框架上与刑事诉讼主体、刑事诉讼行为等诉讼基础范畴处于同一层面。在理论形态上，通常涉及其概念的内涵和内容、诉讼客体的“单一性”和“同一性”问题。实际上，早在民国时期诉讼理论界就对刑事诉讼客体理论进行过研究，但后来却由于政治哲学和法律哲学领域所发生的根本变革，导致长期以来并未进行深入系统的研究。在此值得指出的是，自20世纪80年代以来，我国学者开始从传统诉讼理论中沿用“诉讼客体”范畴，用于诠释刑事诉讼的运行机理和诉讼规律。

1. 中国台湾地区诉讼客体学说

台湾地区诉讼理论通常主张“案件说”，即将具体的刑事案件看作是刑事诉讼客体。对此，台湾地区学者陈朴生有比较精当的论述：

“刑事诉讼，系以对于特定人之特定事实，为适用抽象的刑罚法，而形成并确定具体的刑罚权为其对象。故刑事诉讼，乃对于特定人之特定事实为确定具体的刑罚权而进行之程序。”因此，刑事诉讼客体就是“国家与个人间之具体的刑罚权之关系，即处罚者与被处罚者之关系，称之为诉讼之实体，或称诉讼客体，亦称案件。”[①]

陈朴生实将传统大陆法理论中的“诉讼两面说”作为基本理论框架，揭示诉讼客体与诉讼关系的相互作用机理。在陈朴生看来，刑事诉讼在整体上存在着两种关系：一是“国家与个人间之具体的刑罚权之关系，即处罚者与被处罚者之关系，称之为诉讼之实体，或称诉讼客体，亦称案件”[②]；二是“确定具体的刑罚权而进行之诉讼的关系，即裁判者与被裁判者之关系，称之为诉”。[③]因此，在刑事诉讼中，原告提起公诉（或者自诉）的目的就在于请求法院通过审判程序审理被告的犯罪事实，然后确定国家对其是否具有刑罚权及刑罚权范围的。刑事诉讼就是依靠这种双重关系，来完成现其实现实体法的任务的。

首先，对于将“诉讼客体”界定为“刑事案件”的理由，陈朴生认为，“何人犯何种事实，应适用何种刑罚法，而确定其具体的刑罚权，原非自始明瞭，必赖诉讼之进行，次第形成，乃至于确定。此项案件所以得为法院审理判决之对象者，应依起诉定之。故案件，在诉讼上具有为客体之性格”。[④] 这表明，要将刑事诉讼程序本身看作一个认识过程，“何人实施何种犯罪事实、应当适用何种刑罚，以及因此确定其国家对该犯罪人的具体刑罚权”等实体法事项，本来就不是清楚、明了的，因而必须依靠刑事诉讼过程的不断推进使之逐渐形成、确定。此项刑事案件能够成为法院审判对象的原因，应当依照起诉事实来（诉因）确定。因此，刑事案件具有成为诉讼客体的内在规定性。

其次，刑事案件的单一性与同一性。对于案件这两种特有属性的诉讼基础，陈朴生认为，整个刑事诉讼过程就是将“被告及其

---

① 陈朴生：《刑事诉讼法实务》，台湾海宇文化事业有限公司 1998 年版，第 91 页。
② 陈朴生：《刑事诉讼法实务》，台湾海宇文化事业有限公司 1998 年版，第 91 页。
③ 陈朴生：《刑事诉讼法实务》，台湾海宇文化事业有限公司 1998 年版，第 91 页。
④ 陈朴生：《刑事诉讼法实务》，台湾海宇文化事业有限公司 1998 年版，第 92 页。

犯罪事实”作为诉讼活动对象或者诉讼行为对象，使之具体化并且最终确定的过程。因而，刑事诉讼就不能脱离具体的诉讼活动对象而自行发展；对于刑事案件自身来说，如果不经过具体的诉讼过程，同样无法使其在客观上具体化。基此，当案件因原告起诉而被法院受理的时候，法院和当事人之间立即就会产生法律关系；与此同时，起诉所依据的起诉事实，就会伴随着诉讼程序的推进，而逐渐查明、确定，并最终成为判决的事实根据。但是，即便如此，在客观上也不能改变已经发生“基本的诉讼关系”的诉讼客体自身（即具体的刑事案件本身），从而影响到该具体刑事案件的同一性。①

对于刑事案件的单一性和同一性，陈朴生也有着精到的阐述：

“盖案件之单一性，系从横断的、静的观察其是否彼此同一，随诉讼之发展，以形成、确定其实体之范围，乃案件个数之问题，重在诉讼状态，属于实体面；案件之同一性，系为断续的、动的观察其起诉事实是否前后同一，重在诉讼关系已否发生，即为判断案件已否起诉，可否再行起诉，起诉事实与判决事实是否同一，可否变更法条之标准，乃案件比较之问题，属于程序面。”②

从总体上而言，所谓“案件的单一性”，就是从横向的、静态的角度观察构成刑事案件的诸要素（即被告与犯罪事实）是否同一。伴随着刑事诉讼进程，在客观上得以形成和确定的诉讼实体（具体刑事案件）的范围（实际上就是刑事案件的个数问题），其理论重心在诉讼法律状态，属于“诉讼实体面”的范畴。所谓的“案件的同一性”，就是从纵向的、连续的、动态的角度，观察刑事案件的前后事实要素是否同一，即旨在解决起诉事实与判决事实

---

① 参见陈朴生：《刑事诉讼法实务》，台湾海宇文化事业有限公司 1998 年版，第 93 页。

② 陈朴生：《刑事诉讼法实务》，台湾海宇文化事业有限公司 1998 年版，第 94 页。

的同一性问题。对“诉讼关系是否已经发生”[①] 的究问，其具体环节上主要包括判断案件是否已经起诉、是否可以再行起诉[②]、起诉事实与判决事实是否同一[③]、是否能够变更实体法律依据[④]等问题。这实际上就是刑事案件自身在诉讼过程中和诉讼终结后的前后比较问题，属于“诉讼程序面”的范畴。[⑤]

2. 中国大陆刑事诉讼客体学说

中国大陆刑事诉讼理论界对于刑事诉讼客体范畴的研究，最早是继承和沿用民国时期的法律术语，在后来的诉讼实践过程中逐渐展开对诉讼客体范畴的研究。自20世纪80年代以来，大陆学者开始注意从德国、日本和我国台湾地区的诉讼客体理论借鉴吸收合理因素，来发展符合我国大陆诉讼理论和实践的理论学说。但总体上，还缺乏深入系统的研究。[⑥] 目前中国大陆诉讼理论界对于刑事诉讼客体的学说，通说主张是“刑事诉讼主体实施的诉讼行为、进行刑事诉讼活动所指向的对象。”[⑦] 这种观点是建立在哲学中客体范畴的基础上的，故而将其界定为活动对象。但是，对于其范围，我国传统理论中却有着各种学说。诸如“刑事责任说”[⑧] “犯

① 参见陈朴生：《刑事诉讼法实务》，台湾海宇文化事业有限公司1998年版，第94页。

② 参见陈朴生：《刑事诉讼法实务》，台湾海宇文化事业有限公司1998年版，第94页。

③ 参见陈朴生：《刑事诉讼法实务》，台湾海宇文化事业有限公司1998年版，第94页。

④ 参见陈朴生：《刑事诉讼法实务》，台湾海宇文化事业有限公司1998年版，第94页。

⑤ 参见陈朴生：《刑事诉讼法实务》，台湾海宇文化事业有限公司1998年版，第94页。

⑥ 参见宋英辉：《刑事诉讼法学研究述评（1978—2008）》，北京师范大学出版社2009年版，第28页。

⑦ 陈光中、徐静村：《刑事诉讼法学》，中国政法大学出版社2000年版，第57页。

⑧ 参见樊崇义：《刑事诉讼法学》，中国政法大学出版社1999年版，第44页。

罪事实说"①、"案件事实和刑事责任二元说"②、"刑事案件说"③、"公诉事实说"④ 等。

目前我国理论界的主流观点主张"刑事案件说"，但是对于刑事诉讼客体的范围，则主张包括实体法事实及对其法律评价、程序法事实三方面。对于其理论根据，我国刑事诉讼理论界主流学说也有着比较重要的论述：

"一方面，刑事诉讼始终围绕着犯罪嫌疑人、被告人刑事责任的确定而进行，因此，犯罪事实是否存在，该事实是否为犯罪嫌疑人、被告人所实施及情节轻重，亦即犯罪嫌疑人、被告人刑事责任的有无及其大小，是刑事诉讼的客体。而另一方面，在诉讼中，还必须解决某些程序法问题，诉讼程序本身也有是否公正以及诉讼参与人诉讼权利是否得到有效保障的问题，这些也是刑事诉讼的客体。"⑤

对此，笔者认为，这种观点长期以来作为我国刑事诉讼理论界的主流观点，有其现实合理性。究其原因，在客观上主要是由于立法和司法实践中应然的诉讼理念和实然的诉讼模式所共同决定的；而在主观上，则是由于我们的诉讼理论家们所具有的实践精神和实证方法所决定的。但是，在对刑事诉讼客体理论范畴的研究上，笔者认为还是存在某些局限性的。尤其是在刑事诉讼客体，也就是刑事案件的范围上。因为在现代刑事诉讼中，刑事诉讼通常是被作为刑事实体法的实现方式的。这就意味着，不仅要实现国家刑罚权，而且要实现犯罪人刑事责任。同时，刑事诉讼还应当被看作犯罪嫌

① 参见樊崇义：《刑事诉讼法学》，中国政法大学出版社 1999 年版，第 44 页。

② 参见卞建林：《刑事诉讼法学》，法律出版社 1997 年版，第 45 页。

③ 参见陈光中、徐静村：《刑事诉讼法学》，中国政法大学出版社 2000 年版，第 57~58 页。

④ 参见张小玲：《刑事诉讼客体再探》，载《政法论坛》2010 年第 1 期。

⑤ 陈光中、徐静村：《刑事诉讼法学》，中国政法大学出版社 2000 年版，第 57~59 页。

疑人、被告人基本人权的实现方式。尤其是在2012年刑事诉讼法再修改后，“尊重和保障人权”写入刑事诉讼法典。在这种时代背景下，“保障人权”理念已经发展成为我国刑事诉讼的重要目的、任务和价值。这就对我国传统理论中的“诉讼观”提出了新的要求，也对传统的刑事诉讼客体理论提出了新的要求。

3. 刑事诉讼客体学说的理论思辨与重构

对于刑事诉讼客体的范围问题，笔者主张在坚持传统理论共识的情况下，借鉴和吸收传统大陆法诉讼理论中的“案件构成学说”的合理因素，来构建符合我国诉讼理论和实践的新型学说。对于刑事案件的构成要素，台湾地区学者陈朴生认为，“国家刑罚权，本系对于每一被告之每一犯罪事实而存在。故案件之构成，包括被告及犯罪事实两种要素”。[①] 笔者赞同这种学术主张，但是值得注意的是，由于立法和司法实践等方面的客观差异，导致这种理论学说不能全盘适用于我国大陆的制度和理论环境。因此，对于这种学说还有改造的必要。主要理由是：首先，从刑事案件自身的角度而言，如果将刑事案件作为理论本体的话，我们不难发现，“刑事案件”范畴的实质是一种“事件”。也就是说，刑事案件在事实层面首先是一种“社会事件”。与所有社会事件相同，也是由“七何要素”[②] 构成的。但是，从传统大陆法系主流的刑法学理论来看，任何犯罪的构成，都离不开“人的要素（即何人）”和“事实要素（即何事）”。既然刑事诉讼被看作刑事实体法的实现方式，那么，诉讼主体在实施诉讼活动（或者诉讼行为）过程中，必然将刑事诉讼过程的载体，或者犯罪人和犯罪事实认定过程的载体——刑事案件，作为其诉讼认识和实践的对象。简言之，即刑事案件是诉讼主体实施诉讼活动（或者诉讼行为）的对象。这正是笔者之所以

① 陈朴生：《刑事诉讼法实务》，台湾海宇文化事业有限公司1998年版，第91页。

② 所谓社会事件的“七何要素”，即何人、何事、何时、何地、何目的、何动机、何后果。

赞成陈朴生“案件构成学说”的重要理由之一。

其次，如果从“同一认定”理论的角度来讲，整个刑事诉讼过程实际上就是一个“同一认定”的过程。也就是说，整个刑事诉讼过程，实际上就是针对刑事诉讼法上的“犯罪事实”与实体法上的“构成要件事实”，进行“事实同一认定”的过程。从具体操作层面来讲，就是将刑事诉讼过程中“犯罪嫌疑事实”的“七何要素”，与刑事实体法中“犯罪构成要件事实”的“七何要素”进行同一认定的过程。这其中当然包括针对犯罪嫌疑人、被告人和犯罪人进行“人身同一认定”的过程。具体而言，根据无罪推定原则和同一认定原理的要求，整个刑事诉讼过程实际上也是对诉讼法上的犯罪嫌疑人、被告人与实体法上的犯罪人进行人身同一认定的过程。

综上所述，笔者主张应当将刑事诉讼客体的范围，也就是刑事诉讼中刑事案件的范围，主要限定在犯罪嫌疑人、被告人和犯罪事实的范围内。

（三）刑事诉讼法律关系客体与刑事诉讼客体的关系

对于前述两个客体范畴的关系问题，我国诉讼理论界目前有两种学说，即“同一说”和“区别说”。前者主张两者是同一概念，没有区分的必要；后者主张两者不是同一概念，而是既有联系也有区别的两个范畴。对此，笔者赞同第二种观点。实际上，对于两者的理论来源、本体内容和发展路径等方面的不同，前文已经述及，在此不再赘述。

刑事诉讼客体是德国、日本和中国台湾地区等传统大陆法国家（地区）刑事诉讼理论的基础范畴。其传统刑事诉讼理论，通常被看作是以“诉讼主体”“诉讼客体”和“诉讼行为”等基础范畴为理论框架而构建起来的。中国自民国时期就比较重视这些基础理论范畴的研究，直到目前为止，台湾地区学者仍然在传承着这种学术传统，并以此来构建适应司法实践和理论研究现实需要的理论体系。早在民国时期，中国诉讼法学者蔡枢衡，就曾尝试过运用这些基础范畴构建他的诉讼理论体系。在他看来，刑事诉讼无非就是作为诉讼主体的控诉者、辩护者和审判者，基于其各自的控诉、辩护或者审判职能，实施具体的诉讼行为（诉讼活动）处理刑事案件（诉讼客体）的过程。诉讼客体理论本身蕴含着与诉讼主体、诉讼行为以及诉讼职能等基础范畴，以及相互影响、相互作用的诉讼机理和诉讼规律。但是，在我国当代刑事诉讼理论的特定语境中，整个诉讼过程就是公、检、法机关和当事人根据其各自的诉讼地位、职能，实施诉讼活动（或者诉讼行为），来实现国家刑罚权和犯罪人刑事责任的过程。然而，在实现国家刑罚权的过程中，刑事诉讼主体的诉讼行为（或者诉讼活动），必然要求具有特定的载体，即刑事案件的存在。而反过来讲，刑事案件既是对特定犯罪人及其犯罪事实的认定过程的载体，也是整个刑事程序演进过程的载体。

如果从形式上来讲，刑事案件则具体表现为各种案卷材料。因为在整个刑事诉讼过程中，诉讼主体无论是实施单一的特定诉讼行为，还是实施一系列的诉讼活动，都会将某些特定的诉讼文书、证据材料作为其物质载体。这就意味着，由这些诉讼文书和证据材料所集合成的案卷材料，就是抽象的诉讼客体外在的物化形式、物质载体。

另外，在中国台湾地区学者陈朴生的诉讼关系学说中，诉讼客体与诉讼关系却是有着密切联系的。陈朴生是将传统大陆法中的“诉讼两面说”作为基本理论框架，来揭示诉讼客体与诉讼关系的相互作用机理的。传统大陆法诉讼理论中的“诉讼两面说”认为，诉讼是由“实体面”和“程序面”构成的。其中，在诉讼实体面，主要是“国家与个人间之具体的刑罚权之关系，即处罚者与被处罚者之关系”[①]；在诉讼程序面，主要是“确定具体的刑罚权而进

① 陈朴生：《刑事诉讼法实务》，台湾海宇文化事业有限公司 1998 年版，第 91 页。

行之诉讼的关系，即裁判者与被裁判者之关系”①。其中，“诉讼关系”根据诉讼主体是否具有公诉、辩护和审判等基本诉讼职能，又可分为“基本的诉讼关系”和“程序的诉讼关系”，前者是诉讼主体之间基于控诉、辩护和审判等基本职能，以公诉权、辩护权和审判权为核心内容的诉讼关系，又称“诉讼内在关系”；后者是诉讼主体根据其各自诉讼地位所形成的，以诉讼权利和诉讼义务为内容的诉讼关系，又称“诉讼外在关系”。基于此，如果以当代中国大陆诉讼理论界的构成要素理论来分析陈朴生诉讼关系学说，我们就不难发现：在基本的诉讼关系层面，基本的诉讼关系的客体，就是刑事诉讼主体的公诉权、辩护权和审判权等诉讼基本职权所共同指向的对象，即“犯罪事实”和“刑罚权关系”；在程序的诉讼关系层面，程序的诉讼关系的客体，就是程序性诉讼权利义务共同指向的对象，即“案件事实”。简言之，诉讼内在关系的客体，又可称为“内在的诉讼关系客体”“诉讼关系的内在客体”，就是“犯罪事实”和“刑罚权关系”；诉讼外在关系的客体，又可称为“外在的诉讼关系客体”“诉讼关系的外在客体”，就是“案件事实”。

总之，涵括诉讼内在关系和诉讼外在关系的“诉讼关系的客体”，就必然涉及“犯罪事实”“案件事实”和“刑罚权关系”等要素。与此同时值得注意的是，无论是“犯罪事实”“刑罚权关系”，还是广泛的“案件事实”范畴，都是存在于具体的刑事案件之中并将其作为载体的。刑事案件除了包括犯罪事实，还包括构成诉讼程序的诉讼行为等程序性事实因素，因而刑事案件事实实际上是一个宽泛的概念。因此，刑事诉讼客体是刑事诉讼法律关系客体的载体。

综上所述，通过反观我国传统理论的局限性和制约因素，笔者认为，如果从诉讼机理和诉讼规律的角度来考察诉讼客体和刑事诉

① 陈朴生：《刑事诉讼法实务》，台湾海宇文化事业有限公司1998年版，第91页。

讼法律关系客体两者之间的关系，我们不难看出：刑事诉讼客体不但是刑事诉讼法律关系的载体，更是作为其构成要素的法律关系客体的重要载体。主要理由是，刑事案件在内容上既包括犯罪嫌疑人、被告人和犯罪事实等因素，也包括与诉讼程序密切相关的程序法事实。因此，刑事案件是刑事诉讼法律关系客体的载体。

（四）传统客体理论的重构

对于传统理论面临的困境及其形成原因，前已述及，在此不再赘述。对于我国刑事诉讼法律关系理论的重构，笔者主张，借鉴传统大陆法诉讼理论中的“诉讼关系学说”，以我国大陆刑事诉讼理论的基本范畴和概念体系为基础，在“诉讼两面说”理论框架下重构刑事诉讼法律关系的客体理论。首先，借鉴以陈朴生学说为代表的传统大陆法理论，将刑事诉讼法律关系分为两个层面：“基本的刑事诉讼法律关系”和“程序的刑事诉讼法律关系”[①]。在不同的诉讼层面，不同主体的诉讼权利义务也是不同的，因而其相应的刑事诉讼法律关系客体，在客观上也是不同的。

（1）在基本的刑事诉讼法律关系层面，刑事诉讼主体的基本诉讼权利和基本诉讼义务所共同指向的对象，是刑事案件事实和实体法律关系。在此值得注意的是，我国传统理论认为，诉讼法律关系通常既具有统一性也具有分散性的特征。由于我国大陆刑事诉讼理论通常采用广义的“诉讼主体说”“诉讼阶段说”和“诉讼职能说”，因此，在不同诉讼主体之间的诉讼权利义务对象也是不同的。

①从广义的诉讼立场出发，公安司法机关基于其控诉、审查起诉和审判职能，其法定的侦查权、审查起诉权和审判权所共同指向的对象是犯罪事实、犯罪人刑事责任和国家刑罚权；从狭义的诉讼

① 根据“诉讼两面说”，在刑事诉讼中，基本的刑事诉讼法律关系又可称为“刑事诉讼的基本法律关系”“刑事诉讼法律关系的基本层面”；程序的刑事诉讼法律关系，又可称为“刑事诉讼的程序法律关系”“刑事诉讼法律关系的程序层面”。

立场出发，检察机关和法院基于其公诉职能和审判职能，依法所具有的公诉权和审判权共同指向的对象，是犯罪事实和实体法关系（包括国家刑罚权和犯罪人刑事责任）。

②从广义的诉讼立场出发，公安司法机关和当事人之间基于其控诉、辩护和审判等基本职能，依法所享有的基本的诉讼权利（力）义务所共同指向的对象，是犯罪事实和刑事实体法律关系。这就意味着，侦查机关、检察机关与犯罪嫌疑人、被告人分别基于其各自的侦查、检察等控诉职能或者辩护职能，或者法院与被告人两者分别基于其审判和辩护职能，其诉讼权利义务的共同指向必然是犯罪事实和作为最终诉讼结局（或者诉讼结果）的刑事实体法关系。这种最终诉讼结果既承载着国家的实体刑罚权，也承载着犯罪人的刑事责任。主要理由是，在传统诉讼理论中有这样一种说法，"无程序权利支持的实体权益"① 是不可能产生完整的实体权利，因而也会最终导致败诉的不利后果的。因此，实体法上的国家刑罚权正是在包括侦查权和公诉权在内的控诉权力、审判权和辩护权的支撑下才得以最终实现的。也正是在这种终局性的实体法关系框架下，国家刑罚权和刑事责任两者间的"一体两面性"，决定了具体的刑事责任与国家刑罚权在实现过程和结果上所具有的同一性。也就是说，承载着终局性诉讼利益的国家刑罚权，只有在诉讼主体（广义，包括侦查机关、犯罪嫌疑人和被害人）多层次的、系统的诉讼权利（力）义务的支撑下，才能够确保在程序公正和实体真实的情况下得以最终实现。实际上在这其中也必然蕴含着实体公正与程序正当性两方面的要求。

如果从狭义的诉讼立场出发，审判程序中的检察机关、被告人和法院分别基于各自公诉、辩护和审判职能，依法所享有的公诉权、辩护权和审判权等基本诉讼权利义务所共同指向的对象，就是犯罪事实、犯罪人刑事责任和国家刑罚权。值得注意的是，

① 田平安、罗健豪：《民事诉讼法律责任论》，载《现代法学》2002 年第 2 期。

在自诉案件中，原告、被告与法院分别基于其告诉、辩护和审判职能，依法所具有的自诉权、辩护权和审判权等基本诉讼权利义务所共同指向的对象，也是犯罪事实、犯罪人刑事责任和国家刑罚权。主要理由如前所述，不再赘述。在此，由于我国刑事诉讼中的被害人（仅限公诉案件）尽管与诉讼结局有着某种程度的利害关系，但是其在现实的制度层面通常仅具有证人的法律地位、实质上仅承担某种辅助控诉职能，故而在此并未将其作为狭义的当事人予以讨论。

③从广义的当事人范畴出发，犯罪嫌疑人、被告人和被害人之间基于其辩护和辅助控诉职能，其法定的诉讼权利义务所共同指向的对象主要是犯罪事实，在某些情况下也指向实体法关系。值得注意的是，在自诉案件中，自诉人和被告人基于各自控诉和辩护职能，其法定的诉讼权利义务所共同指向的对象，是犯罪事实和实体法律关系（即犯罪人刑事责任和国家刑罚权）。

（2）在程序的刑事诉讼法律关系层面，包括刑事诉讼主体在内的刑事诉讼法律关系主体的程序性诉讼权利和诉讼义务所共同指向的对象是案件事实。在我国诉讼理论中，刑事诉讼法律关系主体基于其各自不同的诉讼地位，依法所具有的程序性诉讼权利义务所共同指向的对象也是不同的。这在某种程度上就形成了客体内容的层次性和多样性。

①在程序关系层面，诉讼主体之间基于其诉讼地位所衍生的程序性诉讼权利义务指向的对象是案件事实，既涉及实体性事实，也涉及程序性事实。然而，对于这个层面的客体多样性，要根据具体情况具体分析。值得注意的是，如果从广义的诉讼立场上来讲，侦查机关、检察机关、犯罪嫌疑人、被告人、被害人和法院根据其法定诉讼地位，依法所享有的诉讼权利义务所共同指向的对象仅限于案件事实，既可能涉及实体性案件事实，也可能涉及程序性案件事实；从狭义的诉讼立场上来讲，检察机关、被告人和法院分别根据其各自的公诉机关、被告人和审判机关地位，依法所具有的程序性

诉讼权利义务所共同指向的对象仅限于程序性案件事实。在自诉案件中，自诉人和被告人基于各自的告诉者和辩护者的诉讼地位，依法所具有的程序性诉讼权利义务所共同指向的对象是程序性案件事实。

②对于诉讼主体与其他诉讼参与人之间的刑事诉讼法律关系客体的范围，笔者主张，所有的诉讼主体与其他诉讼参与人之间的诉讼权利义务所共同指向的对象仅限于案件事实；其中既可能涉及实体性案件事实，也可能涉及程序性案件事实，但是并不局限于程序性案件事实。具体而言：诉讼主体与其他诉讼参与人之间基于其各自的诉讼地位，依法所具有的诉讼权利义务所共同指向的对象则仅限于案件事实。这主要是因为所有其他诉讼参与人与案件结局本身都没有直接的利害关系。但是，辩护人和诉讼代理人参加刑事诉讼的目的不但在于辅助诉讼主体查明案件事实，而且在于协助实现国家刑罚权或者犯罪人刑事责任。同时，维护和保障当事人（包括犯罪嫌疑人、被告人和被害人）的基本诉讼人权，维护诉讼程序的正当性和公正性。除他们之外的其他诉讼参与人，如证人、鉴定人和翻译人员，参加刑事诉讼的目标，则主要在于查明案件事实，保障诉讼程序的公正性和正当性却并不必然在于追求国家刑罚权或者犯罪人刑事责任的实现。因此，笔者认为，所有的诉讼主体与其他诉讼参与人之间的诉讼权利义务所共同指向的对象，仅限于案件事实；其中既可能涉及实体性案件事实，也可能涉及程序性案件事实，但是并不局限于程序性案件事实。

③其他诉讼参与人相互之间分别根据其各自的诉讼地位，参加刑事诉讼的目标都在于查明案件事实。因此，他们依法所具有的诉讼权利义务所共同指向的对象是案件事实。关于这个层面的诉讼关

系客体内容的多样性问题，专门阐述详见页下注释①。

最后，值得注意的是，由于在不同诉讼面，不同层次和范围的诉讼法律主体是不同的，其各自的诉讼职能、诉讼地位及其参加诉讼的目标也不同，故而不同范围主体之诉讼权利义务所共同指向的具体对象也是不同的，要根据具体情况具体分析。

① 在其他诉讼参与人中，辩护人和诉讼代理人尽管与诉讼结局并没有直接利害关系，但是作为诉讼辅助职能（辅助辩护、辅助控诉）的承担者，他们参加刑事诉讼的诉讼目标是查明案件事实、追究犯罪人的刑事责任或者实现国家刑罚权，因此他们根据其法定诉讼地位所享有（负有）的诉讼权利义务所共同指向的对象，则不单是案件事实、还是国家刑罚权或者犯罪人的刑事责任（即“实体法律关系”“刑罚权关系”）；但是，在辩护人、诉讼代理人和证人、鉴定人、翻译人员之间，以及“证人、鉴定人和翻译人员”三者之间的诉讼权利义务对象和共同诉讼目标，则仅限于案件事实。在辩护人和诉讼代理人，以及证人、鉴定人和翻译人员等其他诉讼参与人相互之间，基于其各自的法定诉讼地位，依法所具有的诉讼权利义务所共同指向的对象，仅限于案件事实。这既可能涉及刑事案件中的（部分或者全部）实体性案件事实，也可能涉及其中的（部分或者全部）程序性案件事实。

第五章　刑事诉讼法律关系结构研究

哲学上的“结构”，通常是指事物诸要素之间的组织形态。同时，在辩证唯物哲学看来，关系是不同事物之间的客观存在。如果将这种哲学上的客观存在看作本体的话，那么其自身内在的各构成要素的具体组成形式、联系方式，就是所谓的“关系结构”。现代法理学和法哲学普遍认为，法律关系的实质最终也要归结为“社会关系”。而且，人们在广泛的社会生活中，会不可避免地形成不同层次、类型和性质的法律关系。这些法律关系的总和通常被称为法律秩序，即法律秩序实际上就是特定国家的现行法律体系下所形成的、有机系统的法律关系体系。在不同社会成员之间所产生的不同层次、类型和性质的法律关系总和（即法律秩序），必然呈现出不同的结构形态。而法律秩序所固有的结构，就是国家现行法律体制框架下各部门法律关系构成的有机组织形态。笔者所谓的“法律秩序的结构”，主要是从最宏观的角度而言的作为法律秩序构成要素的诸种法律关系的组织形态。但若从微观意义而言，所谓的“法律关系结构”，就是作为法律秩序基本单元的法律关系本身（内部）的诸构成要素之间的组织形态。需要指出的是，本文所侧重探讨的主要是构成刑事诉讼法律关系的内部诸要素的组织形态。这种组织形态是刑事诉讼在特定时空范围内存在的一种组织范式和存在形式，体现着动态性和稳定性相统一的特性。

在现代刑事诉讼法哲学中，刑事诉讼通常被看作一种追求实现国家刑罚权、解决社会纠纷和保障公民人权等多重价值目标的社会活动，而在这种诉讼机制的运行过程中，往往不可避免地会产生各种法律关系。从“手铐、脚镣、枷锁、牢笼和监狱”这些最原初的“法锁”形态中，智慧的古罗马法哲人们巧妙地抽象出“法锁”观念，通过原始的契约观念为人们设定权利义务，从而约束人们的社会活动、规范人们的社会生活。这就是古罗马法中“法锁”观念的最初来源，也是法律关系理论的原始渊源。即便是今天，如果我们通观古今中外的刑事司法，似乎不难发现，诸如“手铐、脚镣、牢笼和监狱”等这些最原始形态的“法锁”，自古以来始终都与刑事诉讼存在着密切关联。笔者认为，这并不是偶然的，这其中有着其内在的必然性和规律性。最关键的一点，也许正是由于这些“法锁”形象地揭示着“刑事诉讼”这种社会现象的内在本质。同时，“手铐、脚镣、枷锁、牢笼和监狱”这些原始的“法锁”形象，也符合千百年来人们对刑事诉讼的普遍印象。正是基于这种朴素的法哲学观念，不同范围和层次的刑事诉讼法律关系的组织形态，就好像是由许多微观层面的刑事诉讼“法锁”单元链接而成的法律锁链体系。这也就是宏观的法律秩序和社会秩序。

然而，这种说法尽管很鲜活、很形象，但是并不能准确揭示刑事诉讼法律关系的内在结构形态。如果要科学准确地揭示刑事诉讼法律关系的结构形态，就必须将刑事诉讼这种特殊的社会活动置于现代社会学理论的科学视野下。因为只有采用科学的研究方法，在现代政治哲学、法律哲学和社会学理论视角下分析研究刑事诉讼法律关系的内在结构，才能够科学解释“刑事诉讼”这种人类历史上特殊的社会现象。正如法国著名哲学家、人类学家克劳德·列维-斯特劳斯（Claude Levi-Strauss）所认为的那样，“一切社会活动和社会生活中隐藏着一种内在的、支配表面现象的结构，而社会科学和人文科学的任务在于寻找这种内在结构”。[①] 这就意味着，刑事诉讼作为一种人类社会所特有的社会活动，同其他一切社会活动、社会生活一样，也必然内在地蕴含着某种具有支配外在表面现象的结构

① 刘景泉：《结构思想、结构主义与结构辩证法》，载《广东社会科学》2000 年第 2 期。

形态。因而，要在纷繁复杂的社会变迁中把握其发展特性和内在规律，就需要借用传统社会结构分析方法，来揭示其内在的结构形态。

总之，在现代政治哲学、法律哲学和社会学理论视野中，如果将“刑事诉讼法律关系”范畴置于国家政治权力和社会结构的理论框架下，从国家、社会和公民个人三个维度去考察和探究其在我国当代社会结构转型、社会主义法治国家建设和刑事司法体制机制改革过程中所遵循的发展规律和所达成的普遍共识，我们不难得出这样的结论：刑事诉讼法律关系的结构形态在本质上就是公民（社会成员）个体人权、社会公共权力和国家政治权力在配置和平衡过程中所形成的组织形态。它在某种程度上所反映出的是人权结构、社权结构和政权结构的“交集”和“缩影”。

另外，在总体的方法论上，对特定范围内的社会关系（如刑事诉讼法律关系）进行宏观、中观和微观层面的社会结构分析，是马克思主义社会结构理论所发展出的独特研究方法。① 它区别于西方传统“结构主义”经典学说和研究方法。在此，笔者之所以采用这种研究范式，主要是由于只有这样才能够站在马克思主义的哲学立场上，将其“权力结构学说”“社会结构学说”和“人权学说”有机地结合起来，从而有利于准确揭示刑事诉讼法律关系在运行过程中的结构性规律。这种结构性规律，既包括政治哲学上的国家权力配置规律，也包括社会学或者管理学理论上的社会公共权力配置规律，还包括现代人权理论上的人权保障规律。

一、刑事诉讼法律关系的宏观结构

刑事诉讼法律关系的宏观结构就是指其诸构成要素之间的宏观组织形态。在我国现行法律体制下，就是宪法原则所确立的宪法关系诸要素的具体组织形态，这种结构形态主要是一种宏观上的结构

① 参见杜玉华：《论马克思社会结构理论对西方结构主义思想的影响》，载《江海学刊》2012 年第 3 期。

形态。这种结构形态就是构成宪法关系的主体、客体和内容等要素在刑事诉讼中的具体组织形态。因其具有结构宏观性、效力等级最高性和权力（利）义务配置性等特性，正如法律关系最初源自古罗马法中的“法锁”观念那样，这种由宪法所规定的诉讼关系，可以被看作一种“宪法锁”或者“宪法之锁”。

刑事诉讼法律关系的宏观结构形态，根据其功能和作用，可以分为机制性结构形态和体制性结构形态。其中，前者主要是以宪法原则为基础的机制性结构形态。最典型的，如根据《宪法》第135条规定的“分工负责、互相配合、互相制约”原则所形成的国家权力分配、运行和监督机制。这种机制所囊括的各种宪法关系要素的组织形态，主要呈现为“线性结构”“流水线型”或者“线条形”。而后者是指“公安司法机关内部的组织体制，是参与司法活动的各个国家专门机关在机构设置、组织隶属关系和管理权限等方面的体系、制度、方法、形式等的总称”。[①] 根据宪法、法院组织法和检察院组织法等法律，设置各级各类公安司法机关所形成的这种纵横结合的体制性结构形态，即“纵横结合”的体制性结构形态。这种体制性宪法关系主要包括由此所形成的上下级公安司法机关之间的权力（利）义务关系、同级公安司法机关之间的权力（利）义务关系，如二审程序、再审程序或者死刑复核程序等所涉及的检察机关和法院之间的横向法律关系、上下级法院之间的纵向法律关系。前述这些救济程序或者特殊的审判程序，都是与我国刑事审判体制有着密切关联的。因而这种结构形态涉及同级、上下级国家司法机关之间的职能和权力配置、权力运行和权力监督机制。对此，笔者不再进行深入探讨，仅就既与刑事司法体制密切相关，又与刑事诉讼办案机制密切相关的《宪法》第135条规定进行着重研

① 张建伟：《刑事司法体制原理》，中国人民公安大学出版社2002年版，转引自樊崇义、张中：《论刑事司法体制改革与诉讼结构之调整》，载《环球法律评论》2006年第5期。

究。因为这是奠定我国现行刑事司法体制和诉讼体制动态运行的总关键和总枢纽。也正是因为其在我国现行刑事司法体制和诉讼机制中所发挥的这种独特职能和关键作用，笔者才对其予以专门研究。

“分工负责、互相配合、互相制约”的结构形态是宪法规定的各种刑事诉讼机制中最典型的机制之一。该宪法原则既与刑事司法体制的机构设置、职能分配和权限划分密切相关，也与刑事诉讼办案机制的权力配置、权力运行和权力监督机制密切相关。因此，笔者认为，该宪法原则所确立的宪法关系结构形态，既是一种体制性结构形态，也是一种机制性结构形态，即兼具体制性和机制性两重属性。由此可见《宪法》第 135 条规定对我国刑事诉讼制度理论和实践的重要意义。首先，《宪法》第 135 条①的规定，确定的是公安司法机关在刑事诉讼中执行法律的基本原则。同时，为确保宪法原则的贯彻实施，我国《刑事诉讼法》第 7 条也作出了相同规定。其中，“分工负责”，要求公、检、法机关严格依照宪法和法律的规定划分其各自的职责和权限，各尽其职、各负其责，不得超越自己的职责权限；“互相配合”，要求公、检、法机关在明确分工的前提下，互相合作，共同完成宪法和刑事诉讼法所规定的任务；“互相制约”，要求公、检、法机关严格遵照宪法和法律规定的程序办理刑事案件，加强相互监督制约，确保正确执行法律。无论是“分工负责”还是“互相配合”“互相制约”，都可被看作某种法律规定的关系：其中，“分工负责”是针对国家公权力进行的权力分工，由此形成了特定国家权力对法定国家机关的专属性，和对其他国家机关的排他性；“互相配合”，侧重强调承担不同职能的国家机关，根据各自法定职能共同实现刑事诉讼的任务；“互相制约”，侧重强调三者在刑事司法活动中的相互监督制约，从而确保实体公正和程序正当。

---

① 我国《宪法》第 135 条规定：“人民法院、人民检察院和公安机关办理刑事案件，应当分工负责，互相配合，互相制约，以保证准确有效地执行法律。”

在宏观结构意义上，对于这些宪法性诉讼关系在司法实践中的具体体现，笔者进行了专门考察。由于我国刑事诉讼理论通说采用“诉讼阶段说”，将整个刑事诉讼过程划分为立案、侦查、审查起诉、审判和执行等阶段。根据宪法和刑事诉讼法的规定，公、检、法在办理刑事案件时，三者之间的相互分工、配合与监督的关系，贯穿于整个刑事诉讼过程。其在刑事诉讼中的具体表现为：（1）在立案阶段，首先存在立案管辖上的分工，各自受理刑事案件的立案管辖权，其中法院负责自诉案件的受理、检察机关负责贪污贿赂、渎职等犯罪的立案管辖，公安机关负责普通刑事案件和法定的特殊性质犯罪的立案管辖；在立案管辖的相互配合上，公、检、法机关通过报案、控告、举报等发现案件来源，都必须依法受理；对其中不属本机关管辖的案件，应当依法移送给主管机关；在立案活动的相互监督上，检察机关依法对公安机关的立案活动实施法律监督。（2）在侦查阶段，三机关的关系也表现为分工、配合与制约三方面，在权力分工上，公安机关和检察机关都有法定的刑事侦查权和使用强制措施的职权；在配合上，主要表现在逮捕等强制措施的适用和执行上；在监督上，检察机关对侦查机关侦查行为的合法性进行法律监督。（3）在审查起诉阶段，在相互分工关系上，公诉案件的起诉权专属于检察机关；在相互配合关系上，检察机关决定提起公诉的，所依据的证据必须能够满足法律规定的证明要求，即犯罪事实清楚、证据确实充分；在审查活动的相互监督方面，公安机关认为检察机关不起诉决定有错误的，可以依法提出复议请求，如果复议意见不被接受，可以依法向上一级检察机关提请复核。（4）在审判阶段，在相互分工关系上，法院行使刑事审判权，公安机关和检察机关不得行使审判权；在相互配合关系上，法院对公诉案件依法进行审查后，只要起诉书中有明确的指控犯罪事实的，就应当依法开庭审理。检察机关也应当依法派检察官出庭支持公诉。检察机关应当承担公诉案件的证明责任，并对提交法庭的证据材料的合法性承担证明责任。在相互监督关系上，检察机关发现法院审理案件违反法定诉讼程序的，应当依法向其提出纠正意见。即检察机关对庭审活动的合法性实施法律监督；法院对侦查机关和检察机关的证据合法性进行审查监督，确属非法证据的，应当予以排除。检察机关认为法院一审裁判确有错误的，应当向上一级法院提起抗诉；检察机关如果发现法院已生效裁判确有错误，有权按照审判监督程序提出抗诉。[①]

由此可见，在宪法确定的刑事司法机制中对公、检、法机关权力配置做出了原则性规定。同时，刑事诉讼法、有关国家机关组织法又将这一宪法原则具体化，通过对不同国家机关职能、权限的配置，来实现刑事司法机制的有效运行。在我国刑事诉讼构造理论中，通常将其看作“线性”诉讼结构。而这种结构实际上也是刑事诉讼法律关系的重要结构形态之一。这不但将刑事诉讼法律关系的主体、内容和客体等诸要素有机组织起来，使之成为公安司法机关处理刑事案件的“流水线”；而且在这种宪法精神的指导下来实现对公权力的配置。这无论对刑事司法体制和诉讼机制的科学设置、国家公权力的科学配置，还是对刑事诉讼法律关系的体系完善以及刑事法治秩序的形成，都有着不可忽视的作用。值得指出的是，这种侧重强调国家公权力配置的结构形态，在司法体制角度是一种事关司法机关的科学合理行使国家司法权的机构设置、职能分配和权限划分的体制性结构形态，同时也是一种与刑事诉讼办案机制中的权力配置、权力运行和权力监督机制密切关联，并以实现司法权为基本目标的机制性结构形态。

二、刑事诉讼法律关系的中观结构

刑事诉讼法律关系的中观结构，实际上就是诉讼主体在其基本职能活动过程中所形成之基础性诉讼法律关系诸要素的组织形态，或者刑事诉讼基本要素间的组织形态。这种结构形态与刑事诉讼结

① 参见杨旺年：《刑事诉讼法学》，陕西人民出版社 2000 年版，第 113~117 页。

构、构造密切相关，因而又称为“构造性结构”或“职能性结构”。传统大陆法中，所谓的诉讼构造，通常基于狭义诉讼主义，将审判程序作为其本体来讨论，因而将诉讼构造限定在履行控告职能的检察官、履行辩护职能的被告和履行裁判职能的法院范围内。尽管刑事诉讼构造是日本学者提出的范畴，也被我国民国和当代中国台湾地区学者借用，但这并不影响其基本功能和理论定位。然而，在我国传统理论中，刑事诉讼构造通常被称为“刑事诉讼结构”，通常被归结为“刑事诉讼法律关系的基本格局”。譬如，我国学术界的主流观点主张：刑事诉讼结构就是指“刑事诉讼法所确立的进行刑事诉讼的基本方式以及专门机关、诉讼参与人在刑事诉讼中所形成的法律关系的基本格局，它集中体现为控诉、辩护、裁判三方在刑事诉讼中的地位及其相互间的法律关系”。[①] 对此，笔者认为，如果从法律关系内在逻辑体系的角度看，那么这种所谓的“基本方式”和“基本格局”，就是刑事诉讼基本要素的具体组织形态。

从传统诉讼主义出发，就基本的诉讼关系格局而言，这种典型的构造可称为“三角形”结构。其在内容上，如果从法律关系角度解构这种诉讼构造，它主要是由“控审关系”“控辩关系”和“辩审关系”等基本单元组成。其实，早在19世纪标罗创立“诉讼法律关系学说”时，就有学者主张“三面关系说”。这实际上就是对研究对象本体所进行的最直观、最典型的解构。无论其所谓的“三面关系”究竟是指控诉、辩护和审判三造中任意两造相对面的关系，还是由三造中任意两造关系组成的基本构造面，无疑都指出了诉讼机制的最基本组织形态。但是，值得注意的是，在人类诉讼发展史上，这种诉讼制度的形成并不是一蹴而就的，而是经过了漫长的发展历程。对此，笔者拟从诉讼发展史的角度探究近现代诉讼关系结构形态的发展历程和趋势，从而揭示近现代司法体制机制改

① 参见宋英辉：《刑事诉讼法学研究述评（1978—2008）》，转引自陈光中：《刑事诉讼法学》，中国政法大学出版社1990年版，第9页。

革的一般规律，继而揭示我国司法改革的特有规律。

（一）历史视角的诉讼体制改革

纵观人类历史上诉讼制度发展历程，尤其是在 19—20 世纪经历了世界范围的几次重大司法制度改革运动之后，世界各国普遍确立起几项重要的诉讼原则。对此，笔者认为应当从历史情怀与国际视野出发，从近代以来世界司法体制机制改革运动中把握近现代司法改革的一般规律。

1. 司法与行政的分离

在人类司法制度近代化的过程中，立法、行政与司法的相互分离，既是国家政治制度发展史上的重要进步，也是司法制度史上具有历史进步意义的司法改革。欧洲资产阶级革命前，在世俗国家的政治体制中，立法、行政和司法都属于王权的组成部分。在封建专制统治下，国家权力高度集中，对人民的镇压和压迫达到了无以复加的程度。洛克、孟德斯鸠等近代启蒙学者创立近代法治思想和三权分立、权力制衡学说①，被西方国家确立为政权和司法制度的基本准则。西方阶级革命成功后，大多数国家确立了这种新的政治体制。由议会、总统和法院分别行使立法权、行政权和司法权，通过权力制衡实现相互监督和制约。这就从客观上使得在欧洲封建制度下“行政司法不分”的纠问制（或者弹劾制）诉讼制度，逐渐实现司法与行政的分离，确立近代职权主义（或者当事人主义）的诉讼制度。尽管各国国情和诉讼制度不同，但是通过不断的司法改革，都无疑促进了司法相对立法、行政的分离。鉴于司法独立在人类诉讼制度发展史上的重要进步意义，20 世纪 80 年代联合国逐渐开始制定有关国际标准。这表明，这种司法变革已经成为某种历史发展趋势。

---

① 参见［法］孟德斯鸠：《论法的精神》（上册），商务印书馆 1982 年版，第 154~156 页。

2. 控审分离[①]

在人类诉讼制度发展史上，审判和控诉的分离是又一具有标志性进步意义的司法改革措施。就其历史根源而言，1808 年法国大革命胜利之后，拿破仑亲自主持制定《法国治罪法》，确立职权主义诉讼制度，将起诉、预审和审判相互分离，同时根据轻罪、重罪和违警罪分别设立法院体系。法国司法改革对近现代司法制度的确立和完善，都起到了奠基作用，具有开创性的意义。但是，就其渊源而言，最早可追溯至 14 世纪初法国国王菲利普四世创制检察制度。法国大革命后拿破仑主导的司法改革之所以被称为标志性事件，主要是由于这种司法改革适应了当时特定的社会历史条件，并对后世产生深远影响。

因为在“纠问式”诉讼体制中，法官集“侦诉审”诸职能于一身。这种做法将追究犯罪视为国家职责，无可厚非；但是，这在客观上也导致控审高度集中、控审不分。在裁判者面前，被告始终处于被压迫者、被追诉者的客体地位，毫无诉讼人权可言。在资产阶级国家建立之后，迫切需要通过“控审分离”来调整诉讼制度，确保法治原则和人权保障思想得以贯彻实施。就其内容而言，“控审分离”主要包括两方面含义：“职能分离”“程序分离”[②]。目前世界各国在实践中普遍都能遵循这条原则。究其原因，主要目的在于确保法院的消极性、被动性和中立性，防止因司法权力被过度集中而损害被告人的基本人权。因为在现代刑事诉讼过程中，不仅应当确保发现案件事实的实体真实性，而且应当确保诉讼程序的公正性、正当性。

---

① 参见谢佑平、万毅：《刑事控审分离原则的法理探析》，载《西南师范大学学报》（人文社会科学版）2002 年第 3 期。

② 其中，前者是指控诉和审判两种不同的诉讼职能，分别由不同国家机构行使，即实现机构设置和人员组织上的分离。后者是指控诉程序和审理程序的分离，其理论基础就是“不告不理”原则，即法院的审判必须以检察机关的控诉为前提，没有告诉法院不得自行启动审判程序，法院的审判对象只限于起诉的范围；没有告诉，法院不得审判。

3. 控辩平等、法官居中

控辩平等的理念是人类诉讼制度发展史上具有重要进步意义的诉讼理念。资产阶级在革命和建立政权过程中，为反对封建专制司法制度对人民大众的压榨和禁锢，抨击封建国家对个人自由和权利的粗暴干涉，开始宣扬“民主”“法治”等启蒙思想。随着经济社会的发展进步，人们越来越重视人权的保障问题。刑事诉讼作为一种追究和惩治犯罪的国家活动，非常容易出现侵犯基本人权的现象。因此，各国在创立近代刑事诉讼制度过程中，都普遍开始重视对人权和自由的保障。19 世纪，欧洲司法改革废除了“纠问制诉讼”，被告人程序主体性得到尊重，从诉讼客体转变为诉讼主体。“二战”后，国际人权运动高涨，世界各国逐渐开始重视犯罪嫌疑人、被告人的诉讼人权保障问题。这就从客观上要求不断提升他们的诉讼地位。①

伴随着诉讼制度的发展，从弹劾制走向纠问制，又从纠问制走向混合制的过程，始终都伴随着对被追诉者诉讼人权的关注。在纠问制诉讼体制下，法官集中行使追诉和审判权力，缺乏必要的监督制衡，因而无法确保裁判的客观公正。因而在诉讼制度的不断进步中，各国通常在确保侦查、追诉和审判分离的基础上，逐渐强调控诉方和辩护方的地位平等、法官中立。在传统大陆法国家，通过检察官的当事人化、强化被告人权利和加强法官中立性等措施，来防止法官专断、确保审判公正。但是由于职权主义的固有缺陷，对被告人诉讼人权的保障始终存在很大的局限性。然而，英美对抗制诉讼则通过设置彻底的对抗式诉讼程序，强化被告人的诉讼人权，增加控辩双方的平等性，增强法官独立性。②

从总体上而言，控辩平等原则是两大法系通行的诉讼原则，但是其在英美国家的当事人主义诉讼制度中贯彻得比较好，在职权主义诉讼制度中存在着一定欠缺。控辩平等和法官中立是人类司法体制机制

① 参见冀祥德：《关于控辩平等原则演进的思考》，载《河北法学》2008 年第 7 期。
② 参见冀祥德：《关于控辩平等原则演进的思考》，载《河北法学》2008 年第 7 期。

改革过程中的重大进步，尽管经历了漫长的历史过程，在各国的具体表现也有不同，但是其进步意义却是为各国诉讼理论界所普遍认同的。

（二）法律关系视角的诉讼结构

1. 以控审分离为基础的控审构造

早在古罗马时代，朴素的“自然正义”法则就被看作程序公正的判断标准。它主要有两方面要求，一方面是“任何人都不能当自己案件的法官”；另一方面是“应当听取双方当事人的意见”。这就意味着，告诉者和审判者作为诉讼裁判活动的诉讼实体，必须实现两者的分离才能确保诉讼程序的公正。然而，在近现代刑事诉讼中，控审关系通常特指控诉者和审判者之间的关系。如果考察不同历史时期诉讼制度下的控审关系，我们不难发现其发展曾经历过由控审分离到控审不分，再到控审分离的发展过程。在古罗马时期，两者是分离的。而在纠问制时代则控审不分，法官掌管审判权，还负责侦查追诉。这就使得司法权高度集中。在这种“控审合一”的诉讼体制下，在缺少辩护的情况下一次形成对案件的认定，违背了刑事诉讼的内在规律。随着近代启蒙思想的传播和封建专制的崩溃，欧洲资产阶级在革命成功后开始逐渐将审判和控诉职能分离，古老的“自然正义”法则在刑事诉讼中被重新确立。就近现代诉讼机制来讲，控审分离通常体现在职能和程序两方面。这就从客观上使得刑事司法领域的控诉主体与审判主体实现分离。总之，在控审关系结构的历史考察中，构成控审关系的诸要素的组织形态在不同的国家、历史时期和诉讼制度中的具体表现是不同的。因为诉讼体制是随着各种条件的变迁而变迁的，控审关系也是随着诉讼制度的发展而发展的。

我国宪法确立了“分工负责、互相配合、互相制约”的宪法原则。这是我国刑事诉讼中“控审分离”原则的重要依据。与此同时，我国刑事诉讼法又做了相同的规定，并设置了相应的配套措施和具体的办案程序、步骤和方法来保障宪法原则的贯彻实施。理论界通常认为在我国现行的法律语境中，侦查和审查起诉、提起公诉都属于刑事追诉的范畴，那么侦查机关和检察机关在诉讼程序中都履行控诉职能；而法院则负责审判，依法履行审判职能。这表明，公、检、法机关在办理刑事案件过程中形成的这种公法关系具有法律关系的属性。但值得指出的是，这主要是在公法范畴的框架下，对国家权力所做出的权力配置、国家机关职能的分配。因此，在我国现行的刑事司法体制框架下，控审关系作为公安司法机关在刑事诉讼中基于这种法定的职能权限划分所产生的诉讼关系，符合法律关系的通常特征。就其构成要素而言，控审关系的主体，就是在刑事诉讼活动中履行控诉职能的公安机关和检察机关、履行审判职能的法院；控审关系的内容，就是公安机关实施侦查活动所依据的侦查权、检察机关履行控诉职能所依据的审查起诉权和提起公诉权，以及法院实施审判活动所依据的审判权；在控审关系的客体上，主要涉及公、检、法三机关之间的职能权限所共同指向的对象和目标，就是所谓的“刑事诉讼法的任务”。

我国不同历史时期制定或者修改的刑事诉讼法中对于控辩关系的定位和制度设计都存在着很大差异。具体而言：

（1）1979 年刑事诉讼法（以下简称 79 刑诉法）确定的控审关系。我国 1979 年刑事诉讼法在立法层面贯彻实践着控审分离原则[①]，但是贯彻得并不彻底，且缺乏必要的保障措施。控审分离原

---

① 在 79 刑诉法中体现控审分离原则精神的措施，主要有：（1）凡是提起公诉或者免予起诉的案件，一律由检察机关审查决定，未经检察机关依法提起公诉，法院不得自行启动审判程序。法院在审理自诉案件过程中，如果发现应按公诉程序处理的，应当将案件依法移送检察机关处理。（2）对侦查终结移送起诉的案件，检察机关依法审查后决定起诉的，应当根据案件性质、罪行轻重，按照级别管辖的规定，向相应级别的法院提起公诉。（3）法院审判的范围应当严格限制在检察机关提起公诉的范围内；对检察机关未起诉的部分犯罪事实或者犯罪嫌疑人，根据“不告不理”原则，法院不得进行审判。但如果发现起诉遗漏犯罪嫌疑人或者犯罪事实的，可以向同级检察机关提出建议。（4）检察机关发现提起公诉的案件主要事实不清、证据不足或者依法不应追究刑事责任的，应当撤回起诉。法院对主要犯罪事实不清、证据不足的公诉案件，根据法律规定，可以裁量决定退回检察机关补充侦查；法院如果发现被告人不构成犯罪或者依法不应追究刑事责任的，可以要求检察机关撤回起诉，如果检察机关坚持起诉，人民法院应依据事实和法律作出判决。参见宋英辉：《论刑事程序中的控审分离》，载《检察理论研究》1992 年第 3 期（总第 5 期）。

则的最基本要求就是公诉权和审判权的分离。公安司法机关在刑事诉讼中进行职责权限分工的目的，是构建一种对国家公权力的监督制约机制，通过设置科学理性的刑事诉讼程序来确保准确、及时地追究和惩治犯罪，准确、有效地执行法律。公诉权和审判权的分工制约反映了马克思主义认识论规律，有效防止了权力滥用和冤假错案的发生。

然而，由于某些主客观因素的影响制约，1979 年刑事诉讼法中还存在某些违反控审分离原则的表现。例如，按照我国宪法和法律的规定，检察机关是国家公诉机关，因而在刑事诉讼中不得行使审判权，只有向法院依法提起公诉和对审判活动进行法律监督的权力。但是，79 刑诉法所规定的免予起诉制度，违反了控审分离的立法精神，使得作为公诉机关的检察机关实际上行使了部分实体定罪权。因为免予起诉制度的实质内涵，实际上就是负责提起公诉的检察机关在确定犯罪嫌疑人有罪的基础上免除其刑罚的一种案件处理方式。其能够产生双重法律效果，其一就是终结诉讼程序，结束诉讼活动，其二就是对案件进行实体评判。简言之，即在对案件进行实体评判的基础上，结束诉讼活动、终结诉讼程序。这是后来理论界和实务界普遍主张废除免予起诉制度的主要原因。①

（2）1996 年刑事诉讼法（以下简称 96 刑诉法）确定的控审关系②。由于受政治、经济和传统诉讼文化的影响，我国 1979 年刑事诉讼法在立法上仍存在重实体、轻程序；重打击、轻保护的倾向。这从客观上导致我国首部刑诉法典对控审分离原则贯彻得不彻底。为纠正这种违背诉讼规律的不正常现象，1996 年刑诉法修改时对违背控审分离原则的制度、程序和机制进行了修正，具体措施有：

---

① 参见洪道德：《控诉与审判分立应贯穿整个刑事诉讼程序》，载《政法论坛（中国政法大学学报）》1992 年第 1 期。

② 参见陈卫东、李奋飞：《论刑事诉讼中的控审不分问题》，载《中国法学》2004 年第 2 期。

①通过废除免予起诉制度，来限制检察机关越权行使定罪权、统一法院定罪权。如前所述，免予起诉制度的实质，就是检察机关对依照刑法规定不需要判处刑罚或者免除刑罚的犯罪分子定罪但不予起诉的一种案件处理方式。这种制度的合理性根据主要是惩办与宽大相结合的刑事政策，同时也是诉讼效率的客观需要。检察机关对案件本身和被告人所实施的“定罪免刑”处分，违反审判权由法院统一行使原则。因此，取消免予起诉制度有利于限制公诉权的范围，维护法院的审判权，加强控审分离原则。

②吸收当事人主义的对抗制因素，改革庭审方式。在79刑诉法确立的庭审方式中，法官在法庭调查活动中占据着主导和控制地位，主要表现为：法庭调查的证据范围、调查顺序，以及整个法庭调查提纲的确定和法庭调查活动的实施，都由法官主导。这种法官主导性的庭审调查方式带有浓厚的控诉色彩，存在控审不分之嫌。1996年刑诉法修改时，引入了对抗色彩浓厚的证据调查方式，即取消法官包办的证据调查方式，实行以控辩双方举证为主的庭审方式。

③96刑诉法第158条通过限制庭外调查权的法定事由，来限制法院行使追诉权。这在某种程度上限制了过去法院启动庭外调查取证程序的随意性。因而是有利于促进控审分离的措施。①

与此同时，尽管96刑诉法通过各种司法改革措施，巩固和加强了控审分离原则在刑事诉讼中的贯彻力度，但是其中仍存在一些控审不分、职能趋同甚至混淆的地方。它的主要表现为：第一，审前程序中强制措施的决定权，尤其是逮捕决定权，在性质上属裁判权范畴。这导致由检察机关行使逮捕决定权，与其诉讼职能存在内

① 1996年《刑事诉讼法》第158条规定，“法庭审理过程中，合议庭对证据有疑问的，可以宣布休庭，对证据进行调查核实。”同时相关司法解释对法院庭外调查权的行使程序、步骤和方法进行细化。根据96刑诉法和相关司法解释规定，在对证据进行调查核实时，审判人员有权在法庭外进行勘验、检查、查询、冻结等诉讼措施，也可以向有关机关和个人收集、调取证据材料。

在矛盾和冲突，因而应当由法院行使较为适宜。第二，有学者认为，96 刑诉法中确立了“主要证据的复印件主义”。这就在客观上导致司法实践中检察机关常常只向法院移送对被告人不利的证据，而避免移交对被告人有利的证据。在客观上不利于法院全面了解案情，因而这种起诉方式不利于控审分离原则的贯彻。

除此之外，也有学者认为，二审法院“全面审查”原则、“发回重审”制度都是违反控审分离原则的表现①。笔者认为这种观点有将控审分离原则“绝对化”的倾向。因为将上级法院的审判监督看作控审不分的表现，实际上是将审判监督硬套到控审分离原则中，并将控审分离原则异化的结果。而且这种观点是与《宪法》第 135 条规定的原则精神相背离的。而将“控审分离绝对化”的不利后果，就是变相否定相互配合和监督制约，变相否定具有最高法律效力的宪法原则，因而是不妥当的。

（3）2012 年刑事诉讼法（以下简称新刑诉法）确定的控审关系。鉴于实践中长期存在的某些有违诉讼规律和控审分离精神的做法，新刑诉法着重采取了某些措施来去除前述弊端。以此次修法为契机，立法者力图通过采取一些有利于贯彻控审分离原则的司法改革措施，来构建新型的控审关系，设置合理的控审构造，最终改革和完善现行诉讼体制中存在的弊端和不足。

首先，以修改刑诉法为契机的司法改革有利于贯彻控审分离原则。具体而言：

①在立法上明确规定控诉方负举证责任。新《刑事诉讼法》第 49 条规定，公诉案件中被告人有罪的举证责任由人民检察院承担，自诉案件中被告人有罪的举证责任由自诉人承担。由于 1996 年刑诉法所确立的是“检察机关承担证明责任为主、法院依其职权承担部分补充证明责任”的诉讼证明机制，而根据“不告不理”

① 参见陈卫东、李奋飞：《论刑事诉讼中的控审不分问题》，载《中国法学》2004 年第 2 期。

原则和“谁主张、谁举证”原则，无论检察机关指控被告人犯有何种犯罪事实、触犯何种罪名以及罪行轻重，都应承担相应的举证责任，因此，如果法院对检察机关的指控承担补充证明责任，实际上是在履行某种控诉职能，因而有违背控审分离原则的嫌疑。基于此，笔者认为，新刑诉法所确立的举证责任分配机制，免除法院的补充证明责任，有利于加强法院中立性和消极性，有利于控审分离原则的贯彻执行。

②取消“主要证据的复印件移送主义”，恢复79刑诉法规定的“全案卷宗移送主义”。根据新《刑事诉讼法》第172条规定，只要检察机关在审查起诉后确认案件已经具备起诉条件的，就应当依法作出起诉决定。同时，检察机关依法向法院提起公诉时，应当将“案卷材料、证据”移送法院。因此，检察机关提起公诉时，应当根据其客观公正义务，向法院移送全部的“案卷材料、证据”，其中不但包括证明被告人有罪、罪重的案卷材料和证据，还包括证明被告人无罪、罪轻的案卷材料和证据。这表明，新刑事诉讼法规定的起诉方式，既未采用“起诉状一本主义”、也未采用“复印件移送主义”，而是采用79刑诉法所确立的“全案卷宗移送主义”。这种“全案卷宗移送主义”有利于防止法官主观预断、也有利于控审分离原则的贯彻实施。

其次，现行司法体制中存在有违控审分离原则的结构性矛盾。在我国现行刑事司法体制下，检察机关不但是国家公诉机关，肩负刑事控诉职能，而且作为宪法和法律规定的法律监督机关，还肩负着对整个刑事诉讼过程实施法律监督的职能。这就会对审前阶段的控审关系产生必然的影响，使得控审分离的控审构造产生内在的结构性冲突。由于近现代通行的刑事司法体制大都是以控审分离为基础的，其对诉讼构造的形成也具有决定性意义。在这种诉讼体制下，法院是专门负责审判的司法机关；除少数自诉案件外，检察机关负责大多数刑事案件的提起公诉。根据“不告不理”原则，未经检察机关提出控诉，法院不得自行启动审判程序。在这种控审分离的诉讼体制下，检察机关还要对刑事诉讼实施法律监督，如前所述，这就必然会导致控审分离的诉讼体制的变异。对于控审关系中检察机关的职能冲突，有学者建议在保留现有检察体制的前提下，在检察体制内实现公诉权和法律监督权的分离。具体的司法改革措施就是在具体的个案中，由出庭支持公诉的检察官（即公诉人）专门负责公诉；同时在检察机关内部设置专职部门，专门负责法庭审判活动的法律监督。根据我国96《刑事诉讼法》第169条和现行《刑事诉讼法》第203条的规定，检察机关发现法院审判活动违反法定程序，有权向法院提出纠正意见。这就意味着，自96刑诉法颁布以来，我国立法对检察机关实施庭审监督实行“事后监督”的方式。在司法实践中的具体操作规则，“可根据案件的具体情况，有选择地旁听庭审，或者随机调卷审查”。[①] 最后，笔者希望通过这些司法改革措施或者实务操作规则，来理顺检察机关内部的职能冲突，矫正“控审不分”的诉讼体制，协调（调和）现行司法体制内部的结构性矛盾。

2. 以检警关系为核心的侦控构造

理论界和实务界的普遍观点认为，检警关系是一种特殊的刑事诉讼法律关系。如果从司法实践层面来讲，检警关系是刑事司法体制的重要组成部分。因为检警关系模式直接决定着国家司法体制中的“侦控构造”，并对整个刑事司法体制产生着重要影响。就检警职能而言，检察机关通常履行控诉职能，公安机关通常履行侦查职能，两者都属于广义控诉职能的范畴。

（1）检警关系。在近现代法治国家，检警关系通常是指检察官与警察在实施司法活动过程中，各自分别履行侦查职能和公诉职能时所形成的权利义务关系。1829年英国通过《大都市警察法》，

① 樊崇义、张中：《论刑事司法体制改革与诉讼结构之调整》，载《环球法律评论》2006年第5期。

并以此建立伦敦大都市警察局，也由此诞生了近现代意义上的警察制度。[①] 而近代检察制度起源于中世纪的英国和法国，后来被分别传播到其他国家。其中，大陆法系检察制度的创立是为了废除纠问制诉讼制度，确立诉讼体制上的控审分权原则；而英美法系检察制度则是以个人权利保护优先、以公民权利制约司法权力为发展线索和基本价值导向的。[②] 但是，两者通常都强调检察官和警察在司法活动中各自角色的发挥。由此就产生了检察官和警察的关系问题，检警关系理论也就应运而生。

由于我国法制基本属于外源性立法，法律移植色彩浓厚。自检察制度和警察制度建立起，检察关系研究就已经开始。但是将其作为专门化、理论化问题的研究，只是在近年来才开始。在我国诉讼理论中，所谓的检警关系通常是指检察机关与公安机关在履行刑事诉讼职能过程中，为查清犯罪事实、追究犯罪嫌疑人刑事责任而发生的特殊法律关系。就其内容而言，主要是国家权力和职责，以及诉讼程序面的权利义务关系。

因此，笔者认为，中国语境中的检警关系与国外检警关系是有着客观的差别的。造成这种差别的原因是多样的、也是复杂的。既有我国司法体制、诉讼体制、检察权的性质和诉讼制度等因素的制约影响，也受我国法律传统、传统诉讼文化、政治体制和经济社会发展条件等深层次因素的制约。笔者在此不再赘述，在行文过程中涉及相关问题时会着重予以阐述。

（2）检警关系模式。检警关系模式，就是检察机关和警察机关在刑事司法活动中形成的法律关系模式。其实质就是国家追诉职能内部的公权力配置模式。目前就各国的实践状况而言，主要有检

① 参见王大伟：《英美警察科学》，中国人民公安大学出版社1995年版，第46页。

② 参见张智辉：《检察制度的起源与发展》，载《检察日报》第3581期第8版。

警一体、检警分离和混合制等模式。①

首先，检警一体模式的主要特征是检察指挥警察、主导侦查，警察配合检察、辅助侦查。② 在法国、德国和我国台湾地区，通常采用这种模式。

其次，检警分离模式的主要特征是警察独立侦查、检察专门审

① 典型的检警关系模式主要有：（1）检警一体模式，就是“检察机关对警察机关拥有指挥权、命令权，警察机关发现犯罪后有对检察官报告的义务，对检察机关的意见有予以执行的义务。在这种模式中，检察机关一般是法定的侦查机关，享有完全的侦查权与侦查指挥权，警察为侦查的辅助机关”。参见种松志：《检警关系论》，中国政法大学2006年博士学位论文，第13页。如《法国刑事诉讼法典》规定，“司法警察职权，由本编所指定的官员、公务人员和行政职务人员在共和国检察官的领导下进行。”“司法警察在知悉发生重罪、轻罪和违警罪后，有义务立即报告共和国检察官。在行动结束后，应将符合于他所进行的取证笔录的正本以及有关的文件送交共和国检察官；扣押物品仍由本人保管。”“对检察长所作的指示，有侦查责任的司法警官在作出任何决定前都应予考虑。”检察官“有权指挥所在法院辖区内的司法警官或司法警察的一切活动”。参见余叔通、谢朝华：《法国刑事诉讼法典》，中国政法大学出版社1998年版，第13、16、22页。（2）检警分离模式，就是“检察机关与警察机关相互独立，分别行使各自职权。在这种模式下，警察与检察官各有相对独立的地位和侦查权，或者仅有警察享有侦查权，而检察机关仅仅负责起诉案件，无论如何二者均没有领导与被领导，或者服从与被服从的关系”。参见种松志：《检警关系论》，中国政法大学2006年博士学位论文，第13~15页。如在英国，警察负责刑事案件的侦查，检察机关负责起诉，检察机关接到警察机关移送的案件后进行审查，如果认为证明案件事实的证据不充分，检察机关可以要求警察机关补充侦查。如果警察机关不同意补充侦查，检察机关用于制裁警察的唯一有效手段就是对案件结束诉讼。参见程味秋：《外国刑事诉讼法概论》，中国政法大学出版社1994年版，第26页。（3）混合制，就是兼采前两者的优势，以检警协作、职权分离为特征。在这种检警关系模式下，检察官对司法警察一般都具有一定的侦查指挥权；如果司法警察没有正当理由而拒不服从检察官的指示，就可能会受到来自检察官的惩戒或者罢免的追诉。同时，在侦查程序的内部分工上，司法警察通常负责刑事案件的初步侦查，检察官则负责后续的补充性侦查。这是日本模式中检警协作关系的具体表现。但是，检察官作为提出公诉的当事人，在对司法警察进行侦查指挥和指示的过程中，通常会从起诉和胜诉的角度进行。这就使得检察官的职能和地位，又相对超脱于其侦查角色。这又可被看作是具有检警分离模式的表现。参见宋英辉、吴宏耀：《刑事审判前程序研究》，中国政法大学出版社2002年版，第59页。

② 参见种松志：《检警关系论》，中国政法大学2006年博士学位论文，第13~15页。

查，职权有分工、职能要分离。英美法国家主要采用这种模式。这主要是由于法律传统、诉讼文化和诉讼体制等因素的影响。①

再次，混合制模式，就是既采用具有检警一体特征的检警协作、又采用具有检警分离特征的职权分立的一种检警关系模式。这种模式主要为日本所采用。②

最后，有学者认为，我国采用所谓的警主检辅③的检警关系模式，其中公安机关负责对普通刑事案件实施侦查，检察机关负责所有刑事案件的审查起诉和特定情形下的补充侦查职责。④同时，在司法实践中，只有少数的贪污贿赂和渎职等职务犯罪的侦查，由检察机关负责。这表明，在我国现行的侦查体制下，检察机关尽管具有部分侦查权，但是其对侦查机关没有侦查指挥权和指示权。与此同时，检察机关根据其法律监督职能，还要对刑事诉讼实施法律监督。因此，在我国刑事诉讼中，检察机关和公安机关既要进行检警分离、又要进行检警协作，还要进行检警监督，故而我国刑事诉讼中的检警构造，采用的是一种特殊的检警关系模式。它既区别于合一制和分离制，也区别于混合制。究其原因，笔者认为，这种检警关系模式，主要是由我国《宪法》第 135 条规定的原则精神以及整个司法体制和检察权的性质等因素所共同决定的。最后，笔者认为我国检警关系在总体上采用的是兼具分离、协作与监督特点的检警关系模式，即属于分离、协作和监督“三位一体”的检警关系构造。

（3）我国检警关系模式的反思。在此值得注意的是，在控审

---

① 程味秋：《外国刑事诉讼法概论》，中国政法大学出版社 1994 年版，第 26 页。

② 参见宋英辉、吴宏耀：《刑事审判前程序研究》，中国政法大学出版社 2002 年版，第 59 页。

③ 参见种松志：《检警关系论》，中国政法大学 2006 年博士学位论文，第 151～155 页。

④ 参见种松志：《检警关系论》，中国政法大学 2006 年博士学位论文，第 151～155 页。

分离构造中，检察机关和警察机关通常都负有特定的侦查或者公诉职能，这就会导致控审构造失衡，控诉职能明显优于审判职能。这就意味着，在审前阶段的控诉构造内部必须加强制约机制。然而，由于检察机关和警察机关是相互分工的，这就有必要适当加强彼此互相监督、制约的检警关系建设，以此来抵消控审构造失衡所造成的消极影响。因此，笔者主张，应当适当加强检警关系建设，尤其是加强检察机关对侦查活动的办案监督职能。从而形成有利于控审分离原则的机制。这就意味着，在我国现行诉讼构造下，将检警关系作为核心，构建利于控审分离和控审平衡的侦控构造。

3. 以控辩平等为核心的控辩构造（控辩关系模式）

在诉讼法哲学的视野下，控辩平等原则①是现代控辩关系的基本准则。就其得以确立的深层次根源而言，如前所述，在纠问制诉讼体制下，法官集中行使追诉和审判权力，缺乏必要的监督制衡，因而无法确保裁判的客观公正。在近代资产阶级国家建立后，各国纷纷废除纠问制诉讼制度，大多采用职权主义，或者当事人主义诉讼制度。但无论采用何种诉讼构造，都普遍遵循控辩平等原则，并将控辩平等作为诉讼结构的构造基础之一。传统大陆法国家主要通过促进检察官的当事人化、强化被告人辩护权和加强法官中立性等措施，来实现控辩平等、防止法官专断，保障诉讼公正。而英、美、法国家则通常采用对抗制诉讼制度，在诉讼程序设置上赋予双方当事人平等武装、强调当事人权利平等、手段对等。② 总体上，

---

① 通常而言，控辩平等是指承担控诉职能的控诉方和承担辩护职能的辩护方，在刑事诉讼中具有平等的法律地位，法律应当为其授予相应的诉讼权利、设定相应的诉讼义务，以保障诉讼双方地位平等、机会平等和手段对等的一项诉讼原则。控辩平等原则强调的是承担对抗性职能的控辩双方势均力敌、同等对抗的诉讼状态，旨在揭示控辩双方在刑事诉讼过程中的法律地位和相互关系。到目前为止，控辩平等原则已经发展为世界各国普遍遵循的通行准则。同时，在审前程序构造中，控辩失衡现象严重，控辩关系天然的不平等、不对等，控方绝对优势是辩方所无法抗衡的。

② 参见冀祥德：《关于控辩平等原则演进的思考》，载《河北法学》2008 年第 7 期。

控辩平等原则是两大法系通行的诉讼原则，但是其在英美国家的当事人主义诉讼制度中贯彻得比较好，在职权主义诉讼制度中存在一定欠缺。控辩平等和法官中立是人类司法体制机制改革过程中的重大进步，尽管这一进步经历了漫长的历史过程，在各国的具体表现也有所不同，但是其进步意义却是各国诉讼理论界普遍认同的。

（1）控辩平等原则的基本内涵。

在现代刑事诉讼中，控辩平等包括平等武装、平等保护和平等对抗等方面的要求[①]。总体上而言，现代刑事诉讼中的控辩平等原则的理论重心是对控辩双方权利（力）义务关系进行有效配置和科学重构。近年来，在我国刑事诉讼领域所进行的司法改革，无论是通过修改刑事诉讼法等法律而由立法主导，还是通过制定司法解释而由司法主导，始终都将改革辩护制度、重构控辩关系模式作为主要内容，以期通过改革刑事诉讼中的控辩权利（力）义务关系模式，来优化控辩构造和诉讼体制。就控辩平等原则的基本内涵而言，主要有：

其一，平等武装是控辩构造内部权利（力）配置的实质要求。[②] 平等武装（Equality of Arms）最初是欧洲人权委员会为促进被告人人权保障的发展而首先使用的概念。[③] 目前，平等武装已发展为刑事法律领域的专门术语，“被广泛用来描述控辩双方之间对等的程序权利义务关系”。它首先要求在立法上赋予控辩双方平等的诉讼权利和攻防手段，来保障其获得平等的诉讼地位。其关键在

---

① 其中，平等武装和平等保护是从控辩构造内部权利（力）配置的角度而言的，它要求立法上赋予控辩双方平等的诉讼权利和攻防手段，同时法院在司法过程中也要为控辩双方创造平等的诉讼机会；平等对抗则是从控辩构造外部权利（力）目标的角度来讲的，它要求控辩双方通过理性方式来实施良性对抗，将有效解决社会矛盾、纠纷作为重要目标。

② 冀祥德：《控辩平等之现代内涵解读》，载《政法论坛》2007 年 11 月第 6 期。

③ 1972 年举行的第 12 届国际刑法学大会，曾就现代刑事诉讼中控辩双方“平等武装”问题进行过专门讨论，以期解决控辩双方诉讼地位的平衡问题。参见冀祥德：《控辩平等之现代内涵解读》，载《政法论坛》2007 年 11 月第 6 期。

于保障犯罪嫌疑人、被告人的辩护权等诉讼人权；同时，它还要求赋予犯罪嫌疑人、被告人获得无罪推定的特权和反对自证其罪的特权。因此，平等武装是现代刑事诉讼中对控辩构造内部权利（力）配置的实质要求。

其二，平等保护是控辩构造内部权利（力）配置的形式要求。司法过程中对控辩双方进行平等保护源自古罗马诉讼中的“自然正义”理念。它要求“任何人不得作为自己案件的法官（memo judex in parte suah）”和“应当听取双方当事人的意见（audi dhern baml）”。现代刑事诉讼中，要求法官在司法过程中，给予控辩双方同等的参与诉讼以及提出证据、事实和主张的机会，并对控辩双方给予同等的关注和考量，确保裁判是建立在充分考虑双方意见的基础上作出的。这无论对有效配置控辩双方的权利（力）义务关系，还是对构建科学合理的控辩构造和诉讼体制，都有着重要的理论和实践意义。因此，笔者认为平等保护是控辩构造内部权利（力）配置的形式要求。

其三，平等对抗是控辩平等原则的外在价值目标。现代刑事诉讼无论采用对抗制、职权制还是混合制，都普遍遵循控辩平等原则。在这种诉讼架构下，由消极、中立的法官主持裁判程序，通过双方良性对抗来查明案件事实、解决纠纷。然而，在纠问制诉讼中，控审不分，法官身兼控诉者和审判者两种角色，被追诉者只是诉讼程序的客体和对象，控辩两造地位天然地不平等。古人云，“兼听则明，偏信则暗”。如果控诉方为查明案件事实、调查收集证据，而利用强大的国家强制力对被追诉者实施强制处分，那么处于弱势地位的被追诉者是无法与之抗衡的，而案件事实也是无法确保客观真实的。随着司法改革的不断推进，现代诉讼中强调控审职能的分离，裁判者居于消极、中立的地位，从而确保程序的公正性。同时，在控辩平等的基础上，通过赋予被追诉者充分的辩护权和其他诉讼特权，来构造控诉与辩护相对抗的诉讼程序，以确保案件事实最大限度地接近客观真实。在追诉机关拥有强制处分权的情况下，被追诉者只有具备充分的防御权，才能够确保裁判者客观、公正地查明案件真实情况。因此，在控辩平等原则的基础上，构建追诉者与被追诉者平等对抗的权利（力）义务机制，就成为现代刑事诉讼中控辩构造的外在价值目标之一。

最后，值得指出的是，该原则对于构建以控辩关系为核心的控辩构造具有重要的基础性作用。因为世界各国在不同历史时期，对刑事诉讼中控辩双方的诉讼地位、职能和权限的配置千差万别。因此在现代刑事诉讼中，通过对控辩双方的地位、职能和权利义务进行调整，来完善控辩构造、构建科学合理的控辩关系模式，是完善司法体制和诉讼构造、推进司法改革的普遍做法和必由之路。[①]

（2）我国刑事司法实践中的控辩平等原则。

控辩关系作为一种特殊的刑事诉讼法律关系，从来都不是一成不变的，而是历史的、动态发展的。随着各国政治、经济和社会条件的发展，不同国家在不同时期的控辩关系状况是不同的，是随着国家的政治体制、司法体制和诉讼制度以及人权保护状况等因素的发展而发展的。从总体上而言，这种关系反映的是在诉讼制度层面国家公权力与公民权利的配置状况。刑事诉讼制度作为一种传统公法制度，控辩平衡的实质，就意味着刑事追诉权与辩护权的平衡以及控辩职能和权能的平衡。自 1979 年我国颁布实施首部刑事诉讼法典以来，我国刑事诉讼中控辩关系的现实情况也经历了一个不断调整的过程。基于此，笔者拟就我国实践中控辩关系的发展状况进行总结分析，以期发现其中的规律，为司法体制机制改革提出有益

① 笔者认为，在纠问制诉讼时代，法官集中履行控诉和审判职能，在刑事诉讼中既是追诉者、也是审判者，在这样的诉讼体制下，被追诉者处于诉讼客体地位，而法官则是诉讼中的唯一主体。因此在这种诉讼体制下的控辩关系模式，具有浓厚的“主客二元”属性。随着近代司法改革的推进，被告人作为被追诉者，其诉讼主体地位逐渐得到重视，并被赋予一系列诉讼特权作为制度保障。无论是职权主义还是当事人主义，都注重保障被告人在诉讼中的基本人权，将其作为诉讼主体。因而在现代刑事诉讼体制下，无论职权制还是对抗制，控辩关系模式通常都呈现出“二元主体”的特征。

的参考。

首先，在首部刑事诉讼法中，强职权主义诉讼中的控辩失衡问题严重。由于受当时社会历史条件等主客观因素的影响，过度强调立法的政治功能，因而在立法内容上注重公、检、法机关惩治和打击犯罪，而忽视对当事人的诉讼权利保障。同时由于受苏联“法律工具主义”意识形态的影响，我国刑事诉讼法作为国家上层建筑，被看作是镇压犯罪嫌疑人的“刀把子法”。实践中过分强调职能活动，而忽视当事人尤其是犯罪嫌疑人、被告人的诉讼权利保障。在这种制度环境下，刑事诉讼被看作国家的行政治罪活动，在诉讼功能上单纯强调其“惩罚犯罪、打击敌人”功能，同时在官方主流政治哲学上将其看作“无产阶级专政的工具”。另外，尽管立法上确立了“法律面前人人平等”原则，但是由于缺乏保障措施，导致司法实践中弥漫着浓厚的“等级”“特权”诉讼观念，如“以官压民”“说不服就压，压不服就打，打不服就判”。[①] 这些诉讼不平等现象的大量存在，使得控辩平等原则无论在制度实践层面还是在理论研究层面，都存在着很大的局限性。

其次，1996 年刑诉法初步确立了控辩平等原则，但是存在很大局限性。鉴于传统审判方式的弊端，首次修法时通过庭审方式改革加强法院的中立性、同时通过对控辩双方的诉讼权利（力）义务配置，来“抑制控诉职能、加强辩护职能”[②]，实现法庭审判过

① 樊崇义:《刑事诉讼法学研究综述与评价》，中国政法大学出版社 1991 年版，第 698~699 页。

② 张建飞:《我国刑事庭审方式评析》，载《浙江学刊》1999 年第 4 期。

程中控辩双方的平等对抗[①]。总体上，尽管 1996 年刑诉法没有明确规定控辩平等原则，但是在法典总则和分则中都吸收了诸多有利于控辩平等原则实现的合理因素，使得控辩平等原则在我国刑事诉讼制度中初具雏形。然而，司法实践中还存在某些不利因素，诸如控审双方配合有余、制约不足；公诉检察官兼顾庭审监督；律师辩护权保障不足等[②]。

综上，1996 年我国刑事诉讼法修改中的审判方式改革，标志着已经向着控辩平等的目标迈出重要一步。但是，彻底贯彻控辩平等理念的诉讼体制并没有建立起来，侦查程序和审查起诉程序中浓厚的职权主义色彩造成了审前阶段畸形、失衡的控辩构造，及其与审判中心主义理念指导下侧重构建控辩平等的审判模式之间的矛盾，无不深刻反映着中国传统的诉讼文化观和法律文化观。[③] 总

① 首先，增强法官中立的措施主要有：在起诉方式上，部分确立“起诉状一本主义”，同时“强化了控辩双方提供证据、交叉询问和互相辩论的对抗机制，改变了以往以法官为主审讯被告、调查核实证据的纠问式或超职权主义庭审方式，促使法官居于中立地位，听证审证，使法官在双方的抗辩中兼听则明，查明事实真相”。参见张建飞：《我国刑事庭审方式评析》，载《浙江学刊》1999 年第 4 期。其次，在控辩关系的构造上，主要采取两方面措施：一方面，通过“明确控方在庭审中的举证责任”，抑制控诉职能；另一方面加强辩护职能，明确并扩大庭审中的辩护权。如将律师介入时间提前到侦查阶段，明确其在审查起诉阶段的辩护人身份；增加辩护律师在审查起诉阶和审判阶段的阅卷权、通信权、会见权。参见张建飞：《我国刑事庭审方式评析》，载《浙江学刊》1999 年第 4 期。

② 1996 年刑事诉讼法在实施过程中造成控辩失衡的地方主要有：（1）控辩双方配合有余、制约不足。实践中大量出现诸如采纳证据、意见和表达机会上的不平等等控辩失衡现象。参见李玉华：《论控辩平等对抗》，载《政法论坛》2004 年第 2 期。（2）检察官“既控诉又监督”的双重职能，使控辩双方不可能平等。参见宋英辉：《刑事诉讼法学研究述评（1978—2008）》，北京师范大学出版社 2009 年版，第 107 页。（3）犯罪嫌疑人、被告人的辩护权不足以对抗控诉方，包括被告人的律师帮助权不能得到充分保障；律师辩护权有待加强，如实践中存在“三难”问题，即调查取证难、阅卷难、会见难。其他造成控辩失衡的制度弊端还包括无罪推定原则规定不彻底、强制措施缺乏有效监督、违反法定程序的程序性制裁措施缺位等。参见冀祥德：《关于控辩平等原则演进的思考》，载《河北法学》2008 年第 7 期。

③ 冀祥德：《关于控辩平等原则演进的思考》，载《河北法学》2008 年第 7 期。

之，尽管立法者通过审判方式改革，吸收当事人主义因素，形成控辩对抗式的审判方式，以矫正控方过强、辩方过弱的控辩结构态势，但是在立法、观念和实践上，控辩平等对抗理念的贯彻并不彻底。

再次，2007年律师法修改中采取了加强律师辩护权利的措施。2007年律师法通过对辩护律师的辩护权利配置，调整控辩关系、增强整个诉讼过程中的控辩平等理念。为解决律师在辩护过程中的“三难”问题，2007年律师法修改时加强了辩护律师一系列辩护权利，增强辩护律师的辩护职能，调整控辩关系，彰显控辩平等理念，保障和维护犯罪嫌疑人、被告人的合法权益。例如，通过设置具体保障措施，加强律师的阅卷权、调查取证权和会见权①。这些措施必然使得辩方在事实、法律和证据等方面，都进行更加充分的准备。同时，这也必然会在某种程度上抑制控方的控诉职能，庭审中就会出现某些不利于控方的情况发生，如“控辩证据相矛盾”“证人证言会变化”。最终，通过加强辩护律师的辩护权利，提高辩护律师的诉讼地位来加强审判阶段的庭审对抗性，实现庭审过程的控辩平衡，贯彻控辩平等理念。尽管如此，在司法实践中由于履行控诉职能的公安司法机关的抵触或者规避，律师法所赋予辩护律师的某些保障措施，并未得到真正的贯彻执行。

最后，2012年新刑事诉讼法加强控辩平等原则。随着我国经济社会快速发展、社会急剧转型，社会矛盾纠纷日益突出，刑事诉讼立法已经无法满足我国经济社会发展和惩治犯罪的需要，这使得刑事诉讼法的修改已经有着现实的必要性。尤其是在司法实践中所

① 2007年律师法修改中采取的加强律师辩护权利的主要措施有：（1）加强律师阅卷权，使得辩方取得了与控方基本平等的阅卷权。（2）“律师调查取证权的改善将使得律师对于部分案件证据的掌握，具有某种程度上的优势。”（3）“庭审对抗性加大”。新律师法实施后，辩护律师事先通过会见和阅卷，通常能够及时发现案件中存在的疑难点和证据漏洞，继而有针对性地进行调查取证和案件分析。参见杨矿生：《律师法的修改与控辩关系的变化》，载《人民检察》2008年第7期。

出现的大量冤假错案，若究其原因，则主要是由于在制度和实践层面的诸如刑讯逼供、“三难”问题、辩护率低等问题突出所造成的。司法实践中的这些问题都是我国刑事诉讼中控辩失衡的具体表现。也就是说，这些现实情况所集中反映的，恰恰是控辩关系严重失衡的恶果。而这些问题的解决，主要应依靠调整控辩双方的诉讼权利（力）配置，调整控诉和辩护职能，继而调控控辩关系来实现。这在很大程度上还要借助立法层面的诉讼制度改革。截至2012年，修改旧刑事诉讼法所必需的政治、经济和社会等各方面条件已经基本成熟。故而，立法者以刑诉法修改为契机，在立法实践中通过确立（调整）刑事诉讼程序、制度和规则，加强控辩平等原则、优化刑事诉讼结构，从而有序推进司法体制机制改革。在本次刑事诉讼法修改中，立法者采取了一系列加强控辩平等制衡的改革措施，如加强辩护职能、抑制过于强大的控诉职能。这些措施不但有利于加强控辩关系平衡（等），而且有利于保障当事人尤其是犯罪嫌疑人、被告人的合法权益。

简而言之，2012年新刑事诉讼法的主要措施有：其一，将“尊重和保障人权”写入总则；其二，完善辩护制度，增强犯罪嫌疑人、被告人的辩护权利，强化辩护职能；其三，改革刑事证据制度，制约追惩犯罪的国家公权力，抑制控诉职能；其四，完善侦查程序，规范侦查行为①。

新刑事诉讼法的颁布实施在很大程度上有利于控辩平等原则的贯彻实施。这种强调控制国家公权力、防止公权力滥用，同时高度

① 2012年新刑事诉讼法规定的加强控辩平等原则的主要措施有：其一，将“尊重和保障人权”写入总则，从立法指导思想上有利于控辩平等原则的贯彻实施。同时，通过在立法上确立非法证据排除制度和相关配套措施、完善辩护制度、改革完善强制措施和强化侦查监督等举措，来确保该宪法原则的贯彻实施。从控辩关系调控角度而言，这些措施的立法目的主要在于统筹惩罚犯罪和保障人权并重的现代法治理念，通过科学配置国家权力和公民权利，确保控诉职能、辩护职能和审判职能平等地参与诉讼。其二，完善辩护制度，增强犯罪嫌疑人、被告人的辩护权利，强化辩护职能。主要措施有：第一，通过立法明确赋予律师在侦查阶段的辩护人身份。第二，完善法律援助制度。将法律援助的范围从“三类人”扩大到“五类人”，即在原来的“因经济困难或者其他原因没有委托辩护人的”“盲、聋、哑人”和“可能被判处死刑的人”的基础上，增加“尚未完全丧失辨认或者控制自己行为能力的精神病人”和“可能被判处无期徒刑的人”；从诉讼阶段上，将法律援助从审判阶段扩展到侦查阶段和审查起诉阶段；为办理案件的公安司法机关设定诉讼义务，明确国家设立法律援助机构的责任，确保符合条件的犯罪嫌疑人、被告人获得法律援助。第三，再次重申律师法规定的“会见权”“阅卷权”和“调查取证权”，同时增加规定辩护律师的职业保密义务。第四，通过完善辩护制度，强化辩护职能，推进贯彻控辩平等原则，推动刑事诉讼结构改革。其三，改革刑事证据制度，制约追惩犯罪的国家公权力，抑制控诉职能。在证据制度改革方面，首先在第50条明确规定“不得强迫任何人证实自己有罪”原则，来限制和约束国家公权力机关不得滥用权力；其次，通过确立非法证据排除制度（第54条、55条），来遏制刑讯逼供等非法强制取证，来抑制过度扩张的国家追诉权力，保障犯罪嫌疑人、被告人的合法权益。同时，通过明确排除非法证据的诉讼阶段、程序、证明责任和证明标准等配套措施，来确保非法证据排除规则的贯彻实施。最后，笔者认为，前述证据制度改革举措的目的，主要是抑制国家公权力的滥用，尤其是抑制控诉权力和职能的滥用。在客观上，这对于实现控辩关系平衡、控辩双方的平等对抗，有着重要的促进作用。其四，完善侦查程序，规范侦查行为。首先，通过确立侦查讯问录音录像制度严格控制技术侦查措施适用，尤其是新刑事诉讼法将技术侦查措施（包括技术侦查、秘密侦查和控制下交付等特殊侦查手段）纳入法治化轨道，限制和制约侦查权力，力图实现惩罚犯罪和保障人权的平衡。也就是说，立法者力图通过系统的制度措施来制衡侦查机关的侦查权力，抑制其控诉职能，促进控辩权利（力）制衡、实现控辩关系平等。其次，改革强制措施制度，加强对侦查、检察机关具有控诉功能的强制措施的权力制衡。也就是说，通过将限制公民基本人权的国家公权力控制在合理范围内，加强对被采取强制措施的人的人权保障。在内容上，这项改革主要涉及完善监视居住制度和完善逮捕制度。尤其是在逮捕制度上，通过细化逮捕条件，限制逮捕的适用以及逮捕后的羁押必要性审查机制，监督制约逮捕措施的适用。

关注尊重和保障人权的立法价值导向，不但对控辩关系的平等制衡、控辩构造的合理配置有着积极的促进作用，而且对现行刑事诉讼结构的优化、刑事诉讼体制的改良，都有着不可忽视的重要意义。①

4. 以辩审关系为核心的审辩构造

（1）辩审关系和辩审构造。古法谚语有云，“任何人不得做自己案件的法官”。诉审分离是自然正义的必然要求，也是现代诉讼构造的重要要求。它的主要要求，其一就是审判者和被审判者的分离，其二就是审判职能和辩护职能的分离。在现代诉讼理论中，辩审关系特指刑事诉讼中审判者与某些特定的被审判者之间的关系。在刑事诉讼中，审判者具有国家赋予的惩罚犯罪的审判权力，该特定被审判者（被告人）就具有承受审判的义务；与此同时，为保障审判公正，该特定的被审判者则享有无罪、罪轻辩护的权利，审判者则负有保障被审判者的辩护权和其他基本人权的义务和职责。因而，审判者和被审判者之间的这种具有法律意义或者属性的特殊关系，在现代诉讼中通常被看作一种特殊的刑事诉讼法律关系。

首先，辩审关系具备刑事诉讼法律关系的构成要素。主要理由有：其一，辩审关系的主体就是刑事诉讼中审判职能和辩护职能的承担者，也就是审判权力和辩护权利的主体，主要包括法院和被告人及其辩护人。其二，辩审关系的具体内容，主要涉及审判活动中法院和被告人及其辩护人的诉讼权利（力）义务的配置问题。也就是说，辩审关系的内容，主要是法院的审判权和被告人及其辩护人的辩护权；其中，被告人的辩护权是本源性权利，辩护人的辩护权利则是派生权利。其三，辩审关系的客体是审判权和辩护权所共同指向的对象，即案件事实和实体法律关系。其中，前者既包括实体事实（即影响定罪量刑的事实），也包括程序事实；后者包括国

① 参见张文秀：《控辩合作：建立高效司法制度的有效途径》，载《人民司法》2013 年第 13 期。

家刑罚权和刑事责任。由此可见，构成辩审关系的诸要素，实际上都属于刑事诉讼法律关系构成要素的范畴，两者系逻辑上的种属关系。这就意味着，辩审关系实际上就是刑事诉讼法律关系的部分要素在刑事审判活动中的一种特殊组织形态。

其次，区别于控审关系，辩审关系在性质和内容上兼具公法和私法两种属性。究其原因主要在于，辩审关系是以法院的国家审判权力和被告人的辩护权利为基础的；前者无可置疑属于纯粹的公法范畴，而后者则属于私法范畴。[①] 因此，笔者主张，刑事诉讼中的辩审关系，是一种兼具公法和私法属性的特殊法律关系。

然而，如果从刑事诉讼法律关系的结构角度考察，辩审构造就是指辩审关系诸构成要素的组织形态。换言之，就是指刑事诉讼中审判者与被审判者之间的诉讼法律关系诸要素的具体组织形态，也是刑事诉讼结构的重要组成部分。故而又可称为“辩审关系结构”“辩审关系模式”。同时，值得指出的是，将辩审关系的结构形态（即辩审构造）作为研究对象的理论和实践价值，主要在于其有利于实务界和理论界从立法和司法制度理论和实践角度切入，运用法律实证方法来解决诉讼主体的职能和权能调控、诉讼权利（力）义务要素的配置、权利义务对象的规制等问题。

（2）诉讼体制视角下的辩审关系结构（辩审构造）。古往今来，无论是在哪种诉讼模式下，审判者和被审判者都是诉讼活动不可或缺的诉讼实体。而在近现代诉讼理论中，辩审关系特指刑事诉讼中审判者和被审判者间的关系。辩审关系通常是诉讼构造不可或缺的组成部分。不同诉讼制度，决定着不同的辩审关系结构。譬如在纠问制诉讼制度中，审判者不但拥有审判权力，还要负责侦查和起诉，被审判者只是被追诉和审判的对象和客体。在这种封建专制色彩浓厚的特定历史背景下，被审判者作为一种诉讼实体，他们的

---

① 在此值得指出的是，尽管被告人的辩护权利是宪法和刑事诉讼法等公法性法律所规定的，但是在内容上却属私权范畴。

生命、财产和人身自由往往就成为拥有绝对权威的审判者所任意处分的对象。因而，纠问制诉讼模式下的辩审关系模式，就不可避免地呈现出明显的“主客二元”特征。

随着近代思想启蒙运动的发展，民主、法治和人权理念逐渐深入人心，并被贯彻到刑事诉讼制度理论和实践的方方面面。因而，在近现代诉讼中，无论是职权制诉讼还是对抗制诉讼，法律通常都赋予被告人以辩护权，其在诉讼活动中的程序主体性地位也逐渐得到尊重。但是，两者在推动诉讼进程上却存在差异。如前者强调法官在庭审活动中的主导性，尤其是在发现案件真实、法庭证据调查和法律适用等方面，法官都发挥着主导作用；而后者则强调检察官和被告人双方的对抗性，以及当事人在发现案件事实、法庭证据调查等方面的主观能动作用，而法官通常消极中立，不会主动依职权调查核实证据和案件事实。这种差异也直接导致辩审关系模式的不同。职权制辩审关系模式中，法官的中立性相对较弱，因为法官基于其客观公正义务，侧重于发现案件的实体真实，因而经常依职权主动调查核实证据；而对抗制辩审关系模式中，为惩罚犯罪而进行的审判活动通常被要求通过正当的法律程序来实施。因而在制度设计和司法实践中，程序正当通常被看作刑事诉讼的首要价值。在此种诉讼制度和审判理论的背景下，对案件事实和证据的调查处理，法官通常处于消极中立的裁判者地位，只负责适用法律作出裁判。

因此，在不同的诉讼模式下，审判者和被审判者之间的辩审关系模式也是不同的。因为不同诉讼制度背景下，诉讼权利（力）义务的配置原则和理念是不同的。譬如职权主义强调发现实体真实，因而通常在法庭审判中赋予法官较为宽泛的职权，如庭审过程中调查核实证据和案件事实的法定职权；而当事人主义则强调诉讼程序的正当性，因而法官审判权力谦抑，当事人通常被赋予充分的诉讼权利，尤其是被告人通常被赋予与检察官相当的诉讼权利和对抗机会。故而，笔者认为，诉讼权利（力）义务的配置原则和理念，是不同诉讼体制下控辩关系模式的重要决定因素。当然，现实制度框架下实然的诉讼制度，在客观上也会对诉讼权利义务的科学配置、主体诉讼职能和权能的调控、权利义务对象的规制和调整等问题产生深远的影响。

（3）我国制度实践中的辩审关系结构发展概况。如前所述，我国1979年刑事诉讼法确立的刑事审判模式表现出浓厚的“强职权主义”色彩。这使得审判过程中存在“审判权能大，控审关系密切”[①]“辩护权能弱小，辩审关系疏远”[②]等弊端。然而，在“分工负责、互相配合、互相制约”的宪法原则框架下，我国所确立的宪法性控辩关系构造，使得控审双方形成了天然的治罪同盟，同时将犯罪嫌疑人、被告人当然地置于司法体制的对立面。然而，这种宪法性控辩构造，使得同属国家公权力范畴的公诉权和审判权，为实现共同的“惩罚犯罪”目标，在实践中通常合作、配合有余，因而被归属于司法体制的范畴。但是这种宪法性构造又会对法律效力等级次于它的下位诉讼构造尤其是辩审关系构造产生深刻影响。譬如控诉和审判权能强势且来源目标相同，易导致控审关系密切；同时，辩护权能弱势且以公民权利为基础，这极易导致控辩关系失衡、辩审关系冲突。如果从诉讼体制的角度考察，这些情况都必然影响“正三角形”审判模式的实现，也必然导致现实与理想状态的刑事诉讼结构之间存在客观差距。

根据1982年《宪法》所确立的“分工负责、互相配合、互相制约”的宪法原则，我国刑事司法体制呈现出“流水线型”“线条形”结构模式。尽管宪法同时规定“被告人有权获得辩护”，但是在刑事诉讼制度设计和司法实践中，在当时“重打击、轻保护”倾向严重、人权保障观念淡薄的特定时代背景下，通常将被告人看作追诉的对象和客体，导致被告人的宪法性主体地位并未得到应有

---

① 谢佑平、曾康：《〈刑事诉讼法〉修改后的审判工作》，载《法学评论》1996年第6期。

② 谢佑平、曾康：《〈刑事诉讼法〉修改后的审判工作》，载《法学评论》1996年第6期。

的重视。然而，近年来随着经济社会的快速发展、国际人权保障运动的影响以及公民权利意识的觉醒，在宪法上明确确立保障公民人权的原则理念便成为社会历史发展的必然选择。2004 年我国宪法修正案将“国家尊重和保障人权”纳入宪法。自此，“国家尊重和保障人权”就被作为我国宪法确立的一项重要宪法原则。但是，受传统观念和制度环境等因素的制约，学术界似乎仍然习惯于将宪法原则确立的司法机制称为“流水线型”“线条形”的诉讼结构。但如果严格按照宪法原则的要求，就必然意味着应从宪法的高度，尊重被告人在刑事诉讼中的宪法主体地位。因而，笔者认为，在人权保障宪法原则框架下，这种宪法性构造姑且可称为“一龙戏珠型”的构造。因为在现行国家公权力的配置体制下，刑事司法体制本身并未关注到被告人的宪法性主体及其诉讼主体地位。而被告人作为宪法明确规定的宪法主体，却属于宪法性诉讼体制不可或缺的组成部分。这就意味着，在我国宪法制度理论和实践层面，司法体制和诉讼体制之间隐藏着更深层次的矛盾和冲突。究其原因，主要是由我国传统的国家主义倾向和权力本位的立法价值取向所造成的。但是，与此同时，也不能忽视旨在强调公权力配置的宪法机制，及其所造成的国家权力与公民权利两者间的结构性矛盾。因此，在这种宪法制度环境下，这种所谓的“一龙戏珠型”宪法性构造，既能够体现我国司法体制的中国特色，又能够凸显被告人的宪法性主体和诉讼主体地位，因而有着其一定的合理性。这不但会对我国现行司法体制和诉讼结构产生影响，还会对控辩关系模式和辩审关系模式产生重要影响。在这种宪法性辩审关系构造下，被告人既是法院的审判对象，也是辩护权的主体，而法院则既是负责实施审判的宪法主体，也负有保障被告人诉讼人权的宪法义务。

值得注意的是，在 2012 年新刑事诉讼法颁布实施前，作为宣示性的宪法原则，保障人权的宪法条款在刑事诉讼制度和实践中的很多方面都没有落到实处。而宪法实践领域中人权保障原则的发展，必然会在客观上直接或间接推动刑事诉讼制度和实践的发展。

尤其是刑事诉讼法修改时，将“尊重和保障人权”条款写入法典，同时设置了一系列保障其贯彻实施的制度措施。其中较为典型的包括确立非法证据排除规则、完善侦查程序以监督制约侦查权力、完善辩护制度以加强辩护职能等制度措施。这些制度措施使我国司法实践中长期存在的刑讯逼供、控辩失衡、人权保障措施缺乏和辩护制度缺陷等问题基本都得到了有效解决。

（4）加强辩审关系建设的制度构想。鉴于目前我国实践中仍然存在的诸如注重控辩关系和控审关系建设，忽视辩审关系建设问题，及其导致的诉讼构造失衡问题，笔者主张，在将来的司法体制机制改革中，有必要适当调整辩审关系构造。加强辩审关系建设，应主要从两方面着手：一是加强法官独立、中立；二是加强辩审合作、遏制辩审对抗（尤其是遏制辩护对抗审判）。具体而言：

首先，在加强法官独立、中立方面，加强审判独立建设。主要从以下几方面入手：其一，从顶层设计上，坚持法院依法独立行使审判权原则，通过体制机制改革，加强对法院整体独立性的保障。其二，在微观制度设计层面，确立法官独立制度，明确规定“法官审理案件时只服从法律”，增强法官的办案独立性。其三，与之相适应，重新调整、合理配置法官与合议庭、审委会之间以及（审判）法官与（管辖）法院之间的关系，切实戒除“审者不判、判者不审、权责不明”等弊端。其四，在具体措施上，可以出台专门的规范性文件，如法官独立审判监督条例，来保障和监督法官独立。这主要是为法官独立提供相应的制度性保障措施，以便于制度的推行；同时，也是为了防止新制度可能导致的司法腐败、职权滥用等弊端。其五，在具体步骤上，可以在有条件的地方先行试点，继而在获得成熟经验的基础上在司法制度层面予以确立，并向全国推广；在条件成熟的时候，通过立法在法官法和刑事诉讼法中确立法官独立制度。

此外，在改革目标上，力求在我国现行的政治体制和司法体制框架下，根据司法实际，构建“法院整体独立”和“法官个体独立”相结合的新型审判独立体制。

其次，在加强辩审合作、遏制辩审对抗方面，根据国际惯例，设置辩护资格认可制度，其目的旨在加强辩审合作、遏制辩审对抗，尤其是遏制“辩护对抗审判”的不正当现象。其具体措施主要有：辩护律师必须征得管辖法院的认可，如果法院认为辩护律师不宜在本院所管辖的具体案件中担任辩护人的，可以拒绝认可其辩护资格。同时，如果在诉讼过程中，辩护律师实施妨碍诉讼的行为，可以由承办法官向法院提请审查终止辩护律师在本案中的辩护资格。此外，为防止管辖法院滥用辩护律师资格审查权，可设置相应的保障和救济机制，诸如设置相应的听证程序和复议程序，以维护律师的合法权益。这就意味着，在运行机制的设计和构建上，既要加强辩审协作、辩审合作，又要加强辩审监督、辩审制约。

最后，在改革目标上，突破传统的律师管理体制，构建法院适当参与的新型管理体制。也就是说，在保留现有的司法行政管理和行业管理相结合的两元管理体制基础上，适当加强法院在个案中对律师的管理和监督职能。

综上所述，从诉讼构造理论的角度而言，这种所谓的“辩审关系调整”，不但意味着辩护职能和审判职能的重新配置，而且意味着辩护权利和审判权的重新配置。然而，无论是加强法院中立性和独立性的保障措施，还是加强被告人及其辩护人辩护权和人权保障的制度措施，都必然要求对法院和被告人及其辩护人的诉讼职能（或者诉讼权能）予以调整，并对诉讼权利（力）义务进行重新配置。而通过立法和司法实践所实施的辩审职能调整和权利（力）义务配置，不但是我国刑事诉讼制度民主化、理性化和科学化的重要标志，而且对构建新型的辩审关系模式、优化刑事诉讼结构也有着重要的理论和实践意义。

三、刑事诉讼法律关系的微观结构

刑事诉讼法律关系的微观结构就是指在刑事诉讼过程中，任意两个刑事诉讼法律关系主体[①]之间，基于刑事诉讼法规定的诉讼权利义务，所形成的刑事诉讼法律关系诸要素的具体组织形态。区别于宏观结构和中观结构，刑事诉讼法律关系的微观结构采行广义的刑事诉讼立场，以“多面关系说”为其理论基础。从法律哲学和法理学的角度来看，刑事诉讼法律关系的微观结构实际上就是作为最小“法锁”单元的刑事诉讼法律关系之构成要素的组织形态，是主体、客体和内容三者之间的具体组织形态。这就意味着，微观结构理论与构成要素理论[②]密切相关。因此，笔者认为，这种微观结构是一种以诉讼权利义务为桥梁和纽带的“主客二元结构”，就是以主体和客体为基本框架同时以诉讼权利义务为必要媒介的。这种以诉讼权利义务为必要支撑的“主客二元学说”，是以马克思主义哲学中“主客二元分立”的关系学说为其哲学基础的。

在此值得指出的是，对于刑事诉讼法律关系的微观结构分析与其构成要素理论研究，尽管两者有着紧密的理论联系，但仍然是有着明显区别的。前者是结构主义视角下的刑事诉讼法律关系，其方法论是近现代西方哲学、社会学和语言学领域兴起的“结构主义”研究方法，其研究对象是刑事诉讼法律关系。后者以法律关系构成要素理论作为其法律哲学和法理学基础，是构成要素理论视角下的刑事诉讼法律关系，其方法论是近现代西方哲学中的“分析实证主义”研究方法。因而，尽管两者在一定范围内都是将微观的、最小单元的刑事诉讼法律关系作为基本研究对象，但是前者侧重于在微观视野下对刑事诉讼法律关系诸要素间的关系进行研究，后者

---

① 广义，涉及诉讼实体面的刑事诉讼主体和诉讼程序面的刑事诉讼法律关系主体两个层面，在范围上包括刑事诉讼主体和其他诉讼参与人。

② 在主体范围上，微观结构所涵涉的范围就是广义的刑事诉讼法律关系主体，既包括刑事诉讼主体（即公安司法机关和包括犯罪嫌疑人、被告人、被害人等在内的当事人），也包括辩护人、诉讼代理人、证人、鉴定人和翻译人员等其他诉讼参与人；在内容上，主要涉及前述主体在刑事诉讼中的诉讼权利义务；在客体范围上，也必然关涉案件事实和实体法律关系。

侧重于对诸构成要素的本体研究，即将刑事诉讼法律关系的诸构成要素作为理论本体、理论实体进行研究。

（一）微观结构的理论基础

如前所述，在现代国家政治哲学、法律哲学和社会学理论视野中，如果将“刑事诉讼法律关系”范畴置于政治权力结构和社会结构的视角中，从国家、社会和公民个人三个维度去考察和探究其在我国当代的社会结构转型、社会主义法治国家建设和刑事司法体制机制改革过程中所遵循的发展规律和所达成的普遍共识，我们不难得出这样的结论：刑事诉讼法律关系的结构形态在本质上是公民（社会成员）个体人权、社会公共权力和国家政治权力在配置和平衡过程中所形成的组织形态，是公权力结构、社会结构甚至人权结构的“缩影”。因此，刑事诉讼法律关系微观结构的理论基础，就必然涉及国家政治哲学、法律哲学和社会学理论领域的主流学说。具体而言，刑事诉讼法律关系的微观结构，是从微观意义上探究作为“最小单元”的刑事诉讼法律关系的结构形态，即最微观层面“最小的刑事诉讼法锁”的结构。故而，其理论基础主要包括“主客二元学说”“结构主义学说”和“法律关系构成要素学说”。

1. “主客二元”的主客体关系结构学说

在近现代哲学中，“主体（Subject）”和“客体（Object）”是相对的哲学范畴。最初人们在西方古代哲学中只是在本体论意义上运用“主体”术语，后来随着哲学理论的不断发展，17 世纪的西方哲学就已经在认识论上将主体和客体范畴明确区分，并作为相对的范畴使用，如德国古典哲学家康德和黑格尔都曾在主体和客体之间的关系框架下探究有关认识论的哲学问题。[①] 在这种哲学架构中，唯心本体论成为“主客关系学说”的理论基础。后来，辩证唯物主义将主体和客体的相互作用建立在“实践论”基础上，科学区分了主体和客体两者的内在规定性和相互关系。这就是辩证唯

① 参见夏甄陶：《认识论引论》，人民出版社 1986 年版，第 68 页。

物本体论和认识论中的“主客二元分立学说”。

通常来说，主体与客体的区分是相对而言的。因为如果将作为主体的人加以绝对化，那么其也可被看作客观存在的客观事物；那么在客观事物的相互作用过程中，能动地、主动地施加作用的是主体，受动地、被动地接受作用的是客体。这种“主客学说”将人视为客观事物，而未视为当然的主体。这就是广义的“主客二元学说”。哲学上狭义的“主客二元学说”，首先区分人和动植物、自然界的界限，在此基础上将人作为逻辑起点、并以人的活动指向作为划分标准来区分主体与客体的界限。① 辩证唯物主义认识论上的“主体”，就是有意识、能思维，从事认识和实践活动的人；客体则是主体认识、实践活动所指向的客观对象，主要包括“自然的、社会的、精神的现实存在物”。② 基于此，主体与客体两者间的关系也具有不同层面的具体表现，如实践论视野中的主客体关系、认识论基础上的主客体关系和价值论视角下的主客体关系。但无论何种层面的主客体关系结构，实践都必然成为主体和客体的桥梁和纽带，都是辩证唯物主义主客体关系的现实基础。③

正是在这样的一般哲学基础上，苏联学者在政治哲学和法律哲学以及社会学理论领域相继发展出贯彻了唯物辩证法的社会科学理论。然而，在法理学和法律哲学发展史上，主体和客体的区分并不是自苏联才有的，早在19世纪萨维尼在构建法律关系理论时，就已经采用了主体和客体概念，并将其作为构成要素。但是，后来苏联学者在将法律关系理论引进苏联时，已经根据马克思主义唯物辩证法对其进行了辩证的批判和改造。正是由于萨维尼的这种法学理论契合了苏联当时国家政治哲学和法律哲学中的主流意识形态，这种以主客二元论为哲学基础的法律关系理论，才得以被苏联主流的

① 参见夏甄陶：《认识论引论》，人民出版社1986年版，第111页。

② 参见夏甄陶：《认识论引论》，人民出版社1986年版，第111页。

③ 参见夏甄陶：《认识论引论》，人民出版社1986年版，第111页。

法律理论采用，并被逐渐发展成主流的法律哲学和法律意识形态。至此，实证分析方法便与辩证唯物论有机结合起来。苏联法律哲学中的构成要素理论的产生和发展，便是最好的证明。具体而言，刑事诉讼中的法律关系主体作为诉讼认识和实践的主体，是具体权利义务的承载者，通过实施诉讼活动来实现其诉讼目标，即查清事实、实现刑罚权或者保障人权。而刑事诉讼中的客体，无论是刑事诉讼客体（刑事案件本身）还是刑事诉讼权利义务关系客体，都承载着具体的诉讼行为对象或者抽象的权利义务对象；都是程序性主体的诉讼活动对象（或者诉讼目标）。而与此同时，无论何种层面的诉讼实践，又都是参加刑事诉讼的诉讼认识主体和诉讼认识客体间的桥梁和纽带。因此，马克思主义哲学上的“主客二元学说”，为刑事诉讼法律关系的微观结构分析奠定了重要的哲学基础。

2. 社会学理论中的“结构主义学说”

如前所述，正如法国哲学家斯特劳斯所言①，如果我们把刑事诉讼看作一种社会活动，那么它也必然内在地蕴含着某种具有支配外在表面现象的结构形态。这就意味着，要在纷繁复杂的社会生活中把握其发展特性和内在规律，就应当采用结构主义视角、借用社会结构分析方法，来揭示其内在的结构形态。

在当代西方哲学和社会学理论中，“结构主义（Structuralism）”通常被作为一种广泛适用于社会科学领域的研究方法。然而，结构主义并不是传统意义上的那种纯粹的哲学学说或者流派，而是自20世纪六七十年代以来在人文社会科学领域兴起的一种新兴的研究方法和理论思潮。这种新兴的哲学思潮和研究方法的初衷，就是试图使人们对人文社会科学的研究，像对自然科学那样达到精确化、科学化的水平。正如一位著名的法国社会学家所说的那样，

① 刘景泉：《结构思想、结构主义与结构辩证法》，载《广东社会科学》2000年第2期。

“结构主义不是一门哲学，而是一种方法论”。然而，作为研究方法，结构主义通常会表现出两方面特性，其一是强调整体性（Wholeness）[①] 研究，其二是强调关系（Relationships）[②] 研究。

首先，对于整体性研究问题，结构主义主张，只有将事物的部分放置于整体中，才可能从根本上探究事物的性质。因为事物的部分仅是探寻事物本质过程中不可或缺的因素。事物内部单独的部分，尽管其性质、功能和价值具有其自身的独立性和确定性，但是只有在将其归属于事物整体时才能够充分得以彰显。正如语言学家霍克斯所说，“在任何情境里，一种因素的本质就其本身而言是没有意义的，它的意义事实上由它和既定情境中的其他因素之间的关系所决定”。[③] 正是因为这样，笔者认为，如果要搞清楚研究对象的微观结构，就必须将其“最小单元”，也就是“最小的刑事诉讼法锁”纳入我们的研究视野，从中抽象和概括出“最本原的法锁结构形态”。只有这样，才能够在最微观意义上把握其整体性特征，准确概括和揭示出其普遍规律性，从而构建出具有典型意义和普遍适用性（价值）的微观结构理论模式。

其次，对于关系研究的问题，结构主义观点认为，关系范畴的涵盖面更为广泛，内容也更加丰富。其不但可以统摄特定研究对象的整体和部分，而且涵涉世间万物中不同性质、类型和层次的各种系统。因而，事物的本质从来都不可能单独地表现在特定的、具体的时空范围内，而总是抽象地表现于此物与彼物、此要素与彼要素之间的关系之中。譬如，辩证唯物论认为，人的本质是其所处社会关系的总和。在社会学领域，脱离社会关系而存在的个人，既无法

---

① ［英］特伦斯·霍克斯：《结构主义和符号学》，瞿铁鹏译，上海译文出版社1997年版，第8~9页。

② ［英］特伦斯·霍克斯：《结构主义和符号学》，瞿铁鹏译，上海译文出版社1997年版，第8~9页。

③ ［英］特伦斯·霍克斯：《结构主义和符号学》，瞿铁鹏译，上海译文出版社1997年版，第8~9页。

在理论上认识其价值，也无法在实践中实现其价值，故而无法判断其本质。同理，假如我们将刑事诉讼法律关系范畴作为研究对象，就必须将它置于整个刑事诉讼理论范畴体系中，在与其他范畴的关系中去考察其性质、功能和价值及理论地位。因为只有那样才能够客观全面地揭示其理论和实践本质。这就意味着，如果要对刑事诉讼法律关系进行微观结构分析，我们就将不得不在“结构主义”的视角下，采用结构主义分析方法对刑事诉讼法律关系主体之间“最小单位的诉讼关系”进行逻辑分析。这就不但会涉及所有构成要素的整体组织形态，还会涉及不同构成要素之间的组织和配置关系问题。

综上所述，笔者认为，前述两者既是结构主义的两方面特性，也是结构主义研究方法必须遵循的原则。在结构主义研究中，只有充分遵循这两项原则才能够得出客观、准确的结论，才能够准确认识和科学评价事物的性质、功能和价值。因此，社会学理论中的结构主义学说，也为刑事诉讼法律关系的微观结构分析奠定了良好的社会学理论基础。①

3.“法律关系构成要素学说”

在法律哲学和法理学理论视野下，近现代分析法学创立和发展的法律关系理论，尤其是苏联学者所侧重的构成要素分析学说，为我国刑事诉讼法律关系的微观结构分析奠定了坚实而深厚的理论基础。众所周知，我国主流的国家政治哲学和法律哲学，在很长的一段历史时期内都源自对苏联理论的借鉴和学习。尤其是，苏联理论主张，法律关系通常由主体、内容和客体三要素构成，其中主体和客体两者都被看作最基础的构成要素，前者是权利义务的承载者，后者是权利义务的对象。② 因而，如果从法律哲学的角度来看，这

---

① 刘景泉：《结构思想、结构主义与结构辩证法》，载《广东社会科学》2000年第2期。

② 参见王勇飞、张贵成：《中国法理学研究综述与评价》，中国政法大学出版社1992年版，第493~495页。

种法律主体和客体之间的两元关系模式就成为官方主流哲学在刑事诉讼理论中的具体体现。由此，后来刑事诉讼理论中的构成要素理论便应运而生。作为任何刑事诉讼法律关系都必须具备的构成要素，主体、客体和以诉讼权利义务为内容的三者间的具体组织形态，直接决定并体现着刑事诉讼法律关系的微观结构形态。因此，现代法律哲学和法理学上的法律关系构成要素理论，为刑事诉讼法律关系理论的微观结构分析奠定了科学系统的法律哲学和法理学基础。

（二）以诉讼权利义务为媒介的“主客二元结构”

如前所述，这种微观结构研究主要侧地重于研究作为“最小单元”的刑事诉讼法律关系的诸构成要素间的结构形态。这种结构形态有着深层次的哲学、法律哲学和社会学理论基础。基于此，如果在“主客二元学说”“结构主义”和“构成要素理论”等多重视角中考察刑事诉讼法律关系的微观结构，我们就可以准确勾勒出刑事诉讼法律关系的轮廓。首先，在这种理论框架下，研究对象的主体要素和客体要素两者是相互分离的。其次，在实践论基础上，法律实践所得以凭借的权利（力）义务工具，是主体要素和客体要素相互联系、相互影响和作用的媒介。最后，从总体上而言，这种理论模式是一种以诉讼权利（力）义务为媒介的、“主客体二元分离”的结构学说。这种主客体二元分离、借助诉讼权利义务工具的要素组织形态，就是微观意义上作为“最小单元”的刑事诉讼法律关系的结构形态，即微观视角中“最小的刑事诉讼法锁”的结构。

1. 主客关系：主客二元结构①

如前所述，刑事诉讼法律关系的微观结构理论，是以刑事诉讼中最微观意义上的要素结构形态为研究对象的，旨在揭示要素与要

① 参见王勇飞、张贵成：《中国法理学研究综述与评价》，中国政法大学出版社1992年版，第493~495页。

素之间的特殊组织形态。这就意味着要回答这样的问题：刑事诉讼中的“法锁”究竟是什么样的？通常而言，法律哲学和法理学中的法律关系，通常由主体、客体和内容（即权利义务）三要素构成，我国刑事诉讼理论通常也采用这种理论模式。由此可见，法律关系构成要素理论所建构的理论模式，实际上就是一种将“主体与客体二元分离”，并“将权利义务作为中间媒介”的结构模式。其原因主要是这种理论模式契合了国家政治哲学和法律哲学层面的主流意识形态，同时能够在刑事司法实践中为现实政治提供某些理论依据。尤其是，在国家政治学说层面，这种学说能够为国家权力（尤其是国家司法权力）的科学配置提供理论支撑，同时对国家权力结构的优化配置也有着重要的指导意义。对此观点前已述及，此处不再赘述。总体上，笔者主张，在这种微观的主客体关系框架下，其主体要素和客体要素两者都是刑事诉讼运行机制中的实体性要素。

首先，在诉讼法哲学中，主体要素是主体和客体关系框架下的实体性要素。刑事诉讼法律关系主体作为诉讼认识和诉讼实践的主体，在诉讼过程中能够发挥主观能动性，主动追求特定的诉讼目标。在我国传统理论中，公安司法机关和当事人通常被看作刑事诉讼主体，他们要么与诉讼结局有着直接的利害关系，要么能够对诉讼进程产生重大影响。这就要求公安司法机关为追究犯罪人刑事责任而竭尽所能去搜集能够证明其有罪、罪重的证据材料。因为只有这样才能够实现其追究和惩罚犯罪的基本诉讼目标，继而实现由维护和实现国家刑罚权所带来的基本诉讼利益。而犯罪嫌疑人、被告人为获得有利裁判，就会尽他们的最大可能去收集无罪、罪轻的证据材料。负责审判的法院则要在确保实体真实和程序公正的基础上，通过审判活动来查明案件事实、准确适用法律并正确定罪量刑。当然，其他诉讼参与人也都有其法定职能和权利义务。尽管他们当中并不是所有人都会像诉讼主体那样积极地追求特定的诉讼利益，但是参加诉讼要么是为了协助查明案件事实真相，要么为协助保障诉讼程序顺利进行，因而也都有着各自不同的诉讼目的。由此可见，在刑事诉讼中的法律主体，无论是否具有诉讼主体地位，其自身都被法律赋予了特定的诉讼职能，都具有得为（或者不得为）一定诉讼行为的权利义务；同时，也都具有将追求特定的诉讼利益作为他们的诉讼目标的主观能动性。这种无论是源自国家机构、社会组织还是自然人的客观存在性、客观实在性，在本质上都决定着这些主体要素的实体性特征。

其次，客体要素也是实体性要素。如前所述，辩证唯物论主张，客体是认识实践活动的客观对象①。无论采用何种性质的刑事诉讼，都是将“追究和惩治犯罪”作为基本任务的。因而，在刑事诉讼过程中首先存在着一个查明犯罪事实的过程，然后就是在此基础上所进行的定罪量刑过程。详言之：其一，国家司法机关要查明犯罪事实，就必须调查和收集证据，来发现案件真实，最终确定“犯罪事实是否发生”“是否犯罪嫌疑人、被告人所为”以及“犯罪嫌疑人、被告人是否构成犯罪”，此外还要确定“是否应受刑事处罚”等情况。刑事诉讼就是对犯罪事实去伪存真、反复甄别的诉讼认识和实践过程。由于犯罪事实的实质就是过去曾经发生过的、客观存在的历史性事实，因而在对犯罪事实进行认识和实践的过程中，无论国家司法机关的公权力活动还是诉讼参与人的诉讼权利（义务）行为，都将犯罪事实作为基本的认识和实践对象。因此，犯罪事实的客观实在性，是它成为诉讼权利义务对象的根本原因和决定性因素。其二，刑事实体法关系也是刑事诉讼法律关系中的客体性要素。在查明事实的基础上，对有罪的犯罪嫌疑人、被告人定罪量刑，也是整个诉讼的基本任务之一。从认识论的角度看，定罪量刑就是对犯罪嫌疑人、被告人的犯罪事实进行法律评价，也就是要确定国家和犯罪人之间的刑罚权关系。这就意味着，这种以刑罚权和刑事责任为内容的实体法关系，也是基本的诉讼认识和实

① 参见夏甄陶：《认识论引论》，人民出版社 1986 年版，第 111 页。

践对象。主要理由是，定罪量刑是法院根据刑法规定对有罪的被告人所进行的综合法律评价。而在实质上，这种法律评价过程本身也是一个主观符合客观、主观反映客观的过程。因此，定罪量刑这个诉讼认识和实践过程也是一个主客观相统一的过程。在此需要指出的是，在传统大陆法理论中，当犯罪发生时，犯罪人和国家之间的刑罚权关系就已经产生①；根据无罪推定原则，诉讼目的的实现，就是通过正当的法律程序，在查清案件真相的基础上，来确定国家刑罚权是否存在及其范围，并以此来追究特定的犯罪嫌疑人、被告人的刑事责任。这就意味着，在传统大陆法理论中，实体法上的刑罚权关系因犯罪的发生而发生，在时间和逻辑顺序上都是先于刑事诉讼而存在的客观实在②；刑事诉讼程序只是国家实现这种存在于精神领域中的、抽象的客观存在的工具和法律机制。因此笔者主张，其客体要素也是刑事诉讼法律关系的实体性要素。

综上所述，我们不难看出，在以马克思辩证唯物主义为指导的刑事诉讼法哲学中，无论是案件事实还是实体法关系，都是刑事诉讼权利（力）义务所共同指向的客观对象，都属于刑事诉讼法律关系的客体要素范畴。而在这种所谓的主客体关系框架下，正是由于刑事诉讼法律关系的主体要素和客体要素两者各自通常所表现出的实体性特征，因而都是刑事诉讼中的“诉讼实体”。因此，笔者主张，在“主客体二元分离”的法哲学理论框架下，刑事诉讼法律关系的微观结构，通常表现为“主客二元化”的结构形态。

2. 诉讼权利义务是基础媒介和必要支撑

如前所述，在主客体关系的框架下，刑事诉讼法律关系的主体要素和客体要素两者都是实体性要素，两者在刑事诉讼过程中是相互影响、相互作用的。在这一作用过程中，诉讼权利义务的功能和

① 参见陈朴生：《刑事诉讼法实务》，台湾海天印刷厂有限公司，1998 年版，第 91 页。

② 参见陈朴生：《刑事诉讼法实务》，台湾海天印刷厂有限公司，1998 年版，第 91 页。

作用是至关重要的。主要理由是：

首先，在哲学上，辩证唯物论主张，主体和客体两者辩证统一的基础是实践。它包括“主体客体化”和“客体主体化”两个过程。然而，就其本体而言，它通常是由实践的主体、客体和手段等三要素构成，在实践的基本要素中，其各自功能和价值不同：主体是在特定的条件和社会关系中实施认识和实践活动的人；客体就是这些实践活动的对象；而手段就是这些认识和实践活动的工具。因此不难看出，在实践论哲学理论体系中，实践手段就成为连接主体和客体的工具。也就是说，辩证唯物主义实践论为实践工具在“主客二元”关系理论体系中的理论定位奠定了哲学基础。

其次，在法律哲学和法理学中，通常认同“工具主义”权利义务观。正是基于前述哲学理论基础，马克思主义法律哲学通常将“主客二元”基础上的权利义务观诠释为一种以实践论为基础的“工具主义”学说。具体而言，在马克思主义法律哲学中，法律关系理论中的主体要素是法律权利义务的归属者，而客体要素则是权利义务指向的客观对象；权利（力）和义务要素既是诉讼认识和实践的法律基础和根据，也是主体和客体两者相互影响、相互作用的工具。在此值得注意的是，这种学说与西方分析法学思想是有着异曲同工之妙的，在某种程度上也是相通的。譬如美国著名分析法学家霍菲尔德所创立的法律关系逻辑结构分析学说，力图通过系统分析八对权利义务关系，来构建完整的法律关系逻辑体系。其理论实质就是将法律关系理论构建成一种系统、独特的权力哲学。通过系统科学地对权利义务进行研究，无疑会在客观上扩大权利义务学说的可能适用范围。尽管这两种学说有着实质性差别，但是这并不意味着霍菲尔德学说与辩证唯物主义法律关系理论是矛盾的。也就是说，无论是以霍菲尔德为代表的西方分析法学理论，还是辩证唯物主义法学理论，实际上都是主张（或者认同）“权利（力）”和“义务”范畴的工具价值的。只不过霍菲尔德的新分析主义法学思想从逻辑学的角度将这种“工具主义”思想发挥到极致，并形成系统的理论体系。而辩证唯物主义法学者所主张的法律关系理论，只是侧重于在主客体关系框架下，将“权利（力）”和“义务”范畴作为法律实践的手段和工具，强调其与主客体两者的统一性。

最后，在刑事诉讼理论中，诉讼权利和诉讼义务就成为刑事诉讼法律关系的主体参加诉讼活动的前提和基础。正是在前述“工具主义”的影响下，相应的刑事诉讼法哲学思想应运而生。诉讼权利义务的桥梁和纽带作用主要体现在两方面：其一，刑事诉讼法律关系主体是诉讼权利义务的归属者。具体而言，在诉讼实体面，在狭义的诉讼立场上，检察机关、被告人和法院分别根据其诉讼的基本职能分别行使公诉权、辩护权和审判权等基本诉讼权利；在广义的诉讼立场上，刑事追诉机关（侦查机关和公诉机关）、被告人（广义，包括犯罪嫌疑人和被告人）和法院根据理论界通常主张的控诉职能（侦查职能、公诉职能）、辩护职能或者审判职能，分别行使刑事追诉权（侦查权和公诉权）、辩护权和审判权等基本诉讼权利。然而，值得注意的是，如果刑事诉讼法律关系主体既没有诉讼权利，也没有诉讼义务，那么他们实际上就没有参加诉讼活动的资格和权能。也就是说，在诉讼实体面，如果诉讼主体没有基本的诉讼权利和诉讼义务，控诉、辩护和审判等基本的诉讼活动就无法正常开展，那么具体刑事案件中的诉讼实体就不可能形成；在诉讼程序面，如果刑事诉讼法律关系主体没有程序性诉讼权利和诉讼义务，就无权实施诉讼行为，刑事诉讼程序就无法正常推进，或者出现诉讼障碍，那么诉讼程序就难以形成。因此，诉讼权利和诉讼义务对刑事诉讼法律关系主体所承担的诉讼职能以及诉讼本身的诉讼实体和诉讼程序的最终实现，都发挥着重要的作用。其二，刑事诉讼法律关系的客体就是诉讼权利义务所承载的诉讼利益或者诉讼法益，同时也是权利义务主体参加诉讼活动所追求的目标。具体而言，在诉讼实体面，诉讼主体基于其各自控诉、辩护或者审判等诉讼职能，在刑事诉讼中实施追诉活动、辩护活动或者审判活动所追求的诉讼目标和诉讼利益就是公诉权、辩护权和审判权共同指向的对象，即包括国家刑罚权和犯罪人刑事责任在内的刑事实体法律关系；在诉讼程序面，诉讼程序主体根据法律规定参加刑事诉讼，行使程序性诉讼权利、履行程序性诉讼义务所追求的诉讼目标和诉讼利益就是案件事实。然而值得注意的是，如果没有诉讼权利和诉讼义务的工具和媒介作用，刑事诉讼法律关系客体就只能成为一个抽象的概念，而无法实现主体参加诉讼所追求的诉讼目标和诉讼利益。因此，诉讼权利和诉讼义务在刑事诉讼法律关系客体要素形成的过程中所起的作用是至关重要的。

总之，正是因为诉讼权利和诉讼义务在刑事诉讼实践中所发挥的这种独特的工具和媒介作用，才使得刑事诉讼法律关系的主体要素和客体要素两者能实现辩证统一。因此，笔者主张，诉讼权利义务是“主客二元结构”的基础媒介和必要支撑。正是这种以实践论为基础的“工具主义”权利义务观，为刑事诉讼法律关系“主客二元”结构形态的形成提供了重要的法律哲学基础。

第六章　刑事诉讼条件研究

从法哲学和法理学的角度而言，任何法律关系的存在都需要满足某些特定的条件。同样，刑事诉讼法律关系作为一种特殊的法律关系，也只有在满足某些特定条件的情况下，才能够发生、发展和消灭。因为只有在这些条件被满足的情况下，刑事诉讼程序才能够产生、存续和发展，继而刑事诉讼法律关系才能够产生、变更和消灭。

一、传统大陆法的诉讼条件学说

从词源上来说，“诉讼要件”术语是德国诉讼法学者标罗首创的。是 1868 年标罗在其经典文献《诉讼抗辩与诉讼要件》中为创建诉讼法律关系学说而提出的，并将其发展为诉讼法律关系理论的重要组成部分。后来这种学说被引入苏联诉讼理论中，并被作为诉讼法律关系理论的重要组成部分。但是，从理论内容和理论形态上来讲，苏联诉讼理论却与传统大陆法理论有着明显的差别。我国诉讼理论中的诉讼条件理论主要来源于苏联学说。就目前而言，我国诉讼理论中的诉讼条件学说，尽管也有学者研究，但是尚处于较为粗浅的层面，尚未深入到诉讼机制层面，同时对传统诉讼理论的合理因素也未能吸收。总体而言，苏联和我国大陆的诉讼条件理论，主要表现为以法理学上的法律关系理论为基础、以法律事实和法律规范为内容的理论形态；传统大陆法的诉讼条件理论，主要有“诉讼程序条件学说”“诉讼实体审判条件学说”“诉讼关系条件学说”等诸种学说。

(一) 德国诉讼要件理论的起源

诉讼要件理论是德国、日本等传统大陆法国家的基本诉讼理论之一。这种理论不但贯彻在民事诉讼领域，而且贯彻在刑事诉讼领域。标罗最初创建诉讼要件理论是基于为诉讼法律关系理论提供直接理论支撑的目的。标罗将民法学中的法律关系理论引入了诉讼法领域。在标罗看来，在诉讼过程中，法院与当事人也会产生实体法律关系之外的、以诉讼权利义务为内容的新的法律关系。而整个(民事)诉讼过程也是围绕着这种所谓的“诉讼法律关系”所形成的体系。这种诉讼法律关系的成立，只有在满足某些特定条件的情况下才会发生。因此，标罗所创立的诉讼要件理论的理论实质，是将其看作诉讼法律关系的成立要件。

1. 德国学者标罗的“三要件学说”

以当时德国实体法与程序法分离的思想为基础，标罗认为诉讼程序的设置应当体现“先程序、后实体”的理念。也就是说，法官在对案件进行实体审理前，首先应当对诉讼是否成立进行审查，如果具备规定的诉讼条件，就进行实体审理；否则就不再进行实体审理。前者就会在法院和当事人之间发生诉讼法律关系。对于诉讼要件的内容，标罗认为主要涉及诉讼的主体要件、标的要件和行为要件三方面。也就是说，诉讼如果要成立，就必须满足诉讼主体、诉讼标的和诉讼行为三个要件。这种理论框架所体现的是行为法学视角下的诉讼观。这种学说后来被引入日本，继而传入我国。在民国时期，我国就有学者采用这种学说，并以此三种基本范畴来构建整个刑事诉讼理论体系，目前所知的典型代表人物是蔡叔衡。

2. 近现代德国民事诉讼的“三要件说”

近现代德国诉讼理论和实践对标罗理论进行了批判地否定，通说主张诉讼要件分为三方面，即“关于法院的要件、关于当事人的要件、涉及诉讼标的的要件"[①]。尽管近现代德国的民事诉讼立法实践并没有采用标罗的"诉讼程序构造"学说，但是标罗的诉讼要件理论却为后世诉讼理论的发展奠定了重要的理论基础。显而易见，德国近现代民事诉讼理论中的"三要件说"是诉讼要件学说的重要理论分支学说。尽管目前尚且缺少更多翔实的资料来对其进行深入系统研究，但是笔者在此之所以将其作为考察研究的对象，主要是出于理论完整性的考虑。同时，尽管民事诉讼和刑事诉讼存在着性质、目的和运行机制等差异，但是由于传统大陆法诉讼理论主要来源于德国理论，而且刑事诉讼和民事诉讼是有着很大的共性和规律性的，因此，将德国近现代民事诉讼理论中的诉讼要件学说予以简单介绍，以期从中汲取有益因素。

3. 罗科信"诉讼程序条件学说"

如前述，在经过一百多年的发展之后，德国诉讼理论中的诉讼条件理论已经发生了比较重大的变化。这一原本适用于民事诉讼领域的重要诉讼理论，已经被成功引入刑事诉讼领域，并且已经形成了具有符合刑事诉讼特质的独特内容和完整的理论体系。在当代德国刑事诉讼理论中，罗科信教授认为，"诉讼要件就广义而言，为举凡能影响整个诉讼程序或某些特定诉讼步骤之事项"。[②] 例如，法院管辖权问题、告诉的成立问题、被告适格与否的问题等与诉讼程序的成立、存续等密切相关的问题。在德国现代刑事诉讼理论中，只要是能够对整个刑事诉讼程序的启动、存续和发展，或者特定诉讼步骤产生（重要）影响的事项，就可以被看作广义的"诉讼程序条件"。

在德国刑事诉讼理论中，与广义诉讼要件相对的，是狭义的诉讼要件。实际上，所谓狭义的诉讼要件，就是所谓的"审判要

① 孟涛、潘水良：《论标罗诉讼要件理论的创立》，载《政治与法律》2008 年第 5 期。

② ［德］克劳思·罗科信：《刑事诉讼法》，吴丽琪译，法律出版社 2003 年版，第 186~187 页。

件”，就是能够引起审判程序得以启动、发展和消灭的程序性事项。具体而言主要有以下几方面：其一是法院的审判权力[①]，主要涉及德国法院相对于被告的管辖权（即德国法院根据其国内法所具有的属人管辖权）、没有限制性的引渡条件以及法院事物管辖权和土地管辖权等问题。其二是“具体案件之可追诉性”[②]，其主要要求法院将要审判（或者所要追诉）的犯罪，必须是尚未经过实体审判的、尚未超过实体法规定的追诉时效，或者尚未因为法定赦免事由而导致诉讼不能进行的情形。如果法院发现这些情形，就不得启动审判程序；已经启动审判程序的，需要立即终结审判程序。其三是“被告之可追诉性”[③]。这是对作为刑事追诉对象的被告人在接受审判的能力（或者资格）方面的要求。这项要求主要涉及三方面因素：①“被告必须是活着的，并且有诉讼能力。”[④]如果被告已经死亡，或者没有诉讼能力，就意味着被告人在生理上或者精神上不具有接受审判的最起码能力或者资格。在这种情况下，如果启动或者继续推动审判程序，就会使得审判程序存在（或者继续推进）的必要性和正当性受到质疑。②在审判过程中，被告原则上应当在场，但是法律有例外规定的除外。这主要是传统大陆法诉讼理论中的直接审理和言词审理原则的要求。刑事诉讼是事关被告人生命、人身自由和财产等基本人权的诉讼程序，因此通常要求被告在审判时必须到场。这是审判程序的正当性和公正性的要求。③被告不能因为担任民意代表而获得刑事司法上的免责权（或者刑事司法豁免权），从而得以免受来自国家的刑事追诉。这就意味

① 参见［德］克劳思·罗科信：《刑事诉讼法》，吴丽琪译，法律出版社2003年版，第187页。

② ［德］克劳思·罗科信：《刑事诉讼法》，吴丽琪译，法律出版社2003年版，第188页。

③ ［德］克劳思·罗科信：《刑事诉讼法》，吴丽琪译，法律出版社2003年版，第189页。

④ ［德］克劳思·罗科信：《刑事诉讼法》，吴丽琪译，法律出版社2003年版，第189页。

着，被告必须是没有司法豁免权或者其他司法特权的自然人或者法人。在刑事诉讼中，前述狭义的诉讼要件必须完全具备，实体上的刑事审判才能够进行，否则审判程序就会缺乏存在的必要性和正当性。

无论对于这些广义上的诉讼条件，还是狭义的诉讼条件，法院在诉讼过程中的每个程序阶段都要依职权主动进行审查处理。如果缺少诉讼要件或者存在诉讼障碍，那么处理具体刑事案件的诉讼程序就是不合法的，法院就不能对该具体的刑事案件进行实体判决。最终，处理特定刑事案件的具体诉讼程序就会被宣告终结。

（二）中国民国时期和当代中国台湾地区的诉讼条件理论

中国民国时期的诉讼条件理论，主要来源于当时对德国、日本诉讼理论的借鉴和学习。中国民国时期的著名诉讼法学者陈瑾昆就曾借鉴德国和日本等传统大陆法国家的学说提出“诉讼关系要件学说”。在他看来，所谓的“诉讼条件”实际上就是“诉讼关系成立及存续所必要之条件也”[①]。但是，陈瑾昆对诉讼要件的界定是模糊的，因为在他看来，诉讼关系是随着诉讼进程的不断推进而发展的，不同的诉讼阶段会产生不同的诉讼关系。而不同诉讼关系产生、发展和存续所必需的诉讼条件也是不同的。因此，凡是实施诉讼行为所必要的条件，都可称之为诉讼条件。[②] 由此可见，陈瑾昆对诉讼要件的界定本身就是模棱两可的，无法确定其所谓的“诉讼条件”究竟是“诉讼关系条件”还是“诉讼行为条件”。因为“诉讼条件”范畴本身就是一个开放的范畴，所以陈瑾昆又对其种类进行了不同区分。总体上来讲，陈瑾昆对诉讼要件的阐述是简单化的。另外值得指出的是，我国民国时期也有学者主张，诉讼要件就是诉讼程序的成立要件。

由于特殊的社会历史原因，中国台湾地区的刑事诉讼理论继续

---

① 陈瑾昆：《刑事诉讼法通义》，法律出版社 2007 年版，第 111~112 页。

② 参见陈瑾昆：《刑事诉讼法通义》，法律出版社 2007 年版，第 111~112 页。

沿着这一传统理论路径不断发展。总体上而言，目前中国台湾刑事诉讼中的诉讼条件理论，与中国民国时期的理论可谓是同根同源、一脉相承，也主要源于对德国、日本等传统大陆法系国家诉讼理论的借鉴和学习。总体上而言，对于刑事诉讼的诉讼要件理论，中国民国时期和当代台湾地区诉讼理论中主要有三种观点：①“实体裁判要件说”，即主张其“系指法院得就该案件之实体加以裁判，即为实体的审判之条件者”[①]。②“实体诉讼关系要件说”，即在将诉讼关系区分为形式诉讼关系和实体诉讼关系的基础上，将刑事诉讼中的“诉讼条件”界定为“足以发生实体的诉讼关系之条件者”[②]。如前所述，这与陈瑾昆的学说如出一辙。③“诉讼系属说”，即其为“使诉讼适法系属于受诉法院之条件者”[③]。对此，台湾地区学者陈朴生在其《刑事诉讼法实务》中，对台湾地区刑事诉讼中的“诉讼条件学说”进行了专门论述[④]。然而，在陈朴生看来，无论采用前述何种诉讼条件学说，只要诉讼条件没有得到满足，法院就无法通过诉讼过程形成诉讼实体，来对刑事案件进行实体判决。因此，陈朴生主张，“欲为实体的判决，必具有实体的诉讼关系在。实体的诉讼关系之发生，应具备一定之条件。称此条件，为诉讼条件”。[⑤] 也就是说，所谓的“诉讼条件”，就是指“进行实体审判的有效、存续、发展条件”。[⑥] 由此可见，陈朴生实际上并未明确提出某种独立的学说，而是将理论界既有的多种观点予以综合。

① 陈朴生：《刑事诉讼法实务》，台湾海天印刷厂有限公司 1998 年版，第 119 页。
② 陈朴生：《刑事诉讼法实务》，台湾海天印刷厂有限公司 1998 年版，第 119 页。
③ 陈朴生：《刑事诉讼法实务》，台湾海天印刷厂有限公司 1998 年版，第 119 页。
④ 陈朴生：《刑事诉讼法实务》，台湾海天印刷厂有限公司 1998 年版，第 119 页。
⑤ 陈朴生：《刑事诉讼法实务》，台湾海天印刷厂有限公司 1998 年版，第 119 页。
⑥ 陈朴生：《刑事诉讼法实务》，台湾海天印刷厂有限公司 1998 年版，第 119 页。

1. 审判程序的诉讼条件[①]

在中国台湾地区的刑事诉讼理论中，通常认为，诉讼条件与侦查条件、公诉条件以及审判条件是不同的。尤其是在传统大陆法诉讼理论中，诉讼条件与审判条件两者实际上都属诉讼条件学说的理论体系。但是，陈朴生学说中所谓的“诉讼条件”，通常是指广义的诉讼条件；而其所谓的“审判条件”，实际上就是狭义的诉讼条件，其在内涵上确指“法院欲为实体判决所必备之条件”[②]。如前所述，陈朴生以“诉讼两面说”为根据，将不同诉讼层面的审判条件，划分为审判程序面的“形式诉讼条件”和审判实体面的“实体诉讼条件”。这两种诉讼条件在内容上是直接以中国台湾地区“刑事诉讼立法”的明确规定为根据的。首先，审判程序中的形式诉讼条件，主要涉及以下几方面内容：①法院对具体刑事案件具有审判权和管辖权。这与当代德国学者罗科信的“法院之审判权力”要件有相同之处，但是也有区别。②具体的刑事案件尚未向法院起诉。这是具体刑事案件在“事的可追诉性”上的要求，否则根据“一事不再理”原则，不得再向法院提起诉讼。③告诉乃论的犯罪已经告诉，未经撤回或者未超过告诉期间。通常对于公诉案件而言，诉讼的成立必须以检察官提起公诉为前提。但是，对于自诉案件，必须存在合法有效的告诉，否则，法院根据不告不理原则，不得主动对这些犯罪进行追诉。这就意味着，当事人的告诉是法院获得该类案件的审判权和管辖权的前提。如果当事人没有告诉，或者告诉后又被撤回或告诉超过法定告诉期限的，法院就不得启动审判程序对案件进行实体审理。④在做出不起诉处分或者撤回起诉的情况下，在法律允许的范围内再次提起诉讼的。⑤当事人具有当事人能力的。⑥被告尚未死亡。最后两项要求主要是对“被告的可追诉性”的要求，如果这两项条件不能满足的话，就必然

① 参见陈朴生：《刑事诉讼法实务》，台湾海天印刷厂有限公司 1998 年版，第 125 页。

② 陈朴生：《刑事诉讼法实务》，台湾海天印刷厂有限公司 1998 年版，第 125 页。

会导致诉讼程序的终结。总之，前述六方面条件必须同时具备，否则就不会启动审判程序，并进而发生程序的诉讼法律关系。

其次，审判程序的实体诉讼条件是法院对具体的刑事案件进行实体审判所必须具备的实体法条件，其主要内容包括四方面：①“未经判决确定者”[①]。这主要是传统大陆法诉讼理论中一事不再理原则的基本要求。如果特定的刑事案件已经法院实体审判，法院就不得对其进行再次审判。②“时效未完成者”[②]。根据刑事实体法的规定，犯罪已过追诉时效的，就已经没有追诉的必要性可言。③“未经大赦者”[③]。如果犯罪人已经被大赦免除其刑罚的，也不存在再次追诉其犯罪的必要性。④“犯罪后之法律并未废止其刑罚者”[④]。犯罪后刑事实体法废止特定犯罪的刑罚的，根据“从旧兼从轻”原则，检察机关就不得对其进行起诉，法院也不得对案件进行审判。总之，在台湾地区刑事诉讼中，只有法律规定的前述四项条件都具备，法院才能够对具体的刑事案件进行实体审理，继而诉讼实体面的实体法律关系也才能够产生。也就是说，审判程序的实体诉讼条件，实际上就是诉讼实体面中实体法律关系的产生和形成的条件，而且这种条件也是对刑事案件本身所涉及的犯罪嫌疑人、被告人和犯罪事实的要求。

2. “诉讼两面说”基础上的分类学说

对于诉讼条件的种类，陈朴生还根据所有案件的共通性、是否可依职权调查、特定事项是否存在、属于程序事项还是实体事项等不同标准进行了划分。在诉讼条件的诸多分类中，与刑事诉讼法律关系紧密相关的，就是将其划分为形式诉讼条件和实体诉讼条件的分类。因为在传统大陆法诉讼理论中，在“诉讼两面说”的理论框架下，通常将前者看作引起“形式的诉讼法律关系”的原因，

① 陈朴生：《刑事诉讼法实务》，台湾海天印刷厂有限公司 1998 年版，第 125 页。
② 陈朴生：《刑事诉讼法实务》，台湾海天印刷厂有限公司 1998 年版，第 125 页。
③ 陈朴生：《刑事诉讼法实务》，台湾海天印刷厂有限公司 1998 年版，第 125 页。
④ 陈朴生：《刑事诉讼法实务》，台湾海天印刷厂有限公司 1998 年版，第 125 页。

将后者看作引起“实体的诉讼法律关系”的原因。对此，我国台湾地区学者陈朴生曾进行过较为系统完善的理论诠释。陈朴生认为，以“诉讼两面说”为基础，如果将诉讼分为诉讼程序面和诉讼实体面，那么无论在诉讼程序面还是在诉讼实体面都存在着某些对整个刑事诉讼过程或者重要诉讼程序的存续和发展产生较为重要影响的诉讼条件。具体而言：

首先，诉讼条件中有属于程序面的部分条件，因其在性质上属于与实体性事项并没有直接关联的程序性事项，同时在法律效果上只发生诉讼效果，故而称为“形式诉讼条件”“程序关系诉讼条件”。如果法院发现诉讼缺少形式诉讼条件，就应当就法律规定的程序性事项进行专门审查，如果经审查确认确实缺少这种诉讼条件，就没有必要再对特定的刑事案件进行实体审理，同时实体法律关系也就没有发生的可能性。如在台湾地区刑事诉讼中法院作出不受理判决、管辖错误判决等程序性裁判。

其次，诉讼条件中属于实体面的部分条件，因其在性质上属于实体性事项，并且在法律效果上产生实体法律效果，故而称为“实体诉讼条件”“实体关系诉讼条件”。如果法院发现缺少实体诉讼条件，就与实体法律关系是否形成存在直接关联。而与此同时，在我国台湾地区刑事诉讼中，由于受“一事不再理”原则的制约，当发生此种情形时，法院就应当根据刑事实体法的规定作出免诉判决等实体性裁判。[①] 由此可见，诉讼条件的这种分类是建立在“诉讼两面说”基础上的，并且是与诉讼两面关系学说具有直接理论关联的。因此，针对这种分类的研究，对于系统研究和构建传统大陆法中的诉讼关系理论进而完善我国刑事诉讼法律关系理论体系，具有积极的推动和促进作用。

① 参见陈朴生：《刑事诉讼法实务》，台湾海天印刷厂有限公司 1998 年版，第 123~124 页。

二、苏联和我国的诉讼条件理论

（一）苏联诉讼条件理论

苏联刑事诉讼理论中的诉讼条件理论，主要是某种特定性质的法律事实理论。这是由于苏联刑事诉讼法律关系理论中，其将法律关系理论作为理论基础，将法律事实作为刑事诉讼法律关系的产生、变更和消灭的条件。这就导致苏联诉讼条件理论无论在理论形态还是在研究方法上都区别于传统大陆法理论。

苏联学者普遍认为，刑事诉讼法律关系的产生、发展、变化和终止，与刑事诉讼活动有着密切的联系。同时，刑事诉讼活动的产生、发展及其方向和目的，与刑事诉讼法律关系也存在着某种联系。刑事诉讼活动的任务决定着刑事诉讼法必须具备“法律调整的权威方式”。其实质就在于将享有全权处理诉讼问题的国家机关作为刑事诉讼法律关系的必要主体之一。国家机关正是因为享有这种处理诉讼问题的绝对权威，只要诉讼过程中出现某些特定的法律事实，就要行使权力实施法律规定的诉讼活动。国家机关有权要求公民、公职人员、国家机关和社会团体实施或者不实施指定的行为；如果其拒不执行这种要求，就会对其采取某些强制措施。由此可见，在苏联具有浓厚的行政治罪性质的刑事诉讼观念影响下，法律事实的运行机制主要依靠“法律调整的权威方式”，即国家机关有全权处理一切诉讼问题的绝对权威，并且以此来发生、发展、变更或者消灭某些刑事诉讼法律关系。由此可见，苏联刑事诉讼中的诉讼条件理论实质上与19世纪末德国学者标罗所创立的诉讼要件理论是相同的，而且根据苏联诉讼理论界的通常看法，两者存在着某种来源上的借鉴和传承关系。①

（二）中国大陆当代的刑事诉讼条件理论

我国大陆刑事诉讼理论界只有少数学者借鉴苏联诉讼条件理

---

① 参见［苏］蒂里切夫等：《苏维埃刑事诉讼》，张仲麟等译，法律出版社1984年版，第18~24页。

论，将法律关系理论作为法理基础，并将法律规范和法律事实作为其基本内容。这种学说通常被认为具有浓厚的法理学色彩，只是将法理学中有关法律关系发生根据的理论简单适用于诉讼法理论中，并不能揭示其发生作用的诉讼机理。值得指出的是，苏联和我国大陆理论上的诉讼条件理论，通常是指刑事诉讼法律关系得以产生、发展和变更的诉讼条件。在范围上，诉讼条件通常包括法律事实和法律规范两方面。这种诉讼条件理论的法哲学和法理学基础主要是法律推理的三段论学说。具体而言，在我国当代法理学理论中，法律实践过程通常是在规范与事实之间，通过两者的互相建构来实现的。这是因为所有的法律实践问题通常都是围绕“法律事实与法律规范”两大范畴来展开的。也就是说，法律实践在内容上主要围绕事实与规范展开。在法律运行过程中，事实与规范不可能是截然分开的，没有规范的法律实践活动和没有事实的法律实践活动，都是不可想象的。在三段论式的法律运行模式下，一切法律活动的首要问题就是事实问题。因为事实作为法律推理的小前提，是司法裁判活动的基础和逻辑起点。法官、检察官和律师在参加司法活动处理具体案件时，首先就是要发现事实真相，通过运用证据来重建和认定法律事实，并据此判断其法律属性。而规范问题是法律事实被建构后，寻找、发现和进行法律推理所必需的大前提，是司法裁判的法律依据。最终，法律事实和法律规范相互作用的结果，就是法律推理的结论，也就是司法裁判。法律运作的实践过程，是法律事实和法律规范的相互建构过程。综上所述，在我国当代诉讼理论中，某些学者所主张的诉讼条件理论，正是建立在这种法理学和法哲学基础上的。

从理论上来讲，将刑事诉讼概括地看作一种法律推理活动，虽并无不妥，但却有其局限性。在司法实践中，这种法律推理理论更多运用于实体法领域，主要原因是在人们在社会生活中发生的实体法关系通常一旦发生，就相对稳定，不会产生持续、不可预期的变动。但是在传统大陆法理论中，诉讼法通常被看作是“司法法”，也就是将诉讼法本身作为实体法的适用方法、程序和规则。因此，如果将刑事诉讼这种特殊的法律现象本身看作纯粹的法律推理，尽管从抽象的宏观层面来讲也并无不妥，但是刑事诉讼活动本身是一种频繁变动的法律状态和法律关系的混合体，采用这种理论来解释诉讼机制并不能揭示诉讼的特有属性和特有运行规律。因此，笔者认为，这种理论实际上是存在很大局限性的。

三、我国刑事诉讼条件理论的重构

(一) 刑事诉讼法律事实的理论重构

1. 哲学上的“事实”

哲学上的“事实”，通常指的是一种客观存在或者实际存在。由于这种客观存在既包括现实存在也包括历史存在，既包括物质存在也包括精神存在，因此“事实”实际上就是特定社会历史时空范围内的客观存在。值得注意的是，事实这种存在不必然与人的社会活动有关，因为事实既可能与人的社会活动有关，也可能与人的社会活动无关。其中，前者就是社会事实，是人参加的社会活动或者社会运动；后者就是自然事实，是自然界的客观事物及其自然运动。由此可见，从哲学层面来讲，“事实”与“事物”密切相关，但也有不同。尽管两者都有客观存在性，都属于客观存在的范畴，但值得注意的是，事实不但包括事物本身，还涉及事物的运动、变化和发展过程。事实作为一种客观存在，是不以人的意志为转移的。因为不同的人对同一事物会有不同的认识，这就意味着有多少人就会有多少种认识。不论其是否为人们的意识所感知和认识，都不会影响其存在的物质性、客观实在性。因此，事实本身与人们对事实的感知和认识，分别属于存在和意识两个领域。最后，就事实本身的构成而言，它不但涉及客观事物，还涉及客观事物的运动、变化和发展及其结果等方面的要素。其中，事物是客观事实的参加者，是事实的主体性要素；它在范围上既可以是自然界的物体，也可以是人类社会中的人。事物的运动，是事实主体在特定的时空范围内的运动、变化和发展过程。它的运动结果就是事物的运动对客观世界所造成的影响，是事物运动引起的事物自身及其周围客观物质世界的变化、发展。

2. 法律哲学和法理学中的“法律事实”

通常来讲，现代法哲学中的“法律事实（Legal Fact）”，并不是所谓的“法的事实（Fact of Law）”。所谓的“法律事实”通常是指社会生活中那些被法律所调整的，或者带有法律意义的事实。这种事实是一种已经确定的客观存在，带有所有事实都具有的一般属性，即客观性和确定性。但同时法律事实还带有其他事实所没有的特点，如历史性、间接性。因为法律事实是经过法律调整过的、过去已经发生的事实，因此它还是一种历史性事实、间接性事实。具体而言：首先，法律事实的客观性，就是指法律事实的原型实际上就是曾经发生的客观事实，是客观事实在认识主体意识中的反映，因此内容上的客观性是法律事实的重要特点。其次，法律事实是一种历史性事实。法律事实所反映的客观事实，普遍都是过去发生过的历史性事实，在时间范围上具有历史性事实发生的单向性，大多都是无法重演或者重复发生的。当社会纠纷发生后，后来的认识主体无法将客观事实本身完整恢复原状，只能通过证据等途径来逐渐还原部分事实。最后，法律事实具有间接性。在处理案件过程中，作为认识主体的司法人员没有亲身经历争议事实，因而只能通过“证据”媒介来间接地还原客观事实。因此作为认识结果的法律事实，实际上只是客观事实的主观反映，具有间接性特点。

实际上，即便是在我国当代法律哲学中的“法律事实”，其与法理学上的“法律事实”也是有着一定的区别的。我国法理学上的法律事实，通常被看作法律关系理论的重要组成部分，是指法律规范所规定的能够引起法律关系产生、发展和消灭的事实，包括行为和事件。这种“法律事实观”实际上是民事法律事实理论在法理学领域的简单照搬移植，因而存在着很大的理论局限性。通常而言，法律事实根据其内容是否与人的意志有关，可以划分为法律行为和事件两类。其中，法律行为是最主要的法律事实，合法有效的法律行为是法律关系产生、变更和消灭的最主要原因。同时，能够引起法律关系产生、变更和消灭的事件，主要是人们无法预测、无法控制和无法抗拒的自然事件或者社会事件，诸如引发社会关系剧烈变动或者变迁的各种自然灾害、战争、重大疾病等不可抗力事件。这是我国法理学界的主流学说。

3. 刑事诉讼法哲学中的“法律事实”

在我国传统理论中，很少有学者讨论刑事诉讼法律事实问题。因为在既有的刑事诉讼法律关系理论体系框架下，这种传统理论由于法理学中法律事实理论的局限性而存在着先天不足；而在被引入刑事诉讼领域之后，只能解释刑事诉讼作为一种法律现象，在法律规范与法律事实的共同作用下引发法律关系的机制。这种理论更侧重于从法理学和法哲学层面诠释刑事诉讼法律现象。就其政治哲学根源而言，笔者认为，正是由于受苏联政治哲学和法律哲学的影响，我国刑事诉讼理论实际上是将刑事诉讼看作一种法律上层建筑，力图通过上层建筑内部的运作机制，同时借助法律事实作为中介和桥梁，来实现法律的适用问题。因而，刑事诉讼通常被看作国家司法机关运用法律追究犯罪的行政治罪活动。所以刑事诉讼这种自上而下的法律运作机制，通常被看作刑事司法活动的同义语。

在我国刑事诉讼理论中，刑事诉讼法律事实通常就是指刑事诉讼法律规定的、能够引起刑事诉讼法律关系产生、变更和消灭的法律事实。刑事诉讼法律事实作为法律事实的一种，具有所有法律事实都具有的特征，同时也具有其他法律事实所不具有的特点。如在法律根据和法律后果上都区别于通常意义上的法律事实，又如这种法律事实作用的场域，实际上局限于诉讼场域，不同于日常生活中所发生的各种社会生活事实。就目前而言，我国传统诉讼理论通说认为，诉讼行为是最为常见的法律事实。当然这通常被限定在符合法律行为有效要件的那部分诉讼行为范围内；但是对于其中的属于事实的诉讼行为，通常不被看作刑事诉讼法律事实的范畴。

值得注意的是，传统大陆法诉讼理论中的“诉讼行为”问题，在研究刑事诉讼法律事实时，可以说是一个始终都绕不过去的问题，也是始终都无法回避的理论问题。刑事诉讼行为理论是传统大陆法诉讼理论中的基本理论问题，德国、日本和我国台湾地区的学者对其研究较为深入，近年来我国大陆也有少数学者对诉讼行为理论进行过深入、精到的研究，[①] 但是作为一种先进的理论尝试，尚处于理论探索阶段，尚未进入实际的理论应用阶段。因此，笔者认为，要取得刑事诉讼法律关系理论的重大突破，在很大程度上还需要取决于刑事诉讼法律事实理论的发展和完善，尤其是刑事诉讼行为理论研究和应用尚有待深入；同时，这也是制约目前刑事诉讼法律关系理论研究继续深入的重要因素。因此，目前对刑事诉讼法律事实理论的完善，从诉讼行为理论切入是一个很好的方向。

（二）刑事诉讼条件的理论重构

在我国传统诉讼理论和司法实践中，刑事诉讼中具体案件的法律事实通常被称为“案件事实”。这种案件事实通常也被看作证据法理论上的证明对象。在范围上，刑事案件事实既包括实体法事实，也包括程序法事实。其中，实体法事实就是有实体法意义的事实，主要是与定罪量刑有关的法律事实。如果从诉讼机制的角度来讲，查明定罪事实和量刑事实，这是刑事诉讼的首要目标。因为它对确定实体法关系，实现国家刑罚权和追究犯罪人刑事责任都有着决定性意义。程序法事实就是具有程序法意义的事实，从诉讼程序的运行机制角度来看，它是能够对整个诉讼进程或者某些诉讼程序产生重大影响的事项；但是如果从诉讼关系运行机制的角度来看，它则是能够引起刑事诉讼法律关系生成、变更或者消灭的事实。

同时，对于刑事诉讼中的法律事实，根据功能和作用的不同，

---

① 典型的例子是，樊崇义教授在其主编的《诉讼原理》中就对诉讼行为理论的产生及沿革、诉讼行为的概念和分类、诉讼行为的评价和要件以及其他重要理论问题进行了深入系统的研究和探讨。参见樊崇义：《诉讼原理》，法律出版社 2009 年版。

可将其大概分为生成性事实、变更性事实和消灭性事实。对此，笔者拟在我国现行法律规定的各种诉讼条件的基础上，抽象出某些具有典型意义的生成性事实、变更性事实和消灭性事实进行分别论述。当然，值得强调的是，这其中涉及刑事诉讼法律关系的阐述都是以“诉讼两面说”为基本的理论立场的。就刑事司法场域中的法律关系来讲，在刑事实体法理论场域中的实体法律关系，既是刑事诉讼的基本目标，也是刑事诉讼法律关系的客体；在刑事诉讼理论场域中的诉讼关系，即存在于诉讼实体面的基本诉讼关系，是为查清实体法事实、实现实体法关系服务的，而存在于诉讼程序面的刑事诉讼关系，则是为查清基本的程序法事实、实现基本诉讼关系而服务的。

基于此，笔者认为，应当借鉴吸收德国等国的传统大陆法理论的有益因素，并对我国现有的法律事实理论进行适当取舍，来重新构建符合我国实际的刑事诉讼条件理论。

1. 实体法事实是刑事诉讼法律关系运行的基本目标

刑事诉讼过程中对案件事实的探寻和追问，以及由此所展开的一系列诉讼活动，都是围绕这些决定和影响实体法关系最终确定的实体法事实展开的。如果说，刑事实体法关系是整个刑事诉讼所追求的诉讼目标和刑事诉讼法律关系客体，那么这些实体法事实便成为实体法关系的事实基础和逻辑起点，也是所有的刑事诉讼活动所围绕的核心问题之一。传统大陆法国家通常将这种查明实体法事实的过程称为实体形成过程。而这个过程，与刑事诉讼法律关系的客体却存在着密切的关系。一方面，这种实体法事实本身就是刑事诉讼法律关系的重要客体；另一方面，这种实体法事实还是作为刑事诉讼法律关系之重要客体的刑事实体法律关系得以产生的重要基础和事实根据。因此，在刑事诉讼法律关系的理论框架下，这些实体法事实是诉讼实体面中的刑事实体法律关系得以形成的基础和根据。这就意味着，这些实体法事实也是刑事诉讼程序产生和存续的重要条件。如果不具备这些实体法上的事实条件，就无法搞清楚刑事诉讼的基本诉讼目标。因而，如果要将“刑事诉讼条件”作为研究对象，就必须搞清楚刑事诉讼程序得以存续所必须具备的实体法方面的事实条件。

在刑事案件中的实体法律事实，在内容上主要包括犯罪构成要件事实和免予刑事追诉的事实情节、各种法定或者酌定量刑情节和免于刑事处罚的事实情节。它们的主要功能和作用在于定罪和量刑。在我国传统诉讼理论和司法实践中，在功能上对定罪具有决定意义的实体性事实，就是“与定罪有关的实体法事实”；同时，在功能上对于对量刑具有决定作用或者重要影响的实体性事实，就是“与量刑有关的实体法事实”。也就是说，前者主要是定罪事实，其在刑事诉讼中的主要功能和作用是确定犯罪嫌疑人、被告人是否应当承担刑事责任，国家对犯罪人是否具有具体刑罚权。而后者主要是量刑事实，其在刑事诉讼中的主要功能和作用就是在对犯罪嫌疑人、被告人定罪的基础上确定刑事实体法律关系，即确定犯罪人应当承担刑事责任的具体范围和国家针对特定犯罪人就其特定犯罪事实所能够行使的国家刑罚权的具体范围。具体而言：

（1）与定罪有关的实体法事实。主要包括犯罪构成要件事实、免于追究刑事责任的实体性事实。首先，犯罪构成要件事实，就是在具体的刑事案件中表明特定犯罪嫌疑人、被告人的犯罪嫌疑行为符合刑法规定的犯罪构成要件的实体法事实。它在内容上主要包括犯罪主体、犯罪客体、犯罪客观方面和犯罪主观方面等要件事实。其中，在犯罪主体资格上，自然人通常要有刑事责任能力，特定犯罪主体的要求法定的特殊身份。根据我国现行的刑法规定和刑法学理论，结果犯、身份犯、目的犯、手段犯，都是要求必须具备特定的选择性要件事实，才能构成犯罪，并追究其刑事责任；否则，犯罪嫌疑人、被告人的犯罪嫌疑行为就不构成犯罪，不能追究其刑事责任。在刑事诉讼过程中，依法查明这些实体性事实，对于确定犯罪嫌疑人、被告人是否构成犯罪、是否应当追究其刑事责任（即国家对特定犯罪嫌疑人、被告人就特定犯罪事实是否具有具体刑罚权），都有着重要的决定意义和影响作用。其次，免于追究刑事责任的实体法事实，主要是查明是否存在正当防卫、紧急避险，以及自首、立功等法律规定的应当或者可以免于追究刑事责任的情形。总体上，这些实体法事实存否，直接决定了公安司法机关对犯罪嫌疑人、被告人如何定罪，因而其对诉讼实体面中实体法律关系的形成过程和最终结果都会有着直接的决定或者影响作用。

（2）与量刑有关的实体法事实。主要包括各种法定或者酌定量刑情节、免予刑事处罚的实体法事实。众所周知，定罪是量刑的基础，量刑是定罪的必然结果。因此，在具体刑事案件中的犯罪嫌疑人、被告人被依法定罪之后，法院还要在定罪的基础上综合全部案件事实，尤其是各种影响量刑的事实情节，在法律规定范围内裁量确定犯罪人是否应当处以刑罚、处以何种刑罚和何种刑罚幅度（即是否处刑、处以何种具体刑种和刑度）。这个刑罚裁量过程，实际上就是确定有罪的犯罪嫌疑人、被告人就该特定犯罪事实所应承担的刑事责任的具体内容，同时确定国家对该特定犯罪人所具有刑罚权的具体内容。因为犯罪人的刑事责任和国家的刑罚权是“一体两面”的，也就是说，两者是同一事物的两个方面。因此，法院裁量刑罚的过程，既是确定犯罪人刑事责任的过程，也是确定国家的具体刑罚权内容的过程。也就是说，量刑过程是这两个过程的统一。从运行机制上来说，刑罚裁量过程，实际上就是法院根据刑法规范和经查证属实的量刑事实，逐步确定国家与犯罪人之间刑事实体法律关系的具体过程。

总而言之，在诉讼实体面，作为诉讼主体，公安司法机关和当事人共同参加刑事诉讼活动，通过各自履行控诉、辩护和审判职能，并且运用诉讼程序所特有的证明机制，来逐渐查明包括定罪事实和量刑事实在内的各种实体法事实，从而逐渐形成并确定具体的实体法关系。具体而言，在我国刑事诉讼的特有语境中，首先，侦查机关通过侦查活动查明犯罪事实、查获犯罪嫌疑人，并负责收集各种足以影响定罪量刑的诉讼证据。在完成这些基本的侦查任务，侦查机关认为其已经收集到确实、充分的犯罪证据，足以使犯罪嫌疑人被认定构成犯罪并处以刑罚后，就可以终结侦查程序，将案件移送检察机关审查起诉。其次，在审查起诉阶段，检察机关在承担辩护职能的犯罪嫌疑人和承担控诉职能的被害人的参加下，就犯罪嫌疑人的犯罪事实依法进行审查。这就既要审查实体法律关系整体赖以存在的定罪事实，又要确定实体法律关系具体内容所依据的量刑事实。如果检察机关在影响定罪量刑的事实都查清楚的情况下认为符合法定条件的，就要依法提起公诉。① 最后，在审判阶段，法院在承担控诉职能的检察机关、被害人和承担辩护职能的被告人等诉讼主体的参加下，依法履行审判职能，对与定罪量刑有关的事实、证据和法律适用问题进行审理。在经过控辩双方充分质证、辩论之后，法院认为包括定罪事实和量刑事实在内的犯罪事实清楚、证据确实充分的，就可以依法作出有罪判决，并确定国家与犯罪人之间的实体法关系。

综上，在我国刑事诉讼的特定语境中，在诉讼实体面的实体法律关系就是通过诉讼程序所特有的证明机制、事实认定机制和法律适用机制逐渐得以形成和最终确定的。因此，刑事案件中的实体法事实既是刑事诉讼首要、基本的诉讼目标，也是刑事诉讼法律关系运行的基本目标。

2. 程序法事实是诉讼关系运行的事实基础

刑事诉讼就其运行机制而言，主要是通过法定的诉讼条件来生成、变更和终结特定的诉讼程序，继而通过这些特定诉讼条件中所蕴含的法律事实来生成、变更和消灭刑事诉讼法律关系。这就意味着，在我国刑事诉讼的特定语境中，诉讼机制实际上包括诉讼程序的运行机制和诉讼法律关系的运行机制两部分。而如果将诉讼机制

① 《刑事诉讼法》第172条规定："人民检察院认为犯罪嫌疑人的犯罪事实已经查清，证据确实、充分，依法应当追究刑事责任的，应当作出起诉决定，按照审判管辖的规定，向人民法院提起公诉，并将案卷材料、证据移送人民法院。"

的运行层面划分为诉讼实体面和诉讼程序面的话，那么在先行的诉讼程序发生机制中，这些法定的诉讼条件就既包括某些特定的实体性条件，也包括某些特定的程序性条件；在后续的诉讼法律关系运行机制中，这些诉讼条件所蕴含的法律事实，就既涵涉某些实体性法律事实，也涵涉某些程序性法律事实。基于此，笔者主张，在借鉴传统大陆法诉讼条件理论中合理因素的前提下，在我国刑事诉讼制度和理论语境中，在诉讼程序的法定条件的基础上，探索构建契合我国诉讼制度理论和实践的诉讼法律事实理论。

通常来讲，在刑事诉讼进程中决定和影响诉讼程序的事项，既可能是实体法事项，也可能是程序法事项，或者两者兼而有之；但是由于实体法事实并非一开始就是清楚的，很多案件事实情节是需要通过诉讼过程来查明和确定的。在诉讼推进过程中，公安司法机关一方面要通过某些先前的诉讼活动来查明特定的实体法事实和程序法事实，同时还要将这些先前查明的案件事实，作为继续推进诉讼程序的事实基础。这就意味着，诉讼实体和诉讼程序实际上是在不同的诉讼层面同时发生和逐渐形成的。然而，这种天然的伴生关系使得各种事实问题、程序问题和实体问题混杂在一起，这就在客观上使得刑事诉讼过程中的各种实体性和程序性法律事实的认定机制、实体法关系和诉讼法律关系的运行机制相互混淆，尤其是在其各自运行过程间的杂糅、混同。总之，刑事诉讼中诉讼条件的功能，主要在于启动、变更或者终结特定的诉讼程序；而法律事实主要是通过实体形成过程和程序形成过程，来推动和实现特定实体法关系和程序法关系的运行。

刑事诉讼中的法律事实，既有与实体形成事实密切相关的也有与程序形成事实密切相关的概括性法律事实。它的主要功能和作用在于在诉讼实体面引起实体法关系的形成、发展和确定；在诉讼程序面引起诉讼法律关系的产生、变更和消灭。从理论建构的角度，根据功能和作用的不同，可将其分为生成性法律事实、变更性法律事实和消灭性法律事实。

（1）生成性法律事实。所谓的“生成性法律事实”，就是指其功能旨在引起某些刑事诉讼法律关系产生的程序性法律事实。这是刑事诉讼法律关系得以产生、变更和消灭的积极条件，实际上也就是刑事诉讼程序得以启动、发展和存续的积极条件。这种生成性法律事实，大体上就相当于德国、日本等大陆法国家当代刑事诉讼理论中的诉讼条件。这种广义上的生成性法律事实，主要是能够影响刑事诉讼程序全过程或者对某些诉讼程序具有重大影响的事项。如罗科信教授主张，“诉讼要件就广义而言，为举凡能影响整个诉讼程序或某些特定诉讼步骤之事项”[①]。以此来反观我国当前刑事诉讼理论中存在的某些局限性，笔者认为，对我们重构诉讼条件理论，尤其是刑事诉讼法律事实理论有着重要的启发作用。

在我国现行刑事诉讼的特定语境中，我国《刑事诉讼法》第107条和第110条规定了刑事案件的立案条件。只要“发现犯罪事实或者犯罪嫌疑人”（第107条）、“有犯罪事实需要追究刑事责任的时候”（第110条），就要予以立案。如果立案机关在立案后发现自己没有管辖权的，应当依法移送有管辖权的公安司法机关处理。由于刑事立案的直接法律后果就是启动刑事诉讼程序，同时引起最广义的刑事诉讼法律关系的发生，因此，笔者认为，法定立案条件所内在要求的法律事实，就是我国刑事诉讼法所规定的、最基本的生成性法律事实。对其具体内容，笔者认为，借鉴德国等传统大陆法系国家诉讼条件理论，根据我国《刑事诉讼法》第107条和第110条规定，可以将这种生成性法律事实概括为三方面，即“刑事案件的管辖权”“犯罪事实”和“犯罪嫌疑人”。无论是对自行发现的还是通过其他形式发现的刑事案件，只要公安司法机关审查后认为具备前述三方面条件的，就应当启动诉讼程序，继而引起刑事诉讼法律关系的发生。就其诉讼理论意义而言，笔者认为，

---

① ［德］克劳思·罗科信：《刑事诉讼法》，吴丽琪译，法律出版社2003年版，第186~187页。

这既是我国刑事诉讼法规定的刑事案件的立案条件，也是法律规定的最基本的诉讼条件，同时也是最广义刑事诉讼法律关系得以产生的最基本条件。因此，在此种意义上而言，笔者称其为刑事诉讼中“最基本的发生性法律事实”。

但是与此同时，笔者注意到，传统大陆法诉讼理论中所谓的“广义诉讼要件学说”，通常包括管辖权问题、具体刑事案件的可追诉性问题和被告的可追诉性问题等方面。由于我国刑事诉讼理论界很少有学者进行专门探究，因此笔者拟在借鉴传统大陆法诉讼要件学说的基础上，在我国现行司法体制框架下对我国刑事司法语境中的“广义诉讼要件”进行尝试性探究，借此构建我国刑事诉讼理论语境下的“广义的生成性法律事实”理论。总体上而言，笔者认为，广义的生成性法律事实主要包括以下几方面：

第一，公安司法机关的刑事管辖权（立案管辖、级别管辖权、地域管辖权）。在传统大陆法诉讼理论中，通常强调法院的审判权力。这主要是由其“审判中心主义”的诉讼体制或者司法体制所决定的。但是，我国宪法和法律确定了“分工负责、互相配合、互相制约”的刑事司法体制。同时，我国现行的刑事诉讼法，对不同性质、级别的公安司法机关，在办理刑事案件的主管和管辖范围方面都进行了明确划分。这就要求公安司法机关在刑事司法活动中，必须严格按照刑事诉讼法规定的主管范围和管辖范围，依照法定程序办理刑事案件。因此，公安司法机关在具体刑事案件中具有对特定犯罪嫌疑人、被告人的管辖权，是刑事诉讼程序启动、存续和发展的重要前提。这既涉及不同公安司法机关之间在立案管辖上的分工问题，还涉及审判管辖问题，即不同法院之间的普通管辖和专门管辖问题以及级别管辖和地域管辖等问题。也就是说，法律规定的管辖机关之外的其他机关、组织和个人，在法定权限范围之外，不得非法启动刑事诉讼程序。

第二，特定犯罪嫌疑的追诉必要性，即具体刑事案件中“事的追诉必要性”。根据我国现行《刑事诉讼法》第 107 条、第 110

条和第 15 条规定，对于公诉案件，只要发现犯罪事实或者有犯罪事实需要追究刑事责任，同时不存在“犯罪已过追诉时效期限的”“经特赦令免除刑罚的”等阻碍诉讼程序存续或者继续进行的法定事由，就表明该案件具有“事的可追诉性”。否则，只要出现第 15 条规定的六种情形之一的，承办具体刑事案件的公安司法机关就应当终结诉讼程序。因此，特定犯罪事实的可追诉性，是处理案件过程中生成诉讼法律关系的前提。值得注意的是，尽管犯罪事实通常属于实体法事实的范畴，但是诉讼程序在启动之前，对犯罪事实的这种认定只是公安司法机关所做出的程序性认定，只是属于主观意义上的犯罪嫌疑而已。但是，公安司法机关所认定的这种犯罪嫌疑的追诉必要性，是诉讼程序存续和发展的必要条件。

第三，特定犯罪嫌疑人、被告人的可追诉性，即具体刑事案件中“人的可追诉性”。根据《刑事诉讼法》第 107 条规定，在公诉案件中，只要发现犯罪嫌疑人，公安司法机关就必须立案，启动刑事诉讼程序，就特定的犯罪嫌疑人进行刑事追诉。这就意味着，在具体的刑事案件中，犯罪嫌疑人、被告人成为被追诉者的必要前提主要表现为以下几方面：首先，作为被追诉对象的犯罪嫌疑人、被告人通常必须是有生命的自然人（除我国法律特别规定属单位犯罪的情形外）。否则，根据我国《刑事诉讼法》第 15 条的规定，应当禁止启动诉讼程序或者终止诉讼程序，前者之法律效果在于限制刑事诉讼法律关系的发生，后者之法律效果则在于使得已经发生的刑事诉讼法律关系彻底归于消灭。其次，作为诉讼活动参加者，犯罪嫌疑人、被告人必须具备相应的诉讼行为能力。对此，我国法律和司法解释都没有明确的规定。一般来讲，在我国刑事司法实践中，只要其具有相应的刑事责任能力和最基本的民事行为能力，通常就推定其当然具备相应的诉讼行为能力。因为根据我国刑法规定，对特定犯罪无刑事责任能力的犯罪嫌疑人、被告人，即使其实施了特定的严重危害社会的犯罪行为，也不应承担刑事责任。如此，具有追究和惩罚犯罪职责的公安司法机关就不得针对其启动刑事诉讼程序，即使已经启动相应追诉程序的，也应当依法予以终止。再次，审判时被告人原则上应当到庭参加诉讼。除我国《刑事诉讼法》特别规定的允许缺席判决的特殊情形外①，被告人原则上都应当到庭参加诉讼，接受法庭的依法审判。从诉讼原理上来讲，由于我国是成文法国家，在法律传统上属大陆法国家，我国现行的诉讼体制和诉讼模式要求被告人在没有法律规定的例外情形时，必须亲自出庭接受审判，不允许缺席审判，也不允许其他人代替其接受审判。简言之，这是直接言词原则的客观要求。最后，根据我国现行法律的特别规定，依法享有免受逮捕等强制措施限制其人身自由或者免受审判的特权的人大代表，非经依法批准或者备案不得对其采取强制措施或者审判。

值得强调的是，前述诉讼条件必须同时具备，才能确保刑事案件自身存续的客观基础，才能够确保刑事诉讼程序的发生、存续和发展，并确保刑事诉讼法律关系的顺利生成、发展和存续。如果从法律事实的角度来考量，广义诉讼条件所蕴含的生成性法律事实，实际上是一种构成性法律事实，而不是单一性的法律事实。

（2）变更性法律事实。所谓的“变更性法律事实”，就是指功能旨在变更某些特定的刑事诉讼法律关系的法律事实。在我国刑事诉讼中，能够引起诉讼程序发生变更的条件，主要包括侦查终结移送审查起诉的条件、检察机关审查终结提起公诉的条件、法院审查终结实体审判的条件等。然而，因为诉讼程序发生变更的诉讼条件既涉及某些实体性条件又涉及某些程序性条件，这些能够引起诉讼程序发生重大变更的事项，其中所蕴含着变更某种阶段性刑事诉讼

① 没收违法所得案件中适用特殊的缺席判决的规定：根据《刑事诉讼法》第280~283条和《刑事诉讼法解释》第507~523条的规定，对于贪污贿赂犯罪、恐怖活动犯罪等重大犯罪案件，犯罪嫌疑人、被告人逃匿，在通缉一年后不能到案，或者犯罪嫌疑人、被告人死亡，依照刑法规定应当追缴其违法所得及其他涉案财产的，人民法院应当按照法律规定的特别程序，在犯罪嫌疑人、被告人不到案、不出庭的情况下，对其违法所得进行处理。

法律关系的法律事实。同时，在“诉讼两面说”框架下的刑事诉讼法律关系的变更，不但涉及诉讼实体面上实体形成过程中所涵括的实体性诉讼法律关系，还涉及诉讼程序面上程序发展过程中所蕴含的程序性诉讼法律关系。这就意味着，引起刑事诉讼法律关系发生变更的法律事实，既可能涉及某些程序性事实，又可能涉及某些与程序相关的实体性事实。

由于我国刑事诉讼无论在诉讼程序的制度设计、还是在诉讼制度的理论构建上，都普遍采用“诉讼阶段论”，直接使得刑事诉讼立法和司法实践在诉讼制度层面都呈现出阶段性特征。除旨在启动诉讼程序的立案程序和终结诉讼程序的制度设计外，立法者还专门设置了相应的侦查程序、审查起诉程序和审判程序。这些专门程序之间存在着某种关联性和连续性，但是随着诉讼进程的不断推进，在具备能够引起诉讼程序发生变更的法定事由时，就会进入后续的诉讼阶段。这些引起诉讼程序发生变更的法定事由，就是足以影响诉讼程序发展进程的重大事项。同时，这也就意味着，这些法定事由其中就蕴含着推动刑事诉讼法律关系发生变更的变更性法律事实。简而言之，在整个刑事诉讼过程中，当前诉讼阶段推进到某种程度的时候，只要满足后续诉讼阶段诉讼程序的启动条件，就会启动其后的诉讼程序，也就必然引起刑事诉讼法律关系的变更。因此，笔者认为，这些后续诉讼阶段之诉讼程序的启动条件，就是引起刑事诉讼法律关系发生重大变更的法律事实。这主要包括侦查终结移送审查起诉的条件、审查终结提起公诉的条件和庭前审查终结实体审判的条件。具体而言包括以下几个方面：

首先，侦查终结移送审查起诉的条件。

侦查终结，通常是在刑事诉讼过程中，当侦查目的已经实现或者不再具备继续侦查的条件时，依法终结侦查程序的诉讼活动。在我国刑事诉讼中，侦查终结通常被认为具有独立的程序意义。根据我国《刑事诉讼法》第 160 条和第 161 条的规定，负责侦查的公安机关或者检察机关自侦部门，如果已经查清犯罪事实、查获犯罪嫌疑人并且收集了足够证据的，或者经专门调查发现没有犯罪事实或不应追究犯罪嫌疑人刑事责任、缺乏继续侦查的条件和必要性的，就应当依法终结侦查程序、结束诉讼活动。侦查终结主要有两种情形：一是已经查清犯罪事实、查获犯罪嫌疑人，并且已经收集到确实充分的证据的。这表明，法律规定的侦查任务已经完成，已经具备将案件移送检察机关审查起诉的事实和证据条件。二是经专门调查发现没有犯罪事实、犯罪事实并非犯罪嫌疑人所为的或者不应追究犯罪嫌疑人刑事责任，缺乏继续侦查的条件和必要性的。根据第 161 条规定，在侦查过程中，只要发现不应追究刑事责任的情形，通常就应当依法销案。经前述分析，不难发现，《刑事诉讼法》第 161 条规定实际上是第 15 条规定在侦查阶段的具体表现之一。两者都是终结侦查程序的法定理由，也是刑事侦查法律关系消灭的事实根据和重要原因，因此属于消灭性法律事实。但是，对第一种情形而言，在终结侦查程序的同时，又会将诉讼向前推进到审查起诉阶段，引起其他诉讼法律关系的发生。因此，就此点而言，它也属变更性事实。

基于前述分析，第一种情形具有继续推动诉讼进程，启动新的诉讼程序的法律功能和特性，因此笔者拟对其予以重点探讨。侦查终结移送审查起诉的条件，主要包括三方面："犯罪事实清楚"、"犯罪嫌疑人已经查获"和"证据确实充分"。具体而言：其一，"犯罪事实清楚"，这就要求对犯罪事实进行追究的"事的现实可能性、可追诉性"。侦查机关作出侦查终结决定时，首先必须做到"犯罪事实清楚"。因为只有在犯罪嫌疑人的犯罪事实清楚的情况下，才能够确保其犯罪嫌疑在诉讼程序上的"事的可追诉性"，否则，根据疑罪从无原则，事实不清，就欠缺实体上对其进行刑事处罚的现实可能性和必要性，因而就存在刑事实体法律关系无法生成的可能。因此，侦查终结所要求的"犯罪事实清楚"，不但是刑事诉讼法律关系存续的事实条件，也是刑事诉讼法律关系发生变更的重要事实根据。

其二，“犯罪嫌疑人已经查获”。这是对犯罪嫌疑人进行追究的“人的现实可能性、可追诉性”要求。侦查机关作出侦查终结决定时，通常还要做到“查获犯罪嫌疑人”。因为在司法实践中，很多刑事案件不但要查明犯罪嫌疑人的基本情况，而且还要求对其人身采取某种必要的强制措施，来保证其在审判时及时到案；否则，某些与定罪量刑有关的案件事实就可能无法查清，同时也无法确保诉讼程序的顺利进行。同时，根据通行的国际司法准则和我国刑事诉讼法的规定，通常不允许对犯罪嫌疑人、被告人进行缺席审判，但是法律有特别规定的除外。故而，通过查获犯罪嫌疑人来确保犯罪嫌疑人亲自到案，是程序公正和实体真实的重要保障，因为这不但能够确保所查明的犯罪事实的真实性，而且能够确保对犯罪嫌疑人追诉过程的程序正当性。这就要求侦查机关必须在程序上将犯罪事实查清，并以此作为推动诉讼进程的基础。总之，查获犯罪嫌疑人是影响诉讼程序存续和发生变更的重要事项。

其三，“证据确实充分”。这既是传统大陆法诉讼理论中证据裁判原则的客观要求，也是刑事追诉的可行性或者现实可能性的要求，同时还是诉讼过程中法律关系形成机制的重要要求。我国刑事诉讼法明确要求侦查终结移送审查起诉的案件必须做到“证据确实充分”。这是由于证据是诉讼程序的基石，只有经过确实充分的证据的支持，案件事实才能够得以准确、及时的查明。通常来讲，证据就是所有能够证明案件真实情况的材料。这些证据材料自身尽管不能直接引起刑事实体法律关系或者刑事诉讼法律关系的产生，但是其所证明的案件事实，无论是实体法事实，还是程序法事实，都能够引起相应的实体法律关系或者诉讼法律关系的产生、发展、变更或者消灭。在在我国刑事证据法的特定语境中，证据材料作为一种具有法律意义的特殊事物，传统理论通常将其看作区别于实体法事实和程序法事实的一种特殊事实。这种特殊事实在我国刑事诉讼的特定语境中，通常被看作特定法律事实的证明手段。同时，只有证据材料对案件事实的证明达到一定程度的时候才能够对特定的法律事实予以认定。其中，只有被法院认定的这些实体法事实，才能推动诉讼实体面的实体法律关系的逐渐形成；只有被法院认定的程序法事实，才能够推动诉讼程序面的诉讼法律关系的逐渐形成。正是在这种特殊的诉讼机制和证明机制的共同作用下，案件的实质真实性和程序正当性，才会成为在诉讼实体面和诉讼程序面生成、变更和消灭特定法律关系的重要基础和根据。

另外，由于我国刑事诉讼制度理论和实践，包括证据法制度理论和实践，都是建立在辩证唯物主义认识论和历史唯物主义哲学基础上的，这就要求我国公安司法机关在刑事诉讼中认定案件事实必须达到一定的证明标准。由于根据我国现行法律规定，有罪判决的证明标准，是“证据确实、充分”，只有达到这样的证明标准才能够认定犯罪嫌疑人、被告人构成犯罪，并对其处以相应的刑罚，因此，作为一种主客观相统一的证明标准，“证据确实、充分”也是本着辩证唯物主义认识论和历史唯物主义的基本哲学立场，在我国现行的诉讼体制和证明机制中发挥其应有的作用的。这种理论在很大程度上也决定着我国刑事诉讼的制度设计和司法实践理念。这种诉讼体制和证明机制直接决定着诉讼过程中对案件事实的认定，也在很大程度上决定着定罪事实和量刑事实以及程序性案件事实的认定。总体而言，刑事诉讼过程中不同层面、不同性质的法律关系的形成和发生机制，尤其是在诉讼实体面形成的某种特定的实体法律关系的运行机制，通常都要将根据“证据确实、充分”标准所认定的案件事实作为其事实根据。因此，笔者认为，“证据确实、充分”的法律规定，是刑事诉讼法律关系的形成和变更机制的重要要求。

综上所述，只有在满足前述法定的诉讼条件之后，诉讼程序才能够实现转变，才能够产生这样的法律效果：在引起某一诉讼法律关系消灭的同时促进另一诉讼法律关系的生成。因此，这种侦查终结条件所内在规定的法律事实，是刑事诉讼中一种重要的变更性法律事实。

其次，审查终结提起公诉的条件。

审查起诉是所有公诉案件的必经程序，是连接侦查程序和审判程序的桥梁和纽带，是审前程序的重要组成部分。在我国刑事诉讼中，审查起诉通常是指检察机关对依法被移送起诉的案件进行全面审查，并作出是否起诉处理决定的诉讼活动。根据《刑事诉讼法》第168条和司法解释的规定，检察机关在审查起诉过程中，要对案件的事实、证据和法律适用问题进行全面审查。审查内容主要包括：①“犯罪事实、情节是否清楚，证据是否确实、充分，犯罪性质和罪名的认定是否正确”（第168条第2项）。这是对案件的事实、证据和法律适用问题进行实质性审查，主要涉及实体内容的审查。②“有无遗漏罪行和其他应当追究刑事责任的人”（第168条第1项）。这是对刑事追诉的必要范围审查，其目的在于确定是否存在其他的应当追诉而未追诉的犯罪嫌疑人或者犯罪事实。这是可能引起诉讼法律关系发生变更的法律事实。检察机关在审查起诉过程中，如果发现侦查机关“遗漏罪行和其他应当追究刑事责任的人”的，应当将案件退回侦查机关补充侦查。这就意味着，诉讼程序将会再次回复到侦查程序。因此，要确保追诉程序顺利推进，就必须确保刑事追诉既无“漏罪”，也无“漏人”。③“是否属于不应追究刑事责任的”（第168条第3项）。这是根据《刑事诉讼法》第15条规定所进行的“处罚必要性”审查。如果欠缺这种实体上的处罚必要性的话，诉讼进程继续的必要性就会受到质疑，直接影响追诉必要性。④“有无附带民事诉讼”（第168条第4项）。⑤“侦查活动是否合法”（第168条第5项）。对前述五项内容的审查，既涉及案件的实体层面，又涉及案件的程序层面；既涉及案件的事实和证据问题，又涉及法律适用问题。

如果经审查，检察机关认为符合《刑事诉讼法》第172条规定条件的，就应当依法提起公诉，从而将旨在追究犯罪的诉讼程序推进到审判程序。这就意味着，提起公诉条件中所蕴含的法律事实具有引起刑事诉讼法律关系发生重大变更的功能和特性。因此，在检察机关提起公诉的法定条件中所蕴含的法律事实就是引起诉讼程序发生重大变更的变更性法律事实，也是引起相应诉讼法律关系发生变更的法律事实。值得注意的是，这种法律事实并不是一种单一的法律事实，而是提起公诉条件所内在要求的多项法律事实的总和，因此，变更性法律事实实际上是一种构成性法律事实或法律事实构成。总体上来讲，根据《刑事诉讼法》第 172 条规定，检察机关提起公诉的条件主要有：

其一，案件中“犯罪嫌疑人的犯罪事实已经查清，证据确实、充分”。这包括三层含义：①有证据证明犯罪嫌疑人有犯罪事实；②犯罪嫌疑人的犯罪事实已经查清；③证明犯罪嫌疑人有罪的证据达到确实充分的程度。其中，“有证据证明犯罪嫌疑人有犯罪事实”，是检察机关对犯罪嫌疑人进行刑事追诉所要求的“人的追诉必要性”条件；如果犯罪嫌疑人没有犯罪事实，或者虽有犯罪事实，但无法取得证据加以证实的，都应当终止审查，终结诉讼程序，从而消灭刑事诉讼法律关系。“犯罪嫌疑人的犯罪事实已经构成犯罪”，是对犯罪嫌疑人提起公诉的“事的追诉必要性”要求。这就意味着，如果犯罪嫌疑人的犯罪事实不构成犯罪，就没有必要继续对其进行刑事追诉，诉讼程序就应当终止。“证明犯罪嫌疑人有罪的证据，达到确实充分的程度”。这是提起公诉的证据条件要求，也是检察机关继续推动刑事追诉的可行性要求。总体上，这其中既包括对犯罪嫌疑人的追诉可行性，也包括对特定犯罪事实的追诉可行性，是“人的追诉可行性”和“事的追诉可行性”两方面要求的统一。否则，无法达到有罪判决的证明标准、缺乏这种追诉可行性，检察机关所提起的公诉就可能无法得到法院的支持。

其二，犯罪嫌疑人“依法应当追究刑事责任”。这是对犯罪嫌疑人进行“处罚必要性”的要求，也是诉讼程序存续的实体法要求。否则，只要发现存在第 15 条规定的六种情形之一的，检察机关就应当终止案件审查，以终结诉讼程序，从而造成刑事诉讼法律关系的消灭。这就意味着，只有满足处罚必要性的要求，才可能使刑事诉讼程序发生变更。否则，缺乏这种实体法上的处罚必要性，也就无法顺利实现诉讼程序的变更。

其三，检察机关提起公诉应当符合审判管辖的规定。这实际上是提起公诉的程序性要求。这就意味着，检察机关只能向有管辖权的法院提起公诉，否则法院可能不予受理，也就不能启动审判程序，无法推动诉讼程序继续推进，最终也就不可能实现刑事诉讼法律关系的变更。

综上所述，不难看出，检察机关要提起公诉就必须满足推动诉讼进程所必需的“追诉必要性”“追诉可行性”和“处罚可能性”要求。只有在这些法定条件所要求的法律事实都被满足的情况下，才能启动审判程序，也才能实现刑事诉讼法律关系的重大变更。因此，笔者认为，这些法定起诉条件所蕴含的法律事实是一种重要的变更性法律事实。

再次，庭前审查终结实体审判的条件。

根据《刑诉法》第 181 条和司法解释的规定，法院在收到检察机关的起诉书之后，应当对案件的起诉内容进行审查，从而确定是否具备开庭审理的条件，并根据审查结果作出相应的决定，包括决定退回检察机关、决定开庭审理、裁定终止审理或不予受理。其中，法院在庭前审查阶段，对案件进行程序性审查后，如果作出开庭审理决定的，应当正式启动实体审理程序。这就意味着，诉讼程序发生重大变更，由此所导致的刑事诉讼法律关系随之发生重大变更。从诉讼程序运行机制的角度讲，引起诉讼程序变更的条件，就是所谓的审判条件；从诉讼关系运行机制的角度讲，引起刑事诉讼法律关系变更的法律事实，就是一种特定的变更性法律事实。

所谓“审判条件”，是指我国法院对具体刑事案件进行实体审理所必需的条件，在传统大陆法诉讼理论中又被称为“狭义的诉讼条件”。根据我国刑事诉讼法和司法解释的规定，在我国现行的刑事诉讼制度语境中，审判条件主要包括：其一，受理法院的管辖权。根据《刑事诉讼法》第 181 条和司法解释的规定，法院在收到检察机关的起诉之后，应当对“案件是否属于本院管辖”进行审查；如果经审查发现案件不属于本院管辖的，应当将案件退回提起公诉的检察机关。因此，启动审判程序必须以法院的管辖权为前提。如根据我国法律和国际条约规定，如果被告人是具有外交豁免权的外交人员，那么就意味着我国法院就没有管辖权。其二，被告人在案。这是“被告人的可追诉性”要求，也是传统大陆法诉讼理论中直接言词原则的要求。国际通行的刑事司法准则和我国刑事诉讼立法通常都要求，刑事案件的审判不允许对被告人进行缺席审判。如果法律没有特别规定，被告人就必须出庭接受审判。其三，没有《刑事诉讼法》第 15 条第 2~6 项规定情形①的、应当裁定终止审理或者不予受理的情形。如果法院发现存在第 15 条规定的前述情形的，就应当依法作出终止审理或者不予受理的裁定，终结诉讼程序。因为被告人缺乏追诉必要性、处罚必要性，或者犯罪事实缺乏追诉必要性。因此，只有不存在这些法定的终止诉讼的情形，才能够保证诉讼继续推进的必要性。其四，前述条件必须同时具备，才能够启动审判程序，对刑事案件进行实质审理。

在审判阶段，法院对检察机关提起公诉的案件进行审查后，认为符合规定的开庭审理的条件的，就应当决定开庭审判。那么在庭前审查阶段，法院主要针对案件自身的实体审理条件进行审查，因而通常被看作是一种程序性审查。如果经审查符合前述条件的，就意味着已经具备实体审理的前提条件。而实体审理程序的正式启动也就意味着诉讼实体面和诉讼程序面的审判法律关系开始逐渐形成。具体而言：①在诉讼实体面，法院、检察机关和被告人在审判程序中的基本诉讼地位既已确立，并且随着诉讼程序的推进在三者之间逐步形成基本的诉讼关系，就是所谓的“基本的刑事诉讼法

① 《刑事诉讼法》第 15 条第 2~6 项规定的情形为：“犯罪已过追诉时效期限的”“经特赦令免除刑罚的”“依照刑法告诉才处理的犯罪，没有告诉或者撤回告诉的”“犯罪嫌疑人、被告人死亡的”以及“其他法律规定免予追究刑事责任的”。

律关系”。这就意味着，在整个审判过程中，检察机关要承担控诉职能、法院要承担审判职能、被告人要承担辩护职能，同时根据法律规定行使各自的诉讼权利并履行各自的诉讼义务。尽管各自参加诉讼活动的职能、具体目标和任务都有所不同，但是三方诉讼主体所共同追求的诉讼目标，主要在于查清案件事实，确定被告人犯罪成立与否、刑罚必要性以及内容。也就是说，在查明案情的基础上，适用实体法来进行定罪量刑，最终实现以刑罚权和刑事责任为主要内容的实体法关系。②除形成前述基本的诉讼关系之外，在诉讼程序面，在检察机关、法院和被告人等诉讼主体之间，还会因为三者根据法律规定的诉讼权利义务，来实施以推进诉讼进程为目标的诉讼行为（活动）。因此，在诉讼主体之间还会发生程序性的诉讼法律关系，就是所谓的“形式的诉讼关系”。除此之外，在作为诉讼主体的法院、检察机关和被告人，在审判过程中还会同其他的诉讼参与人发生以推进审判进程为目标的某些诉讼权利义务关系。这种诉讼权利义务关系，实际上也是一种程序性法律关系，也应当归属于“形式的诉讼关系”范畴。

最后，值得指出的是，如果从法律关系发生机制的角度来看，前述实体审理条件中所蕴含的法律事实，就是引起刑事诉讼法律关系变更的法律事实，同时也是引起审判法律关系发生的法律事实（就此种意义而言，这种法律事实兼具变更性和生成性双重属性）。具体而言：在诉讼实体面，引起基本的（或者实体的）审判法律关系发生的法律事实，主要是诉讼主体的职能行为（活动），即诉讼主体基于其基本诉讼职能所实施的诉讼行为，如控诉、辩护和审判。而在诉讼程序面，引起形式的审判法律关系发生的法律事实，主要是根据诉讼权利或者诉讼义务所实施的诉讼行为。

（3）消灭性法律事实。所谓“消灭性法律事实”，就是指其功能旨在消灭某些法律关系的法律事实。在诉讼理论中，主要表现为法律规定的能够终结整个诉讼程序并最终消灭刑事诉讼法律关系的法定事由。如自诉案件中，自诉人申请撤诉，法院经审查准予撤诉的裁定；出现法定事由，法院依法作出的旨在终结诉讼程序的判决或者裁定。

首先，如果从诉讼程序运行机制的角度来探究诉讼程序终结的法定条件，那么只要具备法定事由，就必须终结诉讼程序。我国《刑事诉讼法》第15条规定的终结诉讼程序的法定事由，就是终结诉讼程序的六种法定情形①。也就是说，在司法实践中，公安司法机关只要发现存在法定的六种情形之一的，就应当作出相应的处理决定来终结诉讼程序。具体而言，根据《刑事诉讼法》第15条的规定，在立案前发现的，应当不予立案；侦查过程中发现的，应当销案；在审查起诉过程中发现的，应当作不起诉处理；在审判过程中发现的，应当终止审理，但如果法院既已查明被告人不构成犯罪的，应当作无罪判决处理。前述诸种案件处理方式主要是针对公诉案件而言的，法院在处理自诉案件过程中，如果发现有不应追究刑事责任的法定事由的，应当作出不予受理的决定或者终止审理的裁定。

总体上而言，在我国刑事诉讼的现实语境中，无论是何种刑事案件，无论是哪个公安司法机关处理，也无论是在在哪个诉讼阶段，只要存在不应追究刑事责任的法定事由的，处理案件的公安司法机关都应当依法作出相应的处理决定，来禁止（限制、阻止）诉讼程序的启动或者终结已经启动的诉讼程序，从而直接消灭刑事诉讼法律关系。正是由于这些终结诉讼程序的法定事由都能够直接、必然地引起法律关系消灭的法律效果，因此，笔者认为，这些法定事由，就是我国刑事诉讼理论中的消灭性法律事实。因为不具有《刑事诉讼法》第15条规定的禁止启动或者终止已启动的诉讼

---

① 《刑事诉讼法》第15条规定的应当终结诉讼程序的六种情形主要包括：(1)“情节显著轻微、危害不大，不认为是犯罪的”；(2)“犯罪已过追诉时效期限的”；(3)“经特赦令免除刑罚的”；(4)“依照刑法告诉才处理的犯罪，没有告诉或者撤回告诉的”；(5)“犯罪嫌疑人、被告人死亡的”；(6)“其他法律规定免予追究刑事责任的”。

程序的法定事由，是诉讼程序得以产生和存续的实体法条件。也就是说，如果从传统大陆法诉讼条件理论的基本原理出发，实际上可以将《刑事诉讼法》第15条规定的法定事由看作是刑事诉讼程序得以启动、发展和存续的否定性条件，同时也是刑事诉讼法律关系得以产生、发展或者变更的基本前提。对此，笔者认为，就其内在的诉讼机理而言，其中“情节显著轻微、危害不大，不认为是犯罪的”（第15条第1项）、“犯罪已过追诉时效期限的”（第15条第2项）和“经特赦令免除刑罚的”（第15条第3项）等三项法定事由，不具有刑事实体法上的“事的可追诉性”，否则这种刑事追诉缺乏合法性和合理性基础；“犯罪嫌疑人、被告人死亡的”（第15条第5项），表明犯罪嫌疑人、被告人不具备刑事实体法上的“人的可追诉性”，也缺乏对犯罪嫌疑人、被告人进行刑事追诉的现实必要性（但是根据《刑事诉讼法》第280-283条的特别规定允许对犯罪嫌疑人、被告人逃匿、死亡案件涉案违法所得启动诉讼程序予以没收的除外）；“依照刑法告诉才处理的犯罪，没有告诉或者撤回告诉的”（第15条第4项），是专门针对自诉案件的法定事由，主要是由于其违背“不告不理”的基本诉讼原则。因此，笔者认为，不具有《刑事诉讼法》第15条规定的禁止启动或者必须终结诉讼程序的法定事由，是法律明确规定的诉讼程序得以存续的基本条件，也是刑事诉讼法律关系得以发生、变更和存续的基本前提条件。

其次，如果从诉讼关系运行机制的角度讲，消灭性法律事实通常就是那些足以引起刑事诉讼程序消灭的程序性法律事实。在我国刑事诉讼法和司法解释的现行规定中，这些足以引起诉讼程序消灭的程序法事实主要包括：①上诉、抗诉期限届满的；②终审判决或者裁定的作出，包括最高法院的一审判决或者裁定，以及中级以上人民法院作出二审判决或者裁定、不允许上诉的裁定的作出；③犯罪嫌疑人、被告人死亡的；④犯罪嫌疑人、被告人是精神病人，不能辨认或者不能控制自己行为的；⑤经特赦令免除刑罚的；⑥犯罪已经超过追诉时效期限的；⑦实施犯罪的外国人具有司法豁免权的——这意味着，我国法院没有刑事管辖权。前述这些程序法事实之所以能够具有消灭刑事诉讼程序以及刑事诉讼法律关系的功能，其在刑事诉讼法律哲学中的主要法理根据是：其中，对于第①、第②项程序性事实，由于受既判力理论的限制，前述程序法事实一经发生，诉讼程序即告终结，所有刑事诉讼法律关系即告消灭，因此可称为“已经发生既判力的程序法事实”。对于第③~⑤项程序法事实，主要是缺乏“人的可追诉性”要素，使得诉讼条件不完备，而最终导致诉讼程序终结、诉讼法关系消灭，因此可称为“犯罪嫌疑人、被告人不具有可追诉性的程序法事实”。对于第⑥项程序法事实，主要是因缺乏“事的可追诉性”要素而导致诉讼程序终结、诉讼法关系消灭的程序法事实。因此，可称为“具体案件中的犯罪行为本身不具有可追诉性的程序法事实”。对于第⑦项程序法事实，主要是我国法院缺乏“管辖权”，因为这类案件通常是我国根据国际条约和国际惯例，赋予特定国家外交人员的一种外交上的司法豁免权。其实质是我国与缔约国根据平等原则和对等原则，所做出的国家司法主权的相互让渡。因此，可称为“犯罪嫌疑人、被告人享有司法豁免权或者其他司法特权的程序法事实”。

前述事实的发生，都必然会导致诉讼程序的终结；而诉讼程序终结所导致的直接法律后果，就是刑事诉讼法律关系的消灭。因此，笔者认为，前述七项事实都是足以引起诉讼法律关系消灭的法律事实。

第七章 刑事诉讼法律责任研究

如果说法律关系是“法锁”的话，那么法律责任就是“法锁”强有力的后盾和保障。然而，在诉讼理论中，关于法律责任问题的研究，是很少有学者涉猎的。究其原因，是“重实体、轻程序”倾向在法律责任理论中的体现。传统理论中，只要谈及法律责任，无疑就被认为是实体法律责任，而通常与程序法律责任无关。然而，这种认识是有失偏颇的。矫正这种错误观念，彰显诉讼程序的自治价值，是笔者在此讨论刑事诉讼法律责任问题的初衷之一。此其一；其二就是在客观上法律责任对法律关系所起的保障和救济作用。这是笔者在此将其作为研究对象的重要原因之一。因此，在整个刑事诉讼法律关系理论体系的构建中，刑事诉讼法律责任是被定位为刑事诉讼法律关系的重要保障机制的。

一、法律责任理论的法理基础

（一）法律责任范畴的理论渊源

对于“法律责任”术语，学者们的界定众说纷纭。在此值得指出的是，在法律哲学发展史上，分析实证主义法学派对现代“法律责任”概念的形成和发展作出了重要贡献；尤其是哈特（H. L. A. Hart）和凯尔森（Hans Kelsen）对法律责任理论的独特贡献，通常被看作在法律哲学和法理学层面实现理论自足和理论体系上之逻辑自洽的重要标志。尽管哈特和凯尔森是各自分别通过不同的研究路径来实现这种理论建构的，但是两者所得出的结论却有着某种相通之处。

1. 哈特的法律责任学说

哈特的主要理论贡献在于从日常生活语境中将法律责任区分出来。哈特曾经指出，在日常生活中“责任”的概念被人们过度使用，而导致其含义和语用的复杂性、混乱性。通过对虚构的沉船事件进行分析，他力图廓清“责任（Responsibility）”一词在日常生活中的四种含义。他主张，法律责任就是“因行为或伤害在法律上应受惩罚或被迫赔偿”[①]，它需要以“角色—责任（Role-responsibility）”“法律义务—责任（Legal liability-responsibility）”“因果—责任（Causal-responsibility）”“能力—责任（Capacity-responsibility）”等责任要件作为成立的基础和根据。[②]显然，这些要素是从日常生活中与法律责任密切相关的概念引申而来的。其中，所谓的“角色—责任（Role-responsibility）”实际上就是与特定的地位、角色密切相关的责任；“法律义务—责任（Legal liability-responsibility）”是基于某些特定的必须履行的义务而产生的责任。这些法律义务后来就引申为某些法律责任所赖以产生的前提和法律基础；“因果—责任（Causal-responsibility）”就是由人们的行为引起的责任。这种责任被引申为某些法律责任在客观上所赖以产生的事实基础，也就是说，将违反义务的行为或者事实作为法律责任的发生根据。“能力—责任（Capacity-responsibility）”就是一般人在正常情况下通常所具有的对责任的认知、控制和承受能力，也就是我们现在通常所谓的“责任能力”。哈特采用概念分析方法对法律责任概念所做的分析，奠定了法律责任概念及其构成要件的近现代理论雏形。

---

① 余军、朱新力：《责任概念的形式构造》，载《法学研究》2010 年第 4 期。

② 余军、朱新力：《责任概念的形式构造》，载《法学研究》2010 年第 4 期。

2. 凯尔森的法律责任学说

然而，在纯粹法学派创始人凯尔森[①]看来，“法律责任的概念是与法律义务相关联的概念，一个人在法律上对一定行为负责或者他在此承担法律责任，意思就是，如果做相反行为，他应受制裁”。[②] 这表明，凯尔森是将法律责任概念的界定，置于“不法行为”和“法律制裁”两者间的关系框架下进行诠释的。同时，这也奠定了法律责任概念基本的形式结构。也就是说，法律责任的基本逻辑结构是由不法行为引起的法律制裁。正是在这种规范主义的研究范式中，凯尔森通过对法律责任概念的逻辑分析，得出了这种具有浓厚的规范分析实证主义色彩的结论：法律责任是“由不法行为引起的制裁之规范效果”[③]。尽管凯尔森所谓的“不法行为”与通常所谓的“违反义务的行为”“违法行为”等术语存在着某种意义上的差别，但是凯尔森的“规范主义”法律责任理论为后来学者研究法律责任提供了良好的理论基础。

3. 苏联沙赫马托夫的法律责任理论

我国法理学中的法律责任传统学说多沿袭苏联学说。如前所述，苏联法律哲学和法理学由于受“国家主义”政治哲学和“法律工具主义”法律意识形态的影响和制约，其法律责任范畴在实质上通常被看作一种国家强制方法。譬如苏联法学家巴格里·沙赫马托夫认为：“法律责任是一种国家强制方法，相当于法人或自然人根据苏维埃法律规范的规定，向国家或国家授权的社会机构对其违法作为和不作为承担的义务。”[④] 由此表明，苏联学者侧重于强

① 沈宗灵：《论法律责任与法律制裁》，载《北京大学学报》（哲学社会科学版）1994 年第 1 期。

② 沈宗灵：《论法律责任与法律制裁》，载《北京大学学报》（哲学社会科学版）1994 年第 1 期。参见［奥］凯尔森：《法与国家的一般理论》，沈宗灵译，中国大百科全书出版社 1996 年版，第 65 页。

③ 余军、朱新力：《责任概念的形式构造》，载《法学研究》2010 年第 4 期。

④ 杜飞进：《试论法律责任的若干问题》，载《中国法学》1990 年第 6 期。

调国家强制力的保障功能，因为法律责任是一种相当于法律义务的强制方法。因此，“违法行为”和基于特定作为义务的“不作为”，就成为法律责任的事实根据。这种观点被称为“义务说”。除此之外，苏联法学理论中还存在着“法律后果说”等学说。

（二）法律责任范畴的理论界定

我国法理学界对于法律责任范畴的界定，主要有“后果说”“责任说”“义务说”“第二性义务说”。① 其中，“法律后果说”主张，法律责任就是人们因实施违法行为而必须承担的法律上的不利后果②。“责任说”把法律责任界定为一种特殊责任，即违法者实施违法行为所必须承担的带有强制性的法律上的责任③。“义务说”主张，法律责任在实质上就是一种义务，是“由于违法行为而引起的、由专门国家机关认定和归结于具体自然人、法人或国家公职人员的义务”④。“第二性义务说”又称为“修正的义务说”。这种观点认为“法律责任是由于侵犯法定权利或违反法定义务而引起的、由专门国家机关认定并归结于法关系的有责主体的、带有直接强制性的义务，亦即由于违反第一性法定义务而招致的第二性义务”。⑤

总体上而言，在目前我国的法理学中，无论是“后果说”“责任说”“制裁说”还是“义务说”，基本上都将法律责任范畴与违法行为联系在一起，强调两者间的必然联系。但是，其各自也有优有劣，存在差异。尽管这种观点克服了其他学说的某些弊端⑥，但是也存在不足，尤其是，应如何理解“责任”和“义务”两范畴的关系。对此，笔者通过考察西方传统学说，认为有两点需要

① 张文显:《法律责任论纲》，载《吉林大学社会科学学报》1991年第1期。
② 参见张文显:《法律责任论纲》，载《吉林大学社会科学学报》1991年第1期。
③ 参见张文显:《法律责任论纲》，载《吉林大学社会科学学报》1991年第1期。
④ 张文显:《法律责任论纲》，载《吉林大学社会科学学报》1991年第1期。
⑤ 张文显:《法律责任论纲》，载《吉林大学社会科学学报》1991年第1期。
⑥ 参见张文显:《法律责任论纲》，载《吉林大学社会科学学报》1991年第1期。

注意：

首先，在西方传统的分析实证主义法学看来，法律责任（Responsibility、Liability）通常与权利（Right）、义务（Duty）等概念一样，同属最基本的法学范畴。尤其值得注意的是，在霍菲尔德的法律关系逻辑分析理论中，“责任（Liability）”概念与“权力（Power）”相关联，并与“豁免（Immunity）”相对。在“责任”概念的相关关系中，“权力—责任的关系”通常就意味着：“我能够要求你为 p，而你有责任为我为 p”[①]“我能够，你必须接受”[②]或者“我能够强加，你必须接受”[③]。因此，从逻辑上而言，“义务”范畴并非“责任”范畴的上位概念，作为最基础的法学范畴，两者系逻辑上的并列关系。因此，无论是“义务说”还是“修正的义务说”（即“第二性义务说”）或许都是有失偏颇的，至少在逻辑上是不够严密的。

其次，值得指出的是，责任和义务的关键区别在于义务侧重于强调抽象的、规范意义上的“当为”，属应然范畴，而责任范畴则在此基础上侧重于强调具体的、事实层面的“必为”，属实然范畴。对此，“第二性义务说”同样有较为类似的合理解释。笔者认为，实际上，这也正是“第二性义务说”的合理性所在。尽管两者存在着紧密的理论联系，但是各自仍然是有着严格区别的独立存在。法律责任除了具有“义务”范畴的“应为性”特征，还具有“义务”范畴所不具有的其他特性。但是，如果从马克思主义辩证唯物论的立场出发，法律责任和法律义务实际上都是一种客观存在的实体性范畴。然而，它最终无论是归结为“法律后果”或是“法律制裁”，还是“义务”或者“第二性义务”，所体现的仍然

---

① 陈锐：《对霍菲尔德法律概念论的逻辑分析》，载《西南政法大学学报》2003年第9期。

② 沈宗灵：《对霍菲尔德法律概念学说的比较研究》，载《中国社会科学》1990年第1期。

③ 王涌：《寻找法律概念的“最小公分母”》，载《比较法研究》1998年第2期。

是法律责任诸多功能中，其对法律义务的保障功能。

最后，基于上述诠释，笔者主张，法律责任是法学基础范畴之一，是指因违法行为或者违反义务而必须承担的，由国家强制力保障其实现的否定性（或者制裁性）法律后果或者法律上的不利后果。笔者在此之所以将法律责任归结为“后果说”，主要是由法律责任范畴自身的实体性所决定的。也就是说，法律责任应当归结为哲学上的某种客观存在，因而将法律责任归结为否定性（或者制裁性）法律后果或者法律上的不利后果，更符合唯物辩证法的客观要求。而且，在此基础上，“后果说”还兼顾了法律责任的必为性、国家强制力保障性、因果关系的要求。具体而言：其一，法律责任是违法的或者违反义务的行为人所必须承担的。这是法律责任的必为性特征的要求。这种观点既顾及了法律义务作为法律责任之前提和基础所具有的应为性特征，同时也考虑到法律责任自身的必为属性。其二，国家强制力（权力）的保障性，实际上潜在地契合了霍菲尔德法律关系逻辑模型理论中关于“权力（Power）—责任（Liability）关系”的理论诠释。因为国家强制力的保障功能，通常就意味着在必要时国家公权力的单方主动行使。因而这种观点实际上兼顾了“权力”与“责任”两者间的关联性，并通过这种逻辑上的“关联关系”将权力和责任自然而然地融合起来、辩证地统一在一起。其三，法律责任是因行为人实施违法行为或者违反义务的行为而引起的。这就意味着，行为人所实施的违法行为或者违反义务的行为，是法律责任的事实根据和前提条件。同时，这其中也蕴含着违法行为（或者违反义务的行为）与否定性（或者制裁性）法律后果之间的因果联系。

（三）法律责任范畴的内在结构

如前所述，针对其结构问题的研究，实际上就是在法律哲学意义上以辩证唯物论为基础，来展开对法律责任内部诸要素组织形态的探讨。这主要涉及法律责任的主体、客体和中间媒介等方面的问题。

1. 法律责任主体

如前所述，在马克思主义哲学中，主体与客体是相对的两个哲学范畴。如果将这种“主客二元”哲学应用于法律责任范畴，那么其主体就是不利法律后果的承担者，通常是实施违法行为或者违反义务的行为人，但是也存在例外。因为根据自然正义法则和法制原则，应当由实施违法行为或者违反义务的行为人来承担法律责任。这就是通常所谓的“责任自负”原则。但是，在某些特殊情况下，应当由行为人之外的其他人来承担。如连带责任。

2. 法律责任主体与客体两者间的媒介

在主体实施的法律认识和实践中，主体与客体如果要发生联系，就需要一定的中间媒介。根据新分析实证主义法学代表人物霍菲尔德的法律关系逻辑模型理论，在“责任”概念的相关关系中，“权力—责任的关系”通常就意味着：“我能够要求你为p，而你有责任为我为p”①“我能够，你必须接受”②或者“我能够强加，你必须接受”③。责任（Liability）就意味着，应权力（Power）的要求而必须接受的（否定性的、制裁性的或不利的）法律后果，或者必须实施的行为（作为或者不作为）。正是这种责任主体所必须接受的法律后果和所必须实施的行为构成了主、客体两者联系的桥梁和媒介。也就是说，法律责任在唯物辩证法的哲学理论框架下，其主体和客体两者之间发生联系的媒介，就是法律责任主体的“必为行为”或者“（对不利法律后果的）必须接受”。

3. 法律责任客体

在马克思主义辩证唯物论的理论框架下，客体是主体认识和实践的客观对象。因此，有学者认为，“法律责任的客体就是法律责

① 陈锐：《对霍菲尔德法律概念论的逻辑分析》，载《西南政法大学学报》2003年第9期。

② 沈宗灵：《对霍菲尔德法律概念学说的比较研究》，载《中国社会科学》1990年第1期。

③ 王涌：《寻找法律概念的“最小公分母”》，载《比较法研究》1998年第2期。

任主体必为的行为（义务）所指向、影响和作用的对象”①。但是，法律责任主体必为行为所指向的客观对象或者必须接受的对象究竟是什么呢？在法学理论和法律实践中，法律责任通常是由于责任人的违法行为或者违反义务的行为所引起的。然而，任何违法行为或者违反义务的行为，都会对法律所保护的利益、社会关系和社会秩序造成侵害和破坏。② 这就意味着，人们在社会生活中所拥有的合法权益、经过法律调整所确认的法律关系，以及已经形成的稳定而有序的法律秩序，都会遭到侵害和破坏。③ 正如有学者所言，“国家追究违法者的过错并设定新的强制性义务的目的，就在于通过敦促、强制法律责任主体履行义务，补偿受到侵害的利益，恢复被破坏的法律关系和法律秩序”。④ 因此，笔者认为法律责任的客体就是违法行为或者违反义务的行为所侵害的合法权益、法律关系和法律秩序。

（四）法律责任的价值和功能

在现代法学理论和法律实践中，法律责任是最常见的法律实施保障机制。这主要是由法律责任自身所具有的独特功能所决定的。在立法实践中，法律责任的设置对法律规则的实施具有直接的保障作用；在司法实践中，法律责任对于已经发生的违法犯罪活动具有惩罚和制裁功能，对违法犯罪活动所侵害的合法权益、社会关系和社会秩序，都具有国家强制力保障的恢复和补救功能；同时，对尚未发生的违法犯罪活动，还能起到警示和威慑作用。

1. 法律规范实施的保障功能

我国传统的法律规范结构学说，主要来源于苏联的法律哲学理论。这种学说采“三要素说”，主张法律规范由假定、处理和制裁三部分组成。然而，在我国目前的法理学理论中，也有学者主张

① 张文显：《法律责任论纲》，载《吉林大学社会科学学报》1991 年第 1 期。
② 参见张文显：《法律责任论纲》，载《吉林大学社会科学学报》1991 年第 1 期。
③ 参见张文显：《法律责任论纲》，载《吉林大学社会科学学报》1991 年第 1 期。
④ 张文显：《法律责任论纲》，载《吉林大学社会科学学报》1991 年第 1 期。

"新三要素说"，认为法律规范由适用条件、行为模式和法律后果三部分组成。这两种学说是我国法理学界比较通行的说法。不管哪种学说，都将"制裁""法律后果"作为法律规范的逻辑构成要素。而且，值得指出的是，尽管在立法实践中并非所有的法律规范都有制裁、法律后果，譬如有学者主张，授权性规范没有规定法律后果①；但是在大多数情况下，"制裁""法律后果"仍然是法律规范所必不可少的逻辑构成要素和重要组成部分。因此，笔者认为，从抽象的理论逻辑层面而言，传统的法律规范逻辑结构学说是可以成立的。正是基于这样的理论基础，笔者展开对于法律责任范畴的探讨。然而，无论是"传统三要素说"还是"新三要素说"，在法律规范的"制裁""法律后果"中，在内容上通常都有着对法律责任的规定和要求。因此，在此种意义上而言，法律责任通常也应该是法律规范中不可或缺的重要组成部分。

如果从立法目的的角度来看，立法者之所以在法律规范中将法律责任的内容规定在"制裁""法律后果"中，主要是由法律责任的功能和价值所决定的。一般而言，完整的法律规则，通常不但要规定权利和义务，而且还应规定违反义务或者侵犯他人权益所应承担的法律责任。学术界有这样一种说法：法律规则是静态的（或者应然的）法律关系，而法律关系则是动态的（或者实然的）法律规则。法律规则中设立法律责任最直接的目的在于确保法律规则的实施，从而维护法律关系的动态平衡，以形成和维护社会秩序的稳定。通过设定法律责任的形式，为应然法律规范的实施、实然法律关系的维系乃至正常法律秩序的维护提供保障是现代法治国家的通常做法。因此，正如有学者所言，"法律责任设置的直接意图是确保人们遵守规则"。② 这就意味着，立法者在实践中通常要确保

① 参见邹爱华：《法律规范的逻辑结构新论》，载《湖北大学学报》（哲学社会科学版）2004 年第 6 期。

② 吴昌宇、张恒山：《对法律责任的理解》，载《中央政法管理干部学院学报》1998 年第 1 期。

法律规则得到确实有效的实施，使人们的行为或者活动尽可能符合法律规则的要求。

2. 救济和保障法律关系的功能

通常而言，法律责任机制因其救济和保障功能而具有重要的理论和实践意义。违法犯罪行为发生就意味着特定社会成员的合法权益、社会公共利益或者国家利益行将遭到侵害。如何对遭受非法侵害的利益进行救济，是国家、社会和受害人不得不面对的现实问题。立法者通过立法实践在法律规则中设定各种不同性质、层次和形式的法律责任，来制裁非法谋取不当利益并救济被非法侵害的合法利益。因为只有通过国家强制力的保障，设定科学有效的法律救济机制，才能为被侵害利益的恢复和补救提供公权力救济。通过惩罚违法行为者或者违反义务者，强制他们实施必为行为或者接受法律后果，补偿被侵害的合法权益，恢复和补救被破坏的法律关系和法律秩序。①

3. 维护社会公平正义的功能

立法者设定法律责任的重要目的在于维护社会公平正义。假如立法者在法律规则中所设定的法律义务是正当的、合理的，是符合比例原则和现代法治理念的，那么就是所谓的“善法”“良法”。这就意味着，对于法律所设定的法律义务，所有的社会成员都应当一体遵行，不允许特权存在，否则就要被追究相应的法律责任或者受到相应的法律制裁。然而，现实的社会生活是纷繁复杂的，尽管立法者在立法时通常会考虑绝大多数人的利益和立场，但在法律实践中，仍然不可避免会有少数社会成员利用非法手段来谋求不正当利益。因此，要维护基本的公平正义，就要惩罚和制裁违法犯罪活动，谴责和制止非法活动，鼓励和保护守法活动、合法活动。这就意味着，在非法活动发生的时候，法律责任追究机制的基本功能通常表现为其对不法侵害他人合法权益的惩罚和制裁功能。因为只有

① 参见张文显：《法律责任论纲》，载《吉林大学社会科学学报》1991 年第 1 期。

通过法律制裁、惩罚，才能够有效惩戒、教育违法犯罪行为，以此来维护和实现社会公平正义。①

总之，法律责任的设置，不但对应然状态的法律规则的实施具有重要保障功能，而且对于经过法律调整所形成的、实然状态的法律关系的稳定存续，也有着重要的实践价值。同时，在某些情况下，如果法律所保护的国家利益、社会公共利益或者公民合法权益遭到违法犯罪活动的侵害，就会使得正常的社会关系遭到侵害，社会秩序受到损害和破坏。在这种情况下，国家通过立法活动所设定的法律责任，不但能够制裁违法犯罪活动，使得被侵害的利益得到补救，以恢复正常的社会关系和社会秩序，而且还能够在某种程度上预防和制止正在发生的或者将来有可能发生的违法犯罪活动，来维护原本稳定的法律关系和法律秩序。

二、诉讼法律责任的理论与实践

诉讼法制是恣意人治与民主法治的试金石②。自改革开放以来，我国社会主义法制建设已经取得举世瞩目的成就，中国特色社会主义法律体系也已经基本形成。我国在借鉴吸收国际通行的司法准则和现代诉讼法治理念的基础上，不断推进社会主义诉讼法制建设。然而，近年来我国司法实践（包括民事诉讼、刑事诉讼和行政诉讼等司法实践领域）中出现了大量的冤假错案，尤其是刑事诉讼领域中所出现的诸如“佘祥林案”“聂树斌案”“赵作海案”等产生重大社会影响的“冤假错案”。如何制止和防范冤假错案就

① 参见吴昌宇、张恒山：《对法律责任的理解》，载《中央政法管理干部学院学报》1998年第1期。

② 参见陈光中、江伟：《诉讼法论丛》（第一卷），法律出版社1998年版（首卷语），第1页。

成为我们所处时代的重大法治课题（命题）①。对那些司法实践中已经发生的冤假错案，及时妥当地予以纠正固然重要，但是事前预防和事后追责也同样重要。因此，确立事前的错案预防机制和事后的责任追究机制，在现有法律体制框架下，采取所有必要措施、尽最大可能地预防和制止冤假错案的发生、防患于未然，是我们所面临的重大历史任务。

在此值得指出的是，中央全面深化改革决定和防范冤假错案规定的精神，都提出了建立责任追究机制的要求②。司法实践中，承办案件的公安司法人员违反法定程序处理案件，是引发冤假错案的重要原因。因此，通过在立法上确立追究公安司法人员的错案责任，无论对制止和预防程序违法、杜绝办案人员违反法定程序处理案件，还是对惩治和预防冤假错案的发生，都有着重要的实践价值。同时，在理论和制度体系的构建上，还要注意构建以诉讼法律

① 值得注意的是，从冤假错案的内涵和范围来讲，其实际上都属于广义的错案范畴。在我国司法实践中，错案通常包括实体错误的案件和程序错误的案件两种基本类型。根据1998年最高人民检察院发布的《人民检察院错案责任追究条例（试行）》规定，“错案既包括检察官在行使职权、办理案件中故意或者重大过失造成认定事实或者适用法律错误的案件，也包括检察官在办理案件中违反法定诉讼程序而造成处理错误的案件”。

② 出于防范冤假错案、遏制违法诉讼行为的现实必要性，十八届三中全会公布的《中共中央关于全面深化改革若干重大问题的决定》明确要求“健全错案防止、纠正、责任追究机制”。这表明，中央明确要求在推进法治中国建设过程中，切实贯彻实施“国家尊重和保障人权”的宪法原则，通过“健全错案防止、纠正、责任追究机制”等措施，来进一步“完善人权司法保障制度”。中央政法委也公布了《关于切实防止冤假错案的规定》，明确要求：“建立健全合议庭、独任法官、检察官、人民警察权责一致的办案责任制，法官、检察官、人民警察在职责范围内对办案质量终身负责。对法官、检察官、人民警察的违法办案行为，依照有关法律和规定追究责任。”同时，要“明确冤假错案的标准、纠错启动主体和程序，建立健全冤假错案的责任追究机制”。最高人民法院专门出台了《关于建立健全防范刑事冤假错案工作机制的意见》，明确要求“建立健全审判人员权责一致的办案责任制。审判人员依法履行职责，不受追究。审判人员办理案件违反审判工作纪律或者徇私枉法的，依照有关审判工作纪律和法律的规定追究责任”。

责任为核心的、全方位和多层次的诉讼责任追究体系，来弥补诉讼法哲学上的理论不足所带来的缺憾。最后，就诉讼法律责任范畴的功能而言，除具有前文所提及的冤假错案的防范和追责功能之外，对于日常司法实践而言，还具有对诉讼违法行为的制裁功能和对诉讼程序的保障功能，以及对诉讼法律关系和诉讼秩序的维护功能。

（一）诉讼法律责任的多重内涵

1. 诉讼理论中狭义的诉讼责任范畴

在我国诉讼理论中，有些学者通常用“诉讼责任”的概念来泛指诉讼中的法律责任。但是严格来讲，诉讼责任和诉讼法律责任并不是同一范畴，诉讼法律责任只是诉讼责任的一种而已。然而，令人遗憾的是，对于诉讼责任的范畴界定，也很少有学者对其进行深入系统的专门研究。究其原因主要是，在理论研究上，传统理论通常主张将诉讼责任作为诉讼法哲学的基础范畴，但是，目前尚未形成系统的理论体系，也未能在理论界形成普遍共识。在立法和司法实践中，我国现行的诉讼法典和司法解释都未将诉讼责任作为专门术语进行明确规定。同时，诉讼法规范通常在立法目的、规范结构和制度设计等方面与实体法规范存在差异，这也使其在立法和司法实践中很难被概括抽象出来。然而，就目前诉讼理论和司法实践状况而言，并不缺乏将诉讼责任作为诉讼法学基础范畴的法哲学基础和理论根据。

最狭义的诉讼责任通常有两种理解，其一就是第一性的诉讼责任。它与司法职责、司法权力是密切联系的，并且在逻辑上，是与诉讼义务处于同一理论逻辑层面的。其理论根据就是规范实证分析法学派代表人物霍菲尔德所构建的法律关系逻辑模型理论。因为在这种理论框架下，“权力—责任关系”是一种逻辑自洽的、独立的法律关系形态。“责任（Liability）”范畴与“权力（Power）”范畴是相关联的。同时，它与作为一种特权的“豁免（Immunity）”是相对应的。在这种法律哲学和法理学基础上，诉讼责任范畴作为第一性的法哲学范畴是成立的。其二就是第二性的诉讼责任，通常是在结果意义上而言的，就是违反诉讼法所应当承担的不利后果。例如，在诉讼过程中，负有举证义务的人因举证不能所应承担的不利后果，即证明责任。其理论根据实际上是现代法律哲学和法理学中的法律责任理论。诉讼违法性、惩罚性、制裁性，是其区别于作为第一性诉讼法学范畴的“诉讼责任”的关键所在。在此所要指出的是，笔者在本文中所研究的主要是第二性的诉讼责任，就是结果意义上的诉讼责任，而非那种跟诉讼义务具有某种同质性的诉讼责任范畴。

在此值得一提的是，在诉讼法哲学理论的特定语境中，诉讼责任与司法职责也是不同的两个术语。司法职责兼具权力和责任双重属性，两者最本质的区别在于两者在性质和权力基础上的不同。其中，司法职责以国家权力和责任为基础，兼具权力和责任双重属性；诉讼责任主要是以司法机关的司法行政权为基础，其性质是司法制裁、司法处罚（如法院在诉讼过程中对违反诉讼规则的人所做出的司法拘留、罚款等决定），其立法目的和主要功能在于制裁和处罚违反司法职责或者诉讼义务的行为，确保诉讼程序顺利进行。

2. 广义的诉讼责任学说，即关于诉讼法上的法律责任理论

在我国现行的诉讼立法实践中，尽管没有将关于法律责任的诉讼法律规范进行专门、集中的规定，但是通常都有相关的零星、分散的规定。这就使得刑事诉讼法律规范在逻辑结构上，趋于更加符合法律哲学中通常意义上的法律规范的内在结构要求。然而，这却在诉讼理论中引起了关于诉讼责任，即诉讼法上的法律责任是否是独立的法律责任的争论。这种争论的实质，归根结底就在于是否将“诉讼法上的法律责任”视为一种具有独立性的“诉讼责任”。笔者赞同肯定说，并主张以此来构建多层次的诉讼责任理论体系。基于此，笔者将在文中就诉讼责任的独立性问题、诉讼法律责任追究机制的正当性基础和诉讼法上所规定的法律责任体系等问题进行系统研究，以期构建相对完善的广义的诉讼责任学说。

在我国诉讼理论界，有学者认为，诉讼责任是一种独立于违宪

责任、刑事责任、民事责任、行政责任和经济责任的法律责任[①]。对此，也有学者主张，诉讼责任是诉讼法规定的由多重责任构成的混合责任。这样就形成了理论争议点。前者是所谓的“独立责任说”；后者就是所谓的“混合责任说”，即主张诉讼责任是由多种责任构成的混合责任。对此，笔者认为，其实两者的关键区别就是是否将这两个相近范畴视为同一范畴。主要理由是：

首先，“独立责任说”将两者视为不同范畴，否认两者的同一性，因而主张诉讼责任是“违反诉讼法的规定，导致承担程序上的法律后果”[②]。正如有学者所主张的那样：“它主要不是一种实体上的责任，而是一种程序上的责任：国家设置和追究诉讼法律关系主体的诉讼责任，其目的主要不在于通过它来实现对责任主体的某种实质性制裁，而是在于国家诉讼活动能在法律规定的规则内得到正常的进行。”[③] 这种观点所代表的理论模式，实际上是以传统大陆法诉讼法律关系理论为基点（基本出发点）的建构性诉讼保障理论学说。

其次，“混合责任说”实际上是将“诉讼法上的法律责任”简称为“诉讼责任”；同时，在外延上，将诉讼法规定的各种法律责任都囊括其中。笔者认为这种简单化的处理实际上是不严谨的。其主要的理论缺陷在于无法形成严密的逻辑体系，因此，这种观点是有待商榷的。然而，如果从另外的角度来审视这种观点的话，就是将“诉讼法上的法律责任”视为某种“广义上的诉讼责任”也未尝不可。由此也自然产生了广义和狭义之分。

从总体上而言，不但“独立责任说”和“混合责任说”两者对于诉讼责任的界定不同，两者的研究对象实际上也是存在客观差异的。然而，如果仅就“诉讼责任”和“诉讼法上的法律责任”两范畴的功能和价值而言，两种学说实际上是不谋而合的。因为两

① 参见杜飞进：《试论法律责任的若干问题》，载《中国法学》1990年第6期。

② 参见杜飞进：《试论法律责任的若干问题》，载《中国法学》1990年第6期；阳恩钱、刘建一：《论诉讼责任》，载《云南法学》1998年第4期。

③ 杜飞进：《试论法律责任的若干问题》，载《中国法学》1990年第6期。

者要么关注到这些范畴对刑事诉讼活动的保障功能，要么关注到其对民事诉讼法律关系的调整功能或者对民事诉讼法律秩序的维护功能。两者的区别在于，前者归结为抽象的理论范畴；而后者则在法律规范的运行层面最终归结为法律制裁的形式。

综上所述，笔者主张，在不同的层面将这两个相关的理论范畴进行区分，将“诉讼法上的法律责任”归结为广义的“诉讼责任”理论范畴，并以此为基础构建系统的诉讼责任理论体系，同时在立法实践的基础上，构建完善的“程序法律责任和实体法律责任并重”的诉讼法律责任体系。需要指出的是，此处笔者所谓的“诉讼责任”，就是特指“违反诉讼法的规定，导致承担程序上的法律后果”。

3. 最广泛意义上的诉讼责任学说

最广泛意义上的诉讼责任范畴，实际上是，社会学、政治哲学和法律哲学的角度，将诉讼责任范畴置于广泛的社会生活中，并将其视为一种特殊的政治、法律现象进行考察的。总体上而言，最广义的诉讼责任，实际上就是泛指社会生活中那些与诉讼过程或者结果相关联的不利后果。其在外延上可归结为我国主流政治哲学和法律哲学中，与诉讼案件的办案效果直接关联的政治责任、法律责任和社会责任。这种意义上的诉讼责任学说，实际上就是囊括了政治责任、法律责任和社会责任在内的法哲学理论。

首先，从哲学和社会学的角度看，诉讼责任是一种因社会纠纷引起的，与诉讼过程或者诉讼结果密切相关的不利社会后果。其实质为社会责任。主要理论根据是，诉讼作为日常社会生活中一种特殊的社会现象，能够在特定的时空范围内产生（社会）影响。也就是说，在日常社会生活中，诉讼案件的发生和处理都会对人们的行为方式（或者社会活动方式）产生直接或者间接的影响。如个别诉讼案件的处理过程或者处理结果能够在某种程度上对社会公正价值、社会风气或者社会道德等方面产生积极的或者消极的作用、影响。譬如“佘祥林案”等冤假错案在客观上消极地影响了人们的公正价值观念并对国家司法机关的司法权威和司法公信力产生质疑。当然，这是国家司法活动中的极端个例，但却对国家的司法活动产生了严重的不良影响。由于这些案例反推了国家司法进步，故而甚至被看作中国法制建设过程中“里程碑式”的案件。因此，从哲学和社会学意义上，对违反法律规范这种普遍的社会行为进行否定性的社会评价或者社会道德谴责，实际上就指向一种最广泛意义上的诉讼责任。

其次，从政治哲学的角度看，诉讼活动是国家政治生活和社会生活中一种特殊的政治现象。然而，在我国进行法治国家建设过程中，诉讼制度和诉讼活动的这种特殊属性、特质，也应当引起我们的重视。因为在马克思主义政治和法律哲学中，诉讼活动通常被看作是一种针对那些作为国家和人民意志的法律的实施活动。国家设置（不同性质的）诉讼制度和实施各种诉讼活动的目的，主要在于以和平、理性的方式解决人民内部矛盾或者由人民内部矛盾转化而来的敌我矛盾。① 总之，作为现代国家和社会中重要的政治现象，诉讼制度和诉讼活动所固有的这种特殊的政治哲学属性，决定了诉讼制度的制度设计和诉讼活动的合法开展都要遵循特定的政治规范和政策规范。这就必然意味着，在诉讼制度的具体设计或者诉讼活动的实施过程中，如果违反相关的政治规范或者政策规范，就

---

① 从政治法哲学的角度而言，诉讼的功能主要在于解决人民内部矛盾。主要理由是：其一，民事诉讼主要是解决作为平等主体的自然人、法人或者其他组织之间的人身、财产纠纷（民事纠纷），因此，主要被视为解决人民内部矛盾的理性工具。这主要是由民事诉讼的性质和功能所决定的。其二，行政诉讼的主要功能和作用是解决作为不平等主体的国家行政机关和行政相对人之间的行政纠纷。也就是人民与人民政权之间的争议。因而，就其政治哲学属性而言，主要也是用于解决人民内部矛盾的。其三，在此尤其值得注意的是，刑事诉讼通常被视为追究和惩罚犯罪活动、实现国家刑罚权的方式。然而，由于犯罪活动的发生，尤其是除危害国家安全犯罪等少数犯罪之外的大多数犯罪活动，都是由人们在纷繁复杂的社会生活中的内部矛盾纠纷所引起的，因此，被马克思主义政治哲学和法律哲学的刑法观（尤其是马克思主义犯罪观和刑罚观）视为“孤立的个人反对国家的斗争”的犯罪活动，大多是由人民内部矛盾所转化而来的。因此，尽管刑事诉讼在政治哲学上通常被视为解决敌我矛盾的手段和工具，但是其在很大范围和程度上，也具有解决人民内部矛盾的功能和作用。

可能要承担相应的不利或者否定性的政治后果。这通常表现为在司法实践中，因违反政治规范或者最普遍的政治规则而产生的某种否定性政治评价或者不利政治后果。

再次，从普遍的法哲学角度，诉讼责任是现代国家和社会生活中的一种特殊法律现象。因为诉讼责任具有某种规范性、强制力保障性等属性；与此同时，还具有其他法律现象所不具有的特有属性，如惩罚性、制裁性。一般而言，诉讼活动通常旨在解决各种社会纠纷的法律活动。然而，任何违反法律的行为，都具有违法性和应受惩罚性。诉讼参与人在诉讼过程中只要实施相应的违反法律规范的诉讼行为，就应当受到相应的法律制裁、惩罚。因此，就其自身的功能而言，诉讼责任机制是追究和惩罚诉讼违法行为的诉讼内部机制和自律性机制。这就表明，要使法律规定的程序规则得到贯彻实施，就必须通过诉讼程序内部的责任追究机制，来排除诉讼过程中的异质性因素。这就意味着，从法哲学角度而言，诉讼责任必然要具有社会生活中其他法律现象所不具有的特有属性，即法律惩罚性、制裁性。这主要是由违法诉讼行为的违法性、侵害法益性和应受惩罚性等特性决定的。然而，就其深层次的原因而言，这一切最终还是由国家强制力所保障实现的。因此，就这种法哲学理论立场而言，诉讼责任实质上就是某种特殊的法律责任。

最后，笔者要指出的是，最广义的诉讼责任范畴，兼具多重社会科学属性，因而具有特有的社会学、政治哲学和法哲学内涵。这点其实也是不言而喻的。但是笔者之所以将这一范畴进行如此系统的研究，主要目的在于通过系统诠释，为构建系统科学的诉讼责任体系提供理论支持。也就是说，在我国即将面临的政治体制改革，尤其是司法体制改革中，在构建诉讼责任体制（譬如冤假错案的责任追究体制，根据中央文件精神要求，至少要涵盖法律责任和纪律责任等问题）过程中应当从社会学、政治哲学和法律哲学等层面，全方位、多角度地探索构建既具有国际视野，又具有中国特色的多层次的诉讼责任体系。由此笔者得出这样的结论：此处所谓的

“最广泛意义上的诉讼责任学说”，实际上就意味着某种政治法、社会法和普通法意义上的诉讼法律责任理论学说。因此，此种意义上的诉讼法律责任，就是违反普遍的诉讼法规范所应当承担的政治法、社会法和普通法（制定法）意义上的不利后果的总和。

（二）诉讼法律责任范畴的理论基础

对于在诉讼立法上设置法律责任制度所进行的必要性问题研究，主要目的在于探究诉讼法律责任追究机制的理论根据和现实基础，为制度设计和诉讼实践提供理论支撑。在我国现行诉讼立法实践的基础上，在三大诉讼法律规范规定框架下，针对诉讼责任问题进行这种理论研究，所要解决的主要是广义诉讼责任学说的正当性基础问题。

首先，在立法实践中确立诉讼法律责任追究机制，实质上是由那些因诉讼违法（或者程序违法）所产生的“程序性法律纠纷”的固有属性所决定的。在近现代法治社会，通常采用具有理性、和平和民主的诉讼方式来解决社会矛盾纠纷。现代诉讼机制作为一种现代纠纷解决方式，通常由国家强制力保障，并且其裁判过程和结果都具有高度公开性和可预期性。然而，在利用诉讼机制解决实体纠纷的过程中，如果在诉讼中负有诉讼权利义务的机关或者诉讼参与人实施了违反诉讼法规范的行为，就意味着在裁判者和被裁判者之间发生了程序性法律纠纷。如果这种纠纷得不到公正、及时、妥善的解决，案件实体纠纷的解决就无从谈起。诉讼过程中的这种程序性纠纷，往往具有区别于案件实体纠纷的特殊属性。这主要表现在几个方面：其一是处理案件的程序纠纷，发生在作为案件诉讼标的的实体纠纷之后，是由实体纠纷所衍生的次生纠纷，即解决纠纷过程中发生的纠纷；其二是这种案件次生纠纷的公正、及时和妥善解决，是案件实体纠纷得到最终解决的前提和基础；其三是就案件程序纠纷的基本结构而言，承办案件的公安司法机关既是与程序纠纷有利害关系的当事人，又要在程序机制内部充当解决纠纷的裁判者、主导者。这种潜在的多重角色导致了案件程序纠纷内在结构的不平衡性。在现实生活中又同时夹杂和渗透着很多不可测、不可控的案外强力因素的潜在作用，诉讼过程中案件程序纠纷的解决机制，就必然要求符合现代民主、法治要求的公权力因素的适当介入，以此来平衡和制约程序纠纷的不平衡性。因此，案件程序纠纷这种区别于案件实体纠纷的特有属性，使得传统上那种旨在惩罚违法行为、处理实体纠纷的实体法律制裁机制，很难适用于案件程序纠纷的解决。

其次，在实践中确立诉讼法律责任追究机制，是发挥诉讼法自身特有的程序自治功能、规制和调整案件程序纠纷的客观需要。众所周知，从诉讼法和实体法关系的角度来讲，诉讼法规定的是实施民法、行政法和刑法等实体法的实施程序、规则和办法。而在实践中，诉讼的主要功能是解决民事纠纷、行政纠纷或者刑事纠纷等实体法纠纷，实现实体法目的。因此在传统大陆法理论中，诉讼法通常被称为实体法的“司法法”。而在传统诉讼理论中，却有着历史悠久的程序工具主义思想观念，侧重强调诉讼程序的工具价值和实体保障功能。在诉讼过程中一旦发生违反诉讼法的行为，诉讼机制所具有的实体纠纷解决功能、实体法保障功能就会受到影响，甚至难以实现。因此，有必要在诉讼程序机制内部设置强制性的惩罚和制裁机制，来规范和制约那些影响诉讼目的实现的诉讼违法行为。这就为通过立法实践来确立诉讼法律责任制度，发挥诉讼程序内部的程序自治机制提供了现实可能。

再次，确立诉讼法律责任追究机制是国际通行做法和贯彻宪法原则的客观需要。在古今中外的诉讼立法实践中都有将严重违反诉讼义务的行为实施法律制裁的立法例。尽管这主要通过零星的分散立法而不是集中的专门立法来实现的，但是通过诉讼法律机制追究那些严重诉讼违法行为的法律责任，却是古今中外各国的普遍做法。有关联合国国际公约现在已经将“接受裁判权”（《世界人权宣言》第14条）、获得公正和公开审讯的权利（《公民权利和政治权利国际公约》第14条)[①] 作为公民的基本人权和国家基本义务。这就意味着，国家必须负有在民事和刑事审判中的程序保障义务。[②] 同时，这也就意味着，国家应当确立相应的诉讼责任追究机制，确保诉讼程序的公正。

与此同时，我国现行宪法和新刑事诉讼法也都明确规定，“(国家)尊重和保障人权”。尤其是十八届三中全会公布的《中共中央关于全面深化改革若干重大问题的决定》明确要求，通过“健全错案防止、纠正、责任追究机制”等措施，来进一步“完善人权司法保障制度”。这就意味着，国家对诉讼公正和正当程序的保障义务，是保障诉讼人权原则精神的客观要求，它不但涉及实体公正的要求，也涉及程序公正的要求。因此，司法实践中经常发生的，诸如超期羁押、超过审限、刑讯逼供等诉讼违法行为就会严重影响或者破坏实体真实和程序正当、公正。要尊重和保障当事人和其他诉讼参与人的诉讼人权，就应当顺应现代诉讼发展的社会历史潮流，在制度设计和司法实践中遵循“程序自治”的现代诉讼理念，逐步探索确立和完善“程序自治”机制。譬如，在诉讼制度实践中，确立为经济困难者提供法律援助等诉讼制度，彰显程序正义和人权保障原则精神；尤其是当审判权、检察权或者侦查权等国家权力在诉讼过程中非法侵害当事人的诉权或者其他合法权益时，认为诉讼法律责任追究机制能够彰显诉讼程序内在具有的、对程序正义和司法人权的保障价值，如非法证据排除机制。因此，笔者认为，根据“程序自治”原则和“人权保障”原则确立诉讼法律责任追究机制，既是国际通行做法，也是我国尊重和保障人权的宪法原则的要求，同时还是司法体制机制改革的现实要求。

最后，在诉讼法制建设中，确立诉讼法律责任追究机制、惩罚

---

① 参见［奥］曼弗雷德·诺瓦克：《〈公民权利和政治权利国际公约〉评注》，孙世彦等译，生活·读书·新知三联书店2008年版，第328页。

② 参见［奥］曼弗雷德·诺瓦克：《〈公民权利和政治权利国际公约〉评注》，孙世彦等译，生活·读书·新知三联书店2008年版，第314~373页。

诉讼违法行为、维护诉讼法律关系，是违法必究宪法原则（《宪法》第5条）的具体要求。这就意味着，根据宪法所确立的诉讼法制应当得到很好的遵守；如果在诉讼活动中故意实施违反诉讼法的行为，就应当依法被追究相关的法律责任。只有这样，在立法实践中所确立的立法目的，才能够得到有效实现。如何才能够确保诉讼法制得到遵守？笔者认为，一个很重要的保障措施，就是探索确立诉讼法律责任追究机制，将司法实践中被广泛、深入检验且符合诉讼规律的制裁机制和有效做法上升到诉讼立法层面，逐步提高制度规范的效力等级，以最终形成科学有效的诉讼法律制裁体系。也就是说，通过确立科学系统的诉讼法律责任追究机制，理性运用国家强制力来惩罚和制裁程序违法行为，以确保诉讼（法律）规则的有效实施和诉讼目的的准确实现，维护基于诉讼（法律）规则所形成的诉讼法律关系和诉讼法律秩序。

综上所述，笔者认为无论从理论建构上还是从制度实践上，在我国当前的政治体制改革和司法体制机制改革中逐步探索确立科学完善的诉讼法律责任追究机制，不但具有诉讼理论和制度实践上的现实必要性，而且具有诉讼理论和制度实践上的现实合理性。

（三）我国诉讼法律责任的制度实践和基本形式

正如有学者所言，“在法律关系中，有义务即有责任，诉讼法律关系也不例外”。[①] 诉讼法律责任作为诉讼法律关系的保障机制，无论对诉讼规则的实施、诉讼行为的规范，还是对诉讼法律关系的调整以及诉讼秩序的维护，都起着不可忽视的作用。但是我国诉讼理论界长期以来很少从诉讼法律责任问题的角度，对违反诉讼义务的法律后果加以研究。究其主要原因，除了缺少法律哲学和法理学上的理论基础，在制度实践上，有关诉讼法律责任的规定通常也较为零星、分散。这种不集中、不系统的立法体例，也是理论上缺乏研究的重要现实原因。作为一种理论探索，笔者在此探讨诉讼法律

① 参见袁岳：《诉讼法律责任论》，载《学习与探索》1991年第3期。

责任问题的主要目的，就在于通过系统研究当前我国诉讼法制实践中所存在的问题，为我国构建系统完善的诉讼法律责任制度体系提供理论支撑。这其中既有诉讼理论研究方面的考虑，也有为现实制度实践服务方面的考虑。

就诉讼法律责任的内涵而言，它通常意味着某种因违反诉讼义务的行为而产生的诉讼法上的否定性后果。它具有不同于实体法律责任的鲜明特征。这种有关诉讼法律责任的理论探索并不是凭空想象的，而是有着其现实的制度和实践基础的。尤其是，在我国当代的诉讼法律制度实践中，始终都有着关于诉讼法律责任的规定。最典型的例子就是刑事诉讼法、民事诉讼法和行政诉讼法都规定了专门针对违法诉讼行为的罚款、拘留等处罚措施。对这些措施的性质，诉讼理论界争议较大。但是，从法律规范的立法实例上看，将这些措施看作法律责任也就是诉讼法上的不利后果似乎更为妥当。

1. 我国诉讼法律责任的制度实践

诉讼程序就是诉讼主体和其他诉讼参与人实施诉讼行为、解决实体纠纷的步骤和方式。整个诉讼过程就是一个行为过程，它是诉讼参与者在不同阶段、通过不同方式所表现出来的一系列诉讼行为的总和。因此，可以形象地将诉讼看作一个抽象的行为链条。这个行为长链始终围绕着的那个基本行为目的，就是解决诉讼实体的权利保障和义务担当问题，通俗地讲就是实体权利的保障和实体义务的分配问题。因而，诉讼程序如果要正常推进、诉讼活动要正常开展，就必须通过立法为诉讼主体和其他诉讼参与人设定诉讼权利和诉讼义务，以此来形成基本的诉讼秩序。同时，还必须设置某些惩罚性的法律措施，确保诉讼权利正常行使和诉讼义务有效履行。这就意味着，要针对诉讼主体和其他诉讼参与人滥用诉讼权利或者违反诉讼义务的行为，在诉讼立法上设置相应的否定性法律后果，就是所谓的诉讼法律责任。这种否定性法律后果往往通过特定的责任承担方式来实现，就是由特定的国家司法机关根据法定程序和条件，落实到具体的滥用诉讼权利或者违反诉讼义务的违法行为实施者身上。譬如我国民事诉讼法、行政诉讼法和刑事诉讼法中都有关于法律责任的规定。这为在我国诉讼理论中研究和确立旨在规范和调整诉讼关系、管理和维护诉讼秩序的诉讼法律责任理论，提供了现实的制度实践基础。

首先，在民事诉讼领域，我国1979年《民事诉讼法（试行）》、1991年、2007年和2012年《民事诉讼法》都专章规定了“对妨害民事诉讼的强制措施”。对于这种强制措施的性质，诉讼理论界存在争论①。但是，这些强制措施所具有的惩罚性和制裁性，以及其在适用条件上通常以违反诉讼义务或者滥用诉讼权利为前提条件使其又带有明显的法律责任性质。这就意味着，“妨害民事诉讼的强制措施”实际上是一种法律责任。拘传、训诫、责令退出法庭、罚款和拘留，都是具体的责任承担方式。同时，从责任认定机制、权力基础等因素来看，这些诉讼责任的追究带有明显的单方性、主动性和强制性，而这些属性恰恰符合行政权的特征。因此，这种法律措施实际上就是司法行政色彩浓厚的司法处罚、司法处分。这是由法院审判权所衍生的、旨在规范诉讼关系、管理（或维护）诉讼秩序的特殊法律责任。

其次，在刑事诉讼领域，我国刑事诉讼法规定的刑事诉讼强制措施主要有拘传、取保候审、监视居住、拘留和逮捕等种类。但是，在此值得指出的是，刑事诉讼强制措施无论在种类、适用主体和条件等方面，与民事诉讼和行政诉讼都有很大的不同。尤其是，除拘传外，在民事诉讼和行政诉讼中被规定为法定强制措施的，诸如责令退出法庭、罚款、拘留等措施，在刑事诉讼法中也有几乎相同的规定。但是，刑事诉讼中这些措施的性质究竟是什么呢？这是

① 对于民事诉讼中这些措施的性质，理论界的代表性观点主要有“制裁说”“强制教育说”“强制手段说”和“排除妨碍手段说”等。而最高法院在实施法律的司法解释中则将其定位于“排除妨碍、保障诉讼活动正常进行的强制手段”。这就意味着司法实务中采“强制手段说”。

一个值得思考的问题。在诉讼理论界通常将其看作“其他强制性措施”。对此，笔者认为尽管这种观点具有一定的合理性，但是过于强调其程序保障功能，忽视了这些措施的惩罚性、制裁性；同时，也没有关注到这些制裁和惩罚措施适用的前提往往是诉讼参与人或者案外人违反法定或者规定的诉讼义务，或者滥用诉讼权利。譬如，即便是案外人，在参与诉讼活动过程时对相关诉讼纪律和诉讼秩序也具有相应的遵守义务。如果违反这些普遍义务，就意味着要承担否定性法律后果。

此外，“强制手段说”还不能解释罚款、拘留措施的某些特有属性。尤其是在被告人未被羁押的案件中，如果被告人在诉讼期间被科处这种所谓的罚款、拘留，当被告人被定罪科刑后，其所被科处的罚款金额无法折抵罚金、拘留期间不能折抵刑期。但是，此前其被科处的治安行政罚款却可以折抵罚金；治安拘留可以折抵刑期。如果抛开其保障功能，就这些措施的适用本身而言，实际上就意味着某种不利后果。因此，笔者主张将其视为一种诉讼法律责任似乎更为妥当。与此同时，就其功能而言，诉讼法律责任也同样具有诉讼程序的保障功能，在客观上能够起到调整诉讼法律关系、管理和维护诉讼秩序的作用。

再次，在行政诉讼领域中，我国行政诉讼立法上没有明确为“强制措施”，但是在司法实践和理论研究中，通常被看作“强制措施”。但是，从立法技术的角度看，这种立法例符合理论上法律规范的通常结构。譬如 1989 年《行政诉讼法》第 49 条规定就采用了这种立法模式：“有……行为之一的，可以根据情节轻重，予以……构成犯罪的，依法追究刑事责任”①。2015 年行政诉讼法修改时仍沿用这种立法模式。这就产生了问题：在行政诉讼中所规定

---

① 1989 年《行政诉讼法》第 49 条规定：“诉讼参与人或者其他人有下列行为之一的，人民法院可以根据情节轻重，予以训诫、责令具结悔过或者处一千元以下罚款、十五日以下拘留；构成犯罪的，依法追究刑事责任。”

的训诫、责令具结悔过、罚款和拘留等惩罚性措施，究竟是“强制措施”还是“法律责任”？也就是这些惩罚性措施的本质属性问题。对此，笔者主张“法律责任说”，因为这样理解更符合立法者的立法精神。同时，无论是主张“强制措施说”还是“法律责任说”，都认同两者在保障手段上依靠国家强制力，在制度目的上确保诉讼规则的有效遵守和保证诉讼程序的顺利进行。

2. 我国诉讼法律责任的基本形式

根据刑事诉讼法、民事诉讼法和行政诉讼法的相关规定，诉讼参与人和其他人因违反诉讼义务（或者滥用诉讼权利）而应承担的诉讼法律责任，主要有如下几种：

其一是训诫、警告。我国诉讼中的训诫、警告措施，是诉讼参与人和其他人因违反法庭规则或者违反法庭秩序但情节轻微时所应当承担的一种诉讼法上的不利法律后果。在法律实质上，训诫和警告都是我国诉讼法律所规定的一种精神罚。我国《民事诉讼法》（第65条、第110条）、《刑事诉讼法》（第188条）和《行政诉讼法》（1989年《行政诉讼法》第49条和2015年《行政诉讼法》第59条）都规定了相应的训诫或者警告措施[①]。总之，在诉讼过程中，只要诉讼参与人和其他人（或者旁听人员）违反法庭规则或者实施违法诉讼行为的，法院就有权视其情节轻重裁量决定对其

① 我国法律中关于训诫、警告的法律规定：（1）我国民事诉讼法规定了“训诫”的诉讼法律责任。《民事诉讼法》第65条规定，当事人因逾期提供证据而被法院责令其说明理由，如果其拒不说明理由或者理由不成立的，法院可以根据具体情况裁量决定采纳该证据但予以训诫。同时，第110条规定，在民事诉讼中，诉讼参与人和其他人违反法庭规则，法庭可以对其进行训诫。（2）我国刑事诉讼法分别规定了“训诫”和“警告”的诉讼法律责任。根据我国《刑事诉讼法》第188条规定，除被告人的配偶、父母、子女之外的证人，经法院通知后，没有正当理由拒绝出庭或者出庭后拒绝作证的，法院可以根据案件具体情况裁量决定对其予以训诫。第194条规定，法庭审判过程中，如果诉讼参与人或者旁听人员违反法庭秩序，审判长应当警告制止。（3）我国行政诉讼法规定了“训诫”的诉讼法律责任形式。根据1989年《行政诉讼法》第49条和2015年《行政诉讼法》第59条的规定，诉讼参与人或者其他人实施法律规定的诉讼违法行为，情节轻微的，法院可以予以训诫。

予以警告或者训诫。这种警告或者训诫的实质，是诉讼参与人和其他人因违反法庭规则或者违反法庭秩序但情节轻微时所应当承担的一种诉讼法律责任。

其二是责令具结悔过。这是我国 1989 年《行政诉讼法》（第 49 条）和《刑事诉讼法》（第 69 条）[①] 所规定的一种精神罚，其与警告和训诫的区别在于在批评教育后，责令违法行为人以书面形式检讨错误、表示再不重犯。

其三是责令退出法庭或者强行带出法庭。我国刑事诉讼法（第 194 条）和民事诉讼法（第 110 条）都规定了相应的措施[②]。责令退出法庭是法院对违反法庭规则或者法庭秩序的诉讼参与人和其他人所采取的一种资格罚。作为惩罚性法律后果，其实质是通过限制或者剥夺诉讼参与人和其他人参与诉讼的权利或者资格，来实现维护法庭规则和法庭秩序的诉讼目的。

其四是罚款。罚款是法院责令妨碍诉讼的诉讼参与人（或者其他人、案外人）向国家缴纳一定数额的金钱以示惩戒的一种制裁措施。其法律实质是我国诉讼法律所规定的一种财产罚。我国三大诉讼法基本都确立了这种旨在排除诉讼妨碍、保障诉讼程序顺利进行的实体性制裁方式。对此，我国现行刑事诉讼法、民事诉讼法

---

① 我国现行法律中关于责令具结悔过的规定：（1）根据 1989 年《行政诉讼法》第 49 条和 2015 年《行政诉讼法》第 59 条的规定，诉讼参与人或者其他人实施法律规定的诉讼违法行为，情节轻微的，法院可以予以训诫或者责令具结悔过。（2）《刑事诉讼法》第 69 条规定，被取保候审的犯罪嫌疑人、被告人违反法律规定或者公安司法机关规定的义务，已交纳保证金的，没收部分或者全部保证金，并且区别情形，责令犯罪嫌疑人、被告人具结悔过，重新交纳保证金、提出保证人，或者监视居住、予以逮捕。

② 我国现行诉讼法律中关于责令退出法庭、强制退出法庭的规定：（1）我国《刑事诉讼法》第 194 条规定，在法庭审判过程中，如果诉讼参与人或者旁听人员违反法庭秩序，审判长应当警告制止。对不听制止的，可以强行带出法庭。（2）《民事诉讼法》第 110 条规定，人民法院对违反法庭规则的人（诉讼参与人或者案外人），可以依其自由裁量权责令退出法庭。在此值得指出的是，尽管行政诉讼法没有明确规定责令退出法庭措施，但是在司法实践中，如果出现诉讼参与人或者其他人违反法庭规则、情节轻微的，可以参照民事诉讼法有关规定，作出责令退出法庭的决定。

和行政诉讼法都有相关规定①。

在此值得注意的是，在刑事诉讼中，罚款主要针对“怠于履行保证义务的保证人”和“严重违反法庭秩序的诉讼参与人或者旁听人员”。其中，在犯罪嫌疑人、被告人被取保候审过程中，追究前者法律责任的罚款措施，可以由采取取保候审措施的公安司法机关决定适用，不限于法院；后者只限于法院在审判程序中决定适用。而在民事诉讼中，罚款主要针对妨害民事诉讼的诉讼参与人和其他人。

其五是司法拘留。这是我国刑事、民事和行政诉讼中都有的法律责任形式。它是我国法院针对妨害诉讼的自然人所采取的自由罚。这是一种区别于刑事拘留和治安拘留的特殊惩罚性措施。通常而言，在刑事诉讼中，司法拘留主要是针对“怠于履行出庭作证义务的证人”和“严重违反法庭秩序的诉讼参与人或者旁听人员”所采取的惩罚性措施；在民事诉讼中，主要是针对“诉讼参与人或者其他人实施妨害民事诉讼的行为，情节严重的”的情形；行政诉讼中的司法拘留，主要是针对诉讼参与人（或者其他人）有

① 我国现行诉讼法律规定中关于罚款的规定：（1）我国《刑事诉讼法》第68条规定，被保证人有违反《刑事诉讼法》第69条规定的行为，保证人未履行保证义务的，对保证人处以罚款，构成犯罪的，依法追究刑事责任。第194条规定，在法庭审判过程中，如果诉讼参与人或者旁听人员违反法庭秩序，情节严重的，法院经院长批准后可以依法裁量决定对其处以一千元以下的罚款。（2）我国《民事诉讼法》第65条规定，当事人因逾期提供证据而被法院责令其说明理由，如果其拒不说明理由或者理由不成立的，法院可以根据具体情况决定不予采纳该证据或者采纳该证据但予以训诫、罚款。根据第110~117条规定，专门针对诉讼参与人和其他人实施的各种妨害民事诉讼的行为所采取的惩罚性措施。（3）根据我国1989年《行政诉讼法》第49条和2015年《行政诉讼法》第59条的规定，诉讼参与人或者其他人有违反法律规定的诉讼违法行为的，法院可以根据情节轻重裁量决定追究其罚款的法律责任。

法律规定的诉讼违法行为的情形。①。

其六是排除非法证据或者不予采纳非法证据。这是我国诉讼制度中具有程序性制裁性质的法律责任形式。其制度目的主要在于，通过法院否认违反法定程序（或者采用非法手段）所收集的证据，以及超过法定期限（或者指定期限）所提交证据的证据能力或者证据资格，来制裁违法收集证据的行为。首先，排除非法证据是我国刑事诉讼理论中最为典型的程序性制裁制度之一。主要是通过法官否认非法证据的证据能力或者证据资格，来达到遏制刑讯逼供等非法取证行为、保障诉讼参与人诉讼人权的目的。我国《刑事诉讼法》第54条规定确立了非法证据排除规则。其主要目的就在通过排除缺少证据资格的证据，来遏制刑讯逼供等非法强制取证行为。就其间接目的而言，还涉及保障诉讼参与人的诉讼人权。其次，否定超过法定期限（或者指定期限）所提交证据的证据能力，或者“以侵害他人合法权益或者违反法律禁止性规定的方法取得的证据”，是我国民事诉讼中追究当事人怠于履行诉讼义务，或者

① 我国诉讼法律中关于司法拘留的适用情形：(1) 我国《刑事诉讼法》第188条规定，刑事诉讼中的证人（除被告人的配偶、父母、子女之外）没有正当理由拒绝出庭或者出庭后拒绝作证，情节严重的，经院长批准，法院可以对其处以十日以下的拘留。第194条规定，在法庭审判过程中，如果诉讼参与人或者旁听人员违反法庭秩序，情节严重的，法院经院长批准后可以依法裁量决定对其处以十五日以下的拘留。(2) 根据我国《民事诉讼法》第110~117条规定，诉讼参与人或者其他人实施妨害民事诉讼的行为，情节严重的，就可能被法院依法追究司法拘留的诉讼法律责任。(3) 根据我国1989年《行政诉讼法》第49条和2015年《行政诉讼法》第59条的规定，诉讼参与人或者其他人有违反法律规定的诉讼违法行为的，就可能被法院依法处以司法拘留。

非法取证行为的法律责任的具体形式。① 再次，我国行政诉讼法中也没有明确规定非法证据排除规则，但是根据2002年《行政诉讼证据规定》第58条的规定，在行政诉讼中，当事人通过法律禁止的方法或者侵害他人合法权益的方法所获取的证据，不得作为定案根据。这通常被看作我国行政诉讼中确立非法证据排除规则的重要标志。最后，民事诉讼和行政诉讼中的非法证据排除规则，尽管与刑事诉讼在排除主体、排除程序、排除范围和排除标准等方面都有较大的不同，但是作为程序性制裁方式，在遏制非法取证行为、保障人权的制度目的上，并无不同。

其七是缺席判决或者视为撤诉（推定撤诉）。在传统大陆法和我国诉讼理论中，缺席判决通常被看作是违反直接言词原则的。但是，诉讼立法设置缺席判决或者推定撤诉制度的目的，通常是由于当事人滥用或者不当行使其起诉权（或者应诉权），而由法院出于诉讼效率等因素的考虑所采取的程序性案件处理方式。然而，对于这种制度的正当性根据，传统诉讼理论界通常从诉讼效率等因素的角度来考虑，却鲜有学者从诉讼人权保障的角度来为其寻求制度存在的正当性基础。近年来随着国际人权保障运动的不断发展，国际公约已经将"获得公正和公开审判的权利"作为公民的基本人权进行保障。《世界人权宣言》和《公民权利和政治权利国际公约》都将"接受裁判权"（《世界人权宣言》第10条）、"获得公正和

① 根据我国2012年《民事诉讼法》第65条规定，当事人逾期提供证据，经法院责令其说明理由的，如果其拒不说明理由或者理由不能成立的，法院根据不同情形可以不予采纳该证据，或者采取其他制裁措施。这就意味着，民事诉讼中，当事人如果怠于履行按期提交证据的义务，法院根据具体情况可以裁量确定排除该证据；只要法院作出排除逾期提交证据的，当事人就要承担举证不能的不利后果。因此，排除（或者不予采纳）逾期所提交的证据，是当事人承担诉讼法律责任的具体形式之一。值得指出的是，我国民事诉讼法没有明确规定非法证据排除规则，但是2002年最高人民法院公布的《民事诉讼证据规定》第68条规定，"以侵害他人合法权益或者违反法律禁止性规定的方法取得的证据，不能作为认定案件事实的依据。"在我国诉讼理论界和司法实务界，这通常被看作是我国民事诉讼中确立非法证据排除规则的重要标志。

公开审讯的权利”(《公民权利和政治权利国际公约》第 14 条)[①]作为公民的基本人权和国家基本义务。这就意味着，国家必须负有在民事和刑事审判中的程序保障义务。[②] 为顺应这种国际人权保障的社会历史潮流，我国宪法和刑事诉讼法先后将“(国家)尊重和保障人权”写入法典。同时，与之相适应的各种诉讼人权保障制度不断得以确立和完善。尤其是党的十八届三中全会《全面深化改革决定》，明确将“完善人权保障司法制度”作为我国司法制度改革的重要方面之一。在这种特定的社会历史背景下，当事人如果滥用“接受裁判权”“获得公正和公开审讯的权利”等诉讼人权的，应当由立法者对其设定相应的程序性制裁措施。对原告或者被告而言，这些程序性制裁措施，则是其滥用诉权所应承担的不利法律后果。[③] 在诉讼立法实践中，根据我国国情和不同诉讼的特点，我国立法者先后(部分或者全部)确立了按撤诉处理(视为申请

① 参见[奥]曼弗雷德·诺瓦克:《〈公民权利和政治权利国际公约〉评注》，孙世彦等译，生活·读书·新知三联书店 2008 年版，第 328 页。

② 参见[奥]曼弗雷德·诺瓦克:《〈公民权利和政治权利国际公约〉评注》，孙世彦等译，生活·读书·新知三联书店 2008 年版，第 314~373 页。

③ 参见刘秀明:《诉讼构造与程序时效：英美法系审前缺席审判的理论基础》，载《河北法学》2011 年第 8 期。

撤诉）或者缺席判决制度①。

总体上而言，我国诉讼立法实践中所确立的缺席判决或者按撤诉处理（视为撤诉、推定撤诉）制度，都是具有程序性制裁性质的法律责任形式，即都是滥用诉权或者滥用“接受裁判权”“获得公正和公开审讯的权利”等基本诉讼人权所应当承担的不利法律后果。

其八是发回重审制度。我国诉讼理论和实务中的“发回重审”，就是通常所谓的“裁定撤销原判、发回重审”制度。这是一种兼具补救和惩罚双重属性的程序性制裁措施（或者诉讼法律责任形式）。具体而言：首先，其惩罚性表现在“确认违反诉讼法的诉讼行为无效”，即“撤销原判”。②“撤销原判”就意味着否定原审法院最初判决的法律效力，使原审法院违反诉讼法所作出的初审裁判的法律效力彻底归于无效。因为如果要纠正违法诉讼行为就必须首先撤销原判。也就是说，撤销原判的目的在于发回重审，纠正违法诉讼行为。因此，惩罚性是其首要属性，是纠正违法诉讼行为的基础和前提。其次，其补救性主要表现在“恢复其法律关系的原初状态，取消建立在违法诉讼行为基础上的法律关系”③，即

---

① 我国立法和司法实践中关于视为撤诉、按撤诉处理或者缺席判决的具体状况：（1）我国《民事诉讼法》第143、144条规定了相对完善的按撤诉处理和缺席判决制度。（2）我国1989年《行政诉讼法》也参照《民事诉讼法》第48条确立了“视为撤诉”和“缺席判决”制度。（3）我国刑事诉讼法和司法解释根据刑事诉讼的诉讼特性（特有规律）和实践中的特殊情形，分别（部分或者全部）确立各种形式的按撤诉处理或者缺席判决制度。主要有五种情形：①《刑事诉讼法》第205条和《刑事诉讼法解释》第274条确立自诉案件的按撤诉处理制度，但未确立缺席判决制度；②根据《刑事诉讼法解释》第158条规定的附带民事诉讼的缺席判决和按撤诉处理制度；③《刑事诉讼法》第280~283条和《刑事诉讼法解释》第507~523条在犯罪嫌疑人、被告人逃匿、死亡案件违法所得的没收程序中，部分确立缺席判决制度，但严格限制其适用范围、条件和程序；《刑事诉讼法解释》第158条确立了附带民事诉讼的缺席判决和按撤诉处理制度；④《刑事诉讼法解释》第223条确立了公诉案件的按撤诉处理制度，即经两次补充侦查，法定期限届满，经法庭通知，检察机关未将案件移送法院且未说明原因的，法院可以决定按检察院撤诉处理；⑤再审案件的按撤回抗诉处理和按撤回申诉处理（《刑事诉讼法解释》第387条）。

② 参见袁岳：《诉讼法律责任论》，载《学习与探索》1991年第3期。

③ 袁岳：《诉讼法律责任论》，载《学习与探索》1991年第3期。

"发回重审"。也就是说，发回重审的裁定，能够使得原本即将面临终结的诉讼程序和即将消灭的诉讼法律关系恢复到原审判决作出以前的原初状态，从而为原审法院纠正违法诉讼行为提供救济途径。因此，其主要目的在于补救、救济原审法院因严重违反法定程序而作出的错误裁判。总之，确认违法诉讼行为无效和责令重新作出诉讼行为，都是严重违反法定诉讼程序所应当承担的不利法律后果。换言之，无论撤销原判还是发回重审，都是针对原审法院诉讼违法行为所实施的具体程序性制裁措施。最后，对于我国立法和司法实践中关于撤销原判、发回重审的具体情况，详见页下注释①。

① 目前在制度实践层面，我国民事诉讼、行政诉讼和刑事诉讼都已确立"裁定撤销原判、发回重审"制度。具体而言：（1）我国民事诉讼制度实践中现已基本确立起较为完善的"裁定撤销原判、发回重审"制度。我国民事诉讼中确立了严重违反法定程序的"撤销原判，发回重审"制度（参见 1982 年《民事诉讼法（试行）》第 151 条、1991 年《民事诉讼法》第 153 条、2007 年《民事诉讼法》第 153 条、2012 年《民事诉讼法》第 170 条和 2015 年《民事诉讼法》第 170 条）。但是，这种立法表述仍然还是有着某些缺憾的，较易引起实践中的适用混乱。最高人民法院在制定司法解释时，又对相关规定进行相应完善。这表明，我国民事诉讼中已经基本确立这种特殊的程序性制裁措施。（2）我国行政诉讼制度实践中，已初步确立"裁定撤销原判，发回重审"的诉讼法律责任形式。（参见 1989 年《行政诉讼法》第 61 条和 2015 年《行政诉讼法》第 89 条）。但是，从立法技术的角度来看，我国 1989 年《行政诉讼法》第 61 条所规定的"裁定撤销原判，发回重审"制度是有着重大缺陷的，尤其是立法表述模糊、易产生歧义，故而在实践中很容易引起混乱。为弥补立法不足，最高人民法院在 1999 年制定司法解释时，将这种程序性制裁措施的适用范围严格限定在两种具体情形中，以此增加其立法的明确性和司法可操作性（参见 1999 年《行政诉讼法解释》第 71 条）。2015 年《行政诉讼法》修改时该规定正式写入法典，并被法律正式确认。（3）我国刑事诉讼法不但在立法上明确规定裁定撤销原判、发回重审这种特殊的程序性裁判措施，而且还规定了违反法定诉讼程序的具体情形。在立法效果上来讲，不但具有立法明确性，更具有司法可操作性，因而是科学完善的（2012 年《刑事诉讼法》第 227 条）。在此基础上，司法解释又将裁定"撤销原判、发回重审"制度的适用范围，明确扩展到"三类特殊案件"。根据《刑事诉讼法解释》第 349 条、第 350 条、第 518 条规定，高级人民法院复核死刑缓期执行案件、最高人民法院复核死刑案件和对不服第一审没收违法所得或者驳回申请裁定的上诉、抗诉案件，第二审人民法院经审理查明："原审违反法定诉讼程序，可能影响公正审判的"，应当裁定撤销原裁定，发回重新审判。

其九是再审制度。再审制度专门针对法院已生效裁判确有错误的情形。在行政诉讼中，再审法院在对已生效裁判进行审理过程中，发现原审裁判存在“违反法定程序可能影响案件正确裁判的”(1999 年《行政诉讼法解释》第 80 条和 2015 年《行政诉讼法》第 91 条）情形的，应当裁定发回作出生效裁判的原审法院重新审理。总体上而言，这些能够在行政诉讼中引起“发回原审法院重新审理”的情形，都是原审法院违反法定诉讼程序导致的。因此，在审判监督程序中发回原审法院重新审理，既是对原审法院所进行的程序性制裁，也是其承担诉讼法律责任的具体形式。简言之，对已生效错误裁判依照审判监督程序所进行的重新审判，是原审法院必须承担的程序性制裁措施或者诉讼法律责任。

综上所述，在我们所探讨的诉讼法律责任形式中，警告或者训诫、责令具结悔过、责令退出法庭（或者强行带出法庭)、罚款、司法拘留等五种责任形式，与排除非法证据（或者不予采纳非法证据)、缺席判决和视为撤诉、裁定撤销原判发回重审、再审等责任形式，在适用对象、适用条件、适用目的等方面有着明显的区别。其中，前五种责任形式主要是针对诉讼参与人和其他人（案外人）的诉讼违法行为所采取的实体性制裁措施；后四种责任形式主要是针对承办案件的公安司法机关的诉讼违法事实所采取的程序性制裁措施。

但是，在现代诉讼理论和实践中，针对后者的理论研究和制度实践通常是会引起广泛关注的热点问题。其主要原因是在国际人权保障潮流中，在诉讼或者司法领域加强诉讼人权保障方面的理论构建和制度实践，是现代诉讼理论的重要发展方向之一。但是，究其深层次的原因，则是由于承办案件的公安司法机关在司法实践中的诉讼违法事实，通常会侵犯诉讼参与人的诉讼人权，尤其是当事人的诉权。因此，如何通过诉讼内部机制来追究和惩戒诉讼违法行为、遏制侵犯诉讼人权的情形发生，是诉讼理论研究和诉讼制度实践所面临的重要课题之一。这就意味着，现代诉讼中的诉讼法律责任制度必然会成为诉讼人权保障制度的重要组成部分。在探索构建诉讼法律责任制度的过程中，应当坚持程序性制裁和实体性制裁并重、程序性法律责任和实体性法律责任并重的指导思想和原则。换言之，在制度实践层面，应当探索构建程序性制裁和实体性制裁并重、程序性法律责任和实体性法律责任并重的诉讼责任法律制度体系；在理论研究层面，应当探索构建以诉讼法律责任为核心、科学系统和多层次的诉讼责任理论体系。

三、刑事诉讼法律责任的基本内容和基本形式

如前所述，近年来我国刑事司法领域所出现的冤假错案在社会上引起了极大反响，在很大程度上也严重影响了社会稳定和司法权威。这就在制度建设层面倒逼冤假错案责任追究机制的有效形成。对于冤假错案本身的内涵和范围而言，理论界和实务界都有学者主张，冤案、假案在实质上都是错案，都属错案范畴。然而，就其基本类型和原因而言，我国司法实践中错案的产生，一方面是由于公安司法人员在办案过程中滥用职权或者玩忽职守，而导致认定事实或者适用法律上的实体性错误；另一方面是由于违反法定程序而造成的处理错误。[①] 这也就导致了实践中客观存在的两种基本的错案类型，即实体性错案和程序性错案。但是，无论哪种错案，在司法实践中都是尽可能要避免的。因为这不但会侵害当事人和其他诉讼参与人的合法权益，破坏合法的诉讼法律关系和正常的诉讼秩序，还会影响司法公正和司法权威，造成司法资源的浪费。这就对错案责任追究机制的存在及其功能的发挥提出了客观的要求。同时，制度实践层面的诉讼法律责任机制，以其自身所具有的制裁违法诉讼行为、规范诉讼关系以及维护诉讼秩序的独特功能，必将成为我国诉讼法制科学化、民主化和理性化的重要保障机制。基于前文对诉

---

① 参见刘方权、曹文安：《刑事诉讼程序法律责任论》，载《江苏警官学院学报》2005 年第 2 期。

讼法律责任理论的探索，笔者在此仅就刑事诉讼领域中的刑事诉讼法律责任理论进行系统深入的探讨。

（一）刑事诉讼法律责任的基本内容

1. 刑事诉讼法律责任的内涵

在前文中笔者就诉讼法律责任的内涵已经进行过系统阐述，这样我们对刑事诉讼法律责任的基本内涵就不难得出结论。通俗来说，它就是违反诉讼法规范所应当承担的法律责任。在此值得注意的是，刑事诉讼法律责任和刑事诉讼责任是两个既有联系也有区别的相近范畴。两者的最主要区别在于前者通常是法律责任的一种具体形式，是指违反诉讼义务所导致的不利法律后果；后者通常是指刑事诉讼中第一性义务的诉讼责任（如《刑事诉讼法》第49条规定的公诉案件的举证责任、第35条规定的辩护人的责任），或者违反诉讼义务所造成的不利后果。两者在范围上存在交叉重叠。在理论基础上，前文已经述及，在此仅作简要回顾。对于刑事诉讼责任中两种不同性质的诉讼责任，其各自的理论基础也是不同的：作为第一性义务的刑事诉讼责任，是以分析实证主义法学中的权利义务概念理论为基础的，尤其是新分析法学代表人物霍菲尔德的法律关系逻辑分析模型理论；而前者则是以法律责任理论为基础的。就此而言，所谓的“刑事诉讼法律责任”，实际上通常是就第二种诉讼责任而言的，也就是作为不利法律后果的刑事诉讼责任。

对于我国现行刑事诉讼法中关于法律责任的规定，笔者也进行了系统考察[①]。总体上，我国当前立法实践中，既规定了实体法律责任也规定了程序法律责任。而前述这些针对违反诉讼义务或者滥用诉讼权利、妨害诉讼秩序的行为所确立的法律责任，不但有刑事责任、行政责任和国家赔偿责任等实体法律责任，而且有诸如非法证据排除等程序法律责任。

2. 其他强制性措施是否负法律责任的问题

除前述常见的立法例之外，我国刑事诉讼法还规定了一些特殊的强制性措施。诸如训诫（第 188 条）、责令具结悔过（第 69 条）、罚款（第 68 条）、司法拘留（第 188 条、第 194 条）等。然而，对于这些惩罚性措施的性质究竟是否为法律责任，笔者在前文也已经简要论述。但是，我们必须注意刑事诉讼的特殊性。除此之外刑事诉讼中还存在取保候审、监视居住、逮捕等特有的强制措施。而且，值得注意的是，刑事诉讼理论界在讨论刑事诉讼强制措施时，通常并不将其纳入严格意义上的强制措施体系。对此，笔者认为，如何正确认识和科学区分这两类措施的性质、特征和目的，是个值得讨论的问题。因为这不但涉及刑事诉讼强制措施体系的完善问题，还涉及如何在最大限度上发挥这些措施的制度价值的问题。基于这种考虑，笔者认为，鉴于这些其他强制性措施的特有属性和功能，在性质上将其界定为法律责任，似乎更为合理。具体而

① 在我国现行的《刑事诉讼法》中，明确使用“法律责任”术语（或者与具体法律责任相关的术语）的规定，大概有几种分类：其一是直接明确规定为“应当依法追究法律责任”（第 42 条）、“应当追究责任”（第 51 条）、“凡是……的，必须受法律追究”（第 52 条）、“应当承担法律责任”（第 145 条）；其二是“构成犯罪的，依法追究刑事责任”（第 55 条、第 61 条、第 68 条、第 194 条）、“依法追究刑事责任；不构成犯罪的，给予处分”（第 234 条）；其三是“尚不够刑事处罚的，依法给予治安管理处罚”（第 61 条）。此外，还有一些规定，尽管没有明确使用“法律责任”或者“刑事责任”等与具体法律责任相关的术语，但是通常被认为也是属于程序性制裁的规定。例如，非法证据排除的规定（第 54 条）、“裁定撤销原判，发回重审”的规定（《刑事诉讼法》第 227 条、《刑事诉讼法解释》第 349 条、350 条、518 条）等。这些关于程序性制裁的法律规定，其内容通常被认为是刑事诉讼中的程序性法律责任的具体形式。

言：刑事诉讼中这些针对诉讼参与人和其他人违反诉讼义务的行为（或者诉讼违法行为）所专门设置的惩罚性强制措施，是公安司法机关基于其审判权、检察权或者侦查权等刑事执法权所实施的，是旨在规范和调整诉讼关系、管理和维护诉讼秩序的司法行政制裁。简言之，就是实施诉讼违法行为或者违反诉讼义务，所必须承担的不利法律后果或者法律制裁。对此，笔者的主要理由是：

首先，其他强制性措施的法律责任属性，在很大程度上是由诉讼违法行为的侵害法益性决定的。因为诉讼参与人和其他人在参与诉讼过程中一旦实施诉讼违法行为，就必然会破坏原本既已形成的、合乎法律要求的诉讼法律关系，继而对正常的诉讼秩序形成干扰和损害。这就意味着，凡是违反诉讼义务的行为或者诉讼违法行为，都会侵害诉讼法律规范所保护的法益。这些诉讼法规范所保护的法益，既包括一系列诉讼法律关系所构成的诉讼秩序，也包括诉讼法律关系所内在蕴含的程序法益或者诉讼法益，如当事人基于诉权所产生的诉讼利益等。然而，这种侵害法益性，在很大程度上是其他强制性措施获得法律责任属性的重要前提。

其次，其他强制性措施的法律责任属性是由公安司法机关的职能、定位和权力属性决定的。在法律哲学中，侵害法益就意味着法律制裁。在现代法治条件下，法律制裁必然要求权力的正当性基础。在此值得注意的是，根据我国宪法和刑事诉讼法、相关组织法的规定，人民法院、人民检察院和公安机关办理刑事案件，应当严格按照分工，既要彼此配合，又要相互监督制约，从而确保准确有效地执行法律。这表明，公安司法机关是宪法和法律明确规定的刑事执法机关。正是这种性质和职能定位，决定了我国公安司法机关在办理刑事案件时所具有的、某种程度上的司法行政职权。基于这样的宪法授权和基本法律授权，公安司法机关在侦查、审查起诉和审判过程中，毋庸置疑地具有依照法律规定规范和调整诉讼关系、管理和维护诉讼秩序的职能和权限。如果发生法律和司法解释、执法解释规定的违反诉讼义务的行为（或者诉讼违法行为、诉讼妨害行为），就必然会破坏诉讼法律关系和正常的诉讼秩序。这就意味着，要保护刑事诉讼法所要保护的程序法益（诉讼法益）和诉讼秩序，就必须对侵害诉讼法律关系、破坏诉讼秩序的诉讼妨害活动进行制裁和处罚。正是我国公安司法机关这种特殊性质的刑事执法权，使得其对自身所主导的侦查、检察和审判活动具有司法行政性质的管理职权。这些权力的行使，也具有明显的单方性、主动性等明显区别于传统司法权的本质属性。这就意味着，在诉讼过程中通过行使职权，来管理和维护诉讼秩序、规范诉讼关系、保障诉讼参与人的合法诉讼权益，是公安司法机关的基本职责和分内之事。然而，在传统大陆法诉讼理论中，刑事诉讼法通常被看作旨在实施刑事实体法、实现国家刑罚权的“司法法”。这种由刑事执法机关行使的具有明显司法行政性质的公权力、国家职权，实际上就是某种旨在管理维护诉讼秩序的司法处罚权。这是我国刑事诉讼中的法律责任追究机制所固有的重要权力基础。

此外，值得强调的是，国家公权力的行使，尤其是司法处罚权的正当行使，还要求有法律的明确规定。因此，只有在国家诉讼法律规定的范围内制裁和惩罚那些违反诉讼义务的行为（或者诉讼违法行为），才能够满足法律制裁形式上的正当性要求。这就意味着，诉讼违法行为（或者诉讼违法事实）所具有的应受惩罚性，和其他强制性措施的法律规定性，都是将其作为法律责任的重要理论根据。换言之，强制性措施自身的法律规定性和适用对象的应受惩罚性，是这些强制性措施成为法律责任的重要前提和必要条件。

最后，其他强制性措施作为某种刑事诉讼程序自治机制，其程序保障功能，尤其是其对诉讼关系和诉讼秩序的保障功能，是其法律责任属性的重要理论基础。一般情况下，只有正常的诉讼秩序得到维护，诉讼法律关系才能够围绕既定的诉讼目标不断展开和运行，诉讼程序才得以持续地正常推进。因而，要实现惩罚犯罪、保障人权的诉讼目的，只有在强有力的制裁措施的保障下，才能够形成稳定的诉讼秩序。同时，诉讼法律关系正常、合法和持续地有效运行是实体法律关系实现的关键前提，而且这样国家刑罚权也是在实体真实和程序正当价值都得到切实保障的情况下实现的。对于犯罪嫌疑人、被告人而言，对其犯罪事实和刑事责任的追究也就是在保障程序公正、尊重其诉讼人权的基础上进行的。因此，将这些惩罚性措施定位为刑事诉讼法律责任，其直接目的在于规范诉讼关系、维护诉讼秩序，而其最终目的却是确保实体法律关系（即国家刑罚权和犯罪人刑事责任）的实现。这就意味着，只有在诉讼程序面充分发挥其内部特有的程序性自治机制的价值、功能和作用，才能够有效确保诉讼实体面的正常运行。只有这样，诉讼实体面的法律事实和法律关系，才能够在理想的诉讼状态（这种理想的诉讼状态是诉讼关系和诉讼秩序的总和）下逐步且有序地实现既定诉讼目标。因此，其他强制性措施在诉讼程序面所发挥的独特的程序自治功能，是其法律责任属性的重要理论基础。

综上所述，笔者主张，无论从通常法律责任所要求的侵害法益性（司法违法性）、应受惩罚性和法律规定性等必要条件来看，还是从这种特殊的法律制裁机制的司法处罚权力基础、机构职能和制度定位等角度而言，抑或是其在诉讼程序面所独有的程序自治功能来看，都能够为刑事诉讼中“其他强制性措施”的法律责任属性提供重要的理论基础和合理根据。

（二）刑事诉讼法律责任的基本形式

根据其内容和法律依据，通常可以将刑事诉讼法律责任划分为实体法律责任和程序法律责任。其中，前者主要包括刑事责任、治安处罚责任、司法处罚等实体性制裁方式。而后者主要包括非法证据排除、撤销原判发回重审、缺席判决或者按撤诉处理，以及某些特殊情形的再审等程序性制裁方式。

1. 实体性法律责任

（1）司法处罚或者司法处分。

如前所述，对于其他强制性措施与传统强制措施的关键区别而言，强制措施可以折抵刑期或者罚金，但是作为司法处罚措施的其他强制性措施，却是不能折抵刑期或者罚金的。譬如针对未被羁押的犯罪嫌疑人、被告人实施诉讼妨碍行为、严重违反诉讼秩序，并被处以司法拘留、罚款措施的，在其判决确定之后，这种罚款和司法拘留是不能折抵刑期或者罚金的。这就意味着，这些措施的立法目的，不仅在于排除诉讼妨碍、保障诉讼的顺利进行，甚至还要保障传统强制措施的适用。这就使得笔者不断进行反思，以究问其他强制性措施的本质问题。对此，前文已经述及。但是，笔者认为，如果将我们的理论视野拓宽至传统大陆法理论，我们似乎不难发现，我们所谓的“刑事诉讼强制措施”，在传统大陆法中通常被称作“强制处分”“司法处分”。在我国诉讼理论界，也有学者将其视为某种法律责任。因为正如传统大陆法所称谓的那样，“强制处分”，单就“处分”术语本身就有“处罚”“制裁”之意。这就意味着，这些措施自身就涵涉某种惩罚性，同时在处罚内容上既涉及公民人身自由、财产权利等实体权益，又涉及诉讼资格、诉讼权能或者民主权利等精神利益。因此，笔者主张，这些所谓的“其他强制性措施”，在法律实质上是旨在排除诉讼妨碍、保障诉讼顺利进行的实体法律责任。其权力基础则主要来源于公安司法机关的司法权力或者刑事执法权，因而这些其他强制性措施就必然意味着某种司法处罚或者司法处分。

其一，训诫、警告。训诫和警告都是精神罚，它旨在制止轻微违法行为，及时恢复诉讼秩序的精神利益处罚。① 笔者在此之所以将其定位于实体性法律责任，主要是由于这两种精神处罚措施，其中，警告主要适用于诉讼参与人和其他人轻微违反诉讼规则或者法庭秩序的情形（《刑事诉讼法》第194条）；训诫主要适用于证人轻微违反作证义务的情形。根据《刑事诉讼法》第188条规定，除具有强制出庭作证豁免权的近亲属外，其他证人原则上都有出庭

① 参见袁岳：《诉讼法律责任论》，载《学习与探索》1991年第3期。

作证的义务。如其“经法院通知后，没有正当理由拒绝出庭或者出庭后拒绝作证的”，法院可以根据案件具体情况裁量决定对其予以训诫，甚至采取更严厉的措施。这就意味着，警告和训诫在内容上都是针对轻微违法行为人所进行的一种不名誉或者否定性的精神评价。然而，由于精神利益属于人格权的范畴，在性质上可归属于针对实体性人身利益所进行的法律制裁。

其二，责令具结悔过。刑事诉讼中的责令具结悔过，是决定采取取保候审措施的公安司法机关针对被取保候审的犯罪嫌疑人、被告人违反法定（或者规定）义务但情节轻微的行为，进行批评教育之后所采取的一种责令其“书面检讨错误、表示不再重犯”的精神罚措施①。在适用阶段上，其可以适用于刑事诉讼的侦查、审查起诉和审判等主要诉讼阶段。在法律实质上，也属实体性法律制裁方式。但是，在此值得指出的是，这种特殊的精神罚区别于警告、训诫等其他精神性惩罚的地方，在于它是一种要式责任，即必须采用书面形式的责任承担方式。

其三，强制带出法庭。刑事诉讼中的“强制带出法庭”，是一种仅适用于审判程序的诉讼责任承担方式。根据我国《刑事诉讼法》第194条的规定，在法庭审判过程中，如果诉讼参与人或者旁听人员违反法庭秩序，且不听警告制止的，审判长可责令将其强行带出法庭。对于其性质，笔者认为应将其定位为资格罚。主要理由是，这种资格罚如果适用于当事人的话，就意味着其参与诉讼的权利被剥夺，继而其在诉讼中辩论、举证等方面就会处于不利地位，甚至可能因此而影响案件的最终结局。如果适用于其他诉讼参与人或者其他人的话，就意味着我国宪法和法律赋予公民参与诉讼的民主权利被限制和剥夺，他们因此就被限制或者剥夺了参与特定

① 根据《刑事诉讼法》第69条规定，被取保候审的犯罪嫌疑人、被告人违反法律规定或者公安司法机关规定的义务，已交纳保证金的，没收部分或者全部保证金，并且区别情形，责令犯罪嫌疑人、被告人具结悔过，重新交纳保证金、提出保证人，或者监视居住、予以逮捕。

诉讼案件的资格和权能。同时，就诉讼参与权的本质而言，其兼具诉讼权利和民主权利等多重属性，但自始至终都与诉讼参与人的诉讼权能和资格密切相关。因此，笔者主张，这实际上是一种实体性法律制裁。

其四，罚款。这是我国刑事诉讼法所确立的财产罚①。它在性质上区别于治安罚款、罚金等惩罚性措施。在我国刑事诉讼中，主要有两种情形②：第一种情形，在司法实践中适用保证人担保的取保候审措施，法律要求必须由保证人履行对相应犯罪嫌疑人、被告人的监督义务。这就意味着，在保证人、公安司法机关和被担保的犯罪嫌疑人、被告人之间形成了某种具有公法属性的担保法律关系。然而，在这种特殊的权利义务关系中，如果保证人违反法定或者规定监督义务，就会使得这种公法性权利义务关系遭到破坏，采取措施的最初目的就可能无法实现。为督促保证人积极履行保证义务，立法者设置了罚款等惩罚性措施来保障诉讼程序的顺利进行。对于保证人而言，这无疑意味着某种潜在的或者现实的法律责任。

第二种情形，诉讼参与人和旁听人员严重违反法庭秩序，导致审判活动难以继续的，在采取其他较轻措施仍无法排除诉讼妨碍的情况下，经院长批准可以决定对其处以必要的罚款。如果从法律关系的角度看，诉讼参与人或者旁听人员在参与审判过程时，实际上就与法院产生了特殊的诉讼关系。如果违反规定的诉讼义务、严重干扰法庭秩序的，就必然受到法律制裁，被科处不利的法律后果。也就是说，立法者的主要目的旨在通过追究违反法庭秩序者的法律责任，来督促其正当合法地参与诉讼、行使其诉讼权利和民主权

① 参见袁岳：《诉讼法律责任论》，载《学习与探索》1991年第3期。

② 刑事诉讼中能够适用罚款的两种情形是：（1）根据《刑事诉讼法》第68条规定，采取取保候审措施的公安司法机关，针对保证人怠于履行对犯罪嫌疑人、被告人的诉讼监督义务时，所采取的惩罚性措施；（2）根据《刑事诉讼法》第194条的规定，在法庭审判过程中，如果诉讼参与人或者旁听人员违反法庭秩序，情节严重的，法院经院长批准后，可以依法裁量决定对其处以一千元以下的罚款。

利。总之，无论前述何种情形的罚款，在本质上都属于司法处罚或者刑事执法处罚，都可归结为诉讼法律责任的具体情形。

其五，司法拘留。我国刑事诉讼法所规定的司法拘留，是短期内限制或者剥夺公民人身自由的司法处罚或者刑事执法处罚，其主要目的旨在惩戒严重违反作证义务或者法庭秩序的公民。它是只能由法院依法决定科处的诉讼责任形式，其他司法机关或者刑事执法机关无权适用。主要有两种情形，其一是负有出庭作证义务的证人无正当理由拒绝出庭或者出庭后拒绝作证，情节严重的情形；其二是诉讼参与人或者旁听人员违反法庭秩序，情节严重的情形[①]。这是我国刑事诉讼法针对“怠于履行出庭作证义务的证人”和“严重违反法庭秩序的诉讼参与人或者旁听人员”所采取的惩罚性措施。从责任内容来看，其所限制或者剥夺的公民人身自由属于实体权利范畴，故而司法拘留具有实体法律责任属性。

综上所述，传统的其他强制性措施具有刑事诉讼法律责任的特质，是刑事诉讼程序内部的实体制裁机制。由于其责任追究主体、对象和责任认定等都在诉讼机制内部完成，因而笔者主张，这些作为刑事诉讼法律责任形式的其他强制性措施，是刑事诉讼程序内部的实体自治机制。在运行机制和功能上，其与刑事诉讼程序外部的其他实体法律责任相衔接、配套，共同构成刑事诉讼的实体法治机制。

（2）传统的实体法律责任。

针对刑事诉讼过程中的诉讼违法现象，除前述刑事程序内部的程序自治机制外，立法实践中在刑事程序外部还设置某些实体法治机制与之相衔接，保障刑事诉讼程序的正常运行。这些机制主要有

---

① 我国法律规定的刑事诉讼司法拘留的两种情形：（1）根据《刑事诉讼法》第188条的规定，刑事诉讼中的证人（除被告人的配偶、父母、子女之外）没有正当理由拒绝出庭或者出庭后拒绝作证，情节严重的，依法经院长批准，法院可以对其处以十日以下的拘留。（2）根据《刑事诉讼法》第194条的规定，在法庭审判过程中，如果诉讼参与人或者旁听人员违反法庭秩序，情节严重的，法院经院长批准后可以依法裁量决定对其处以十五日以下的拘留。

刑事实体法确立的刑事责任保障机制、治安管理处罚法确立的行政责任保障机制和国家赔偿法确立的国家赔偿责任机制。

其一是刑事实体法中的刑事责任。诉讼违法行为严重到一定程度，其性质就会发生变化，就会转变为犯罪。因此，我国刑事立法通过确立了某些专门针对严重干扰司法机关诉讼活动、扰乱诉讼（法庭）秩序行为的刑事处罚措施。这就意味着，在刑事诉讼过程中，如果诉讼参与人或者其他人实施严重干扰公安司法机关诉讼活动，或者严重扰乱诉讼（法庭）秩序的行为，并且其社会危害性和侵害法益性达到一定程度，都应当被依法处以刑事处罚。究其根本原因，主要是这些严重的违法诉讼行为所固有的社会危害性、侵害法益性、刑事违法性和应受惩罚性等法律属性所决定的。对此，笔者认为，针对严重的诉讼违法行为进行刑事处罚应当注意几点：首先，严重的诉讼违法行为同其他任何犯罪行为一样，都必然侵害社会关系，即侵害正常、合法的诉讼关系，危害正常的诉讼秩序，因此都是具有严重的社会危害性的。其次，刑事诉讼中的诉讼参与人或者其他人，为非法获取诉讼利益而实施为法律所禁止的行为，必然会侵害特定的诉讼法益和诉讼秩序。再次，针对严重的诉讼违法行为科处刑罚，还应当严格依照刑法和刑事诉讼法的规定，根据罪刑法定原则，客观公正地追究违法行为人的刑事责任。最后，根据比例原则和罪责刑相适应原则，严重的诉讼违法行为应当受到与其社会危害性程度、违法性程度相适应的刑事制裁。

就目前而言，我国刑事立法明确规定为犯罪的几种严重的诉讼违法行为，主要包括三种情形：第一种是严重干扰司法机关诉讼活动的行为（《刑事诉讼法》第 42 条、61 条、68 条）。刑法中有隐匿、毁灭、伪造证据罪，帮助隐匿、毁灭、伪造证据罪，伪证罪，暴力取证罪等罪名。第二种是严重扰乱法庭秩序的行为（《刑事诉讼法》第 194 条）。与之相衔接，刑事实体法中也规定了诸如扰乱法庭秩序罪、聚众冲击法庭罪、侮辱罪、诽谤罪、故意伤害罪等罪名。第三种是针对办理案件的公安司法人员所实施的严重违反诉讼法的行为（《刑事诉讼法》第50条、54条、55条）。刑法中有刑讯逼供罪、暴力取证罪、故意伤害罪等罪名与之衔接。此外，为实现法律衔接、弥补法律漏洞、加强司法可操作性以及诉讼程序的保障力度，2015年通过的《刑法修正案（九）》特别规定了泄秘罪（《刑法》第308条第1款），扰乱法庭秩序罪（《刑法》第309条），拒不执行判决、裁定罪（《刑法》第313条）。这些新措施的出台为更好地保障诉讼程序的有序进行、维护诉讼秩序和法庭秩序提供了有效的法律制度保障。

在此值得指出的是，尽管非法证据排除规则是诉讼理论界和实务界公认的程序性制裁机制，但是鉴于我国“重实体、轻程序”和“重打击、轻保障”的国情，非法证据排除规则在司法实践中有效适用的难度是非常大的。故而立法者通过设置相应的实体性制裁措施与这种程序性制裁措施相配套，力图以此来保障非法证据排除制度的有效适用。这种立法模式很好地体现了“实体性制裁和程序性制裁相结合”的立法精神，因此笔者认为这是刑事诉讼程序科学化、民主化和法治化的重要体现。

其二是治安管理处罚法中的行政责任。治安管理处罚法规定的某些行政处罚措施，尽管属于行政执法的范畴，但是司法实践中往往会出现这样的情形，即案外人干扰司法机关诉讼活动，或者扰乱诉讼参与人参加诉讼活动却情节轻微尚不构成犯罪的情形。这种情形属于客观上存在既不能使用刑事诉讼内部的制裁机制，也不能追究刑事责任的情形。这就需要通过刑事诉讼法外部的其他法律机制，对这种现象进行规制和调整。否则，从立法目的和立法技术的角度看，如果不通过治安管理处罚法中所规定的某些行政处罚措施，来弥补、补充这些实践中可能出现的法律漏洞，就极有可能出现某些“无法可依”的现象。例如，根据我国《刑事诉讼法》第

61 条规定①，在刑事诉讼中，如果诉讼参与人或者其他任何人“对证人及其近亲属进行威胁、侮辱、殴打或者打击报复”，干扰证人作证的，首先考虑追究其刑事责任；在尚不足以追究刑事责任的情况下，要给其相应的治安行政处罚。

就该规定本身而言，其所确立的实体性制裁措施，既有刑事责任，也有治安管理行政责任。就立法本意而言，治安处罚措施是作为刑事处罚措施的补充的。通常，如果司法实践中出现“对证人及其近亲属进行威胁、侮辱、殴打或者打击报复”，严重威胁证人及其近亲属安全的情况，原则上优先考虑刑事处罚措施。立法者力图通过严厉的刑事处罚措施来震慑那些企图采用威胁、侮辱、殴打或者打击报复等非法手段干扰证人履行作证义务的情况。然而，如果这些妨害诉讼的非法行为，在社会危害性程度、刑事违法性程度等方面尚未达到犯罪的严重程度，根据比例原则对其设定与其危害性和违法性程度相适应的行政处罚措施，既是非常必要的也是非常合理的。

总之，立法者通过将刑事诉讼法、刑法和治安管理处罚法进行科学严密的衔接、配套，避免司法实践中的法律漏洞，无论对保障诉讼参与人的诉讼人权和合法权益，还是保障诉讼程序顺利进行，抑或是维护正常的诉讼法律关系和诉讼秩序，都有重要的理论和实践意义。因此，笔者认为，在刑事诉讼中，治安管理处罚措施也是重要的实体性制裁机制和刑事诉讼法律责任形式。

其三是国家赔偿责任。刑事司法领域的国家赔偿，又称为“刑事赔偿”“冤狱赔偿”，主要适用于司法机关在办案过程中对犯罪嫌疑人、被告人“错拘、错捕、错判”的情形。其制度目的旨在为那些遭受冤狱的人提供救济和赔偿。这也成为现代世界各国通

① 《刑事诉讼法》第 61 条规定：“人民法院、人民检察院和公安机关应当保障证人及其近亲属的安全。对证人及其近亲属进行威胁、侮辱、殴打或者打击报复，构成犯罪的，依法追究刑事责任；尚不够刑事处罚的，依法给予治安管理处罚。”

行的做法。我国刑事诉讼法和国家赔偿法规定了国家承担赔偿责任的明确范围①。对于冤狱赔偿的性质，也有学者认为，冤狱赔偿责任实质上是一种以国家为主体的特殊民事责任。同时，这种赔偿责任在刑事诉讼法上能够找到相应的法律依据，故而可以将其看作特殊的诉讼法律责任的承担方式。

总体上，我国诉讼理论和实践在刑事程序外部设置的实体法治机制，主要包括针对严重诉讼违法行为的刑事责任追究机制、针对案外人干扰诉讼参与人参与诉讼活动的治安管理行政处罚责任追究机制，以及救济"错拘、错捕、错判"（或者公民在刑事诉讼中遭受公检法机关及其工作人员非法侵害其人身权和财产权时）的国家赔偿机制。尽管这些具体的责任形式具有独立性，但是作为刑事诉讼程序的外部法治保障，其对遏制诉讼违法行为、规范诉讼关系和维护诉讼秩序，都有着重要的理论意义和制度价值。因此，科学合理的外部法治机制是刑事诉讼程序科学化、民主化和法治化的重要的基础性保障。

2. 程序性法律责任

在现代诉讼理论中，在诉讼程序内部有一种专门针对程序性法律纠纷的程序自治机制，就是通常所谓的程序性制裁。程序性制裁与程序法律责任是相对的范畴，两者具有主体、对象上的相对性，但是在根据、手段上却有同向性。也恰恰是这些特殊属性，决定了两者是"一体两面"的，是同一事物的两个方面。从制度目的上

---

① 根据我国《刑事诉讼法》和 1994 年《国家赔偿法》第 15、16 条的规定，国家承担刑事赔偿责任的范围，主要有："对没有犯罪事实或者没有事实证明有犯罪重大嫌疑的人错误拘留的""对没有犯罪事实的人错误逮捕的""刑讯逼供或者以殴打等暴力行为或者唆使他人以殴打等暴力行为造成公民身体伤害或者死亡的"和"二审或者再审改判无罪的"等情形。但是，具体的赔偿义务机关则通常是作出错拘、错捕、错判决定的公安司法机关。在 2012 年《国家赔偿法》修改时，对刑事司法领域的国家赔偿范围进行了修改。根据 2012 年《国家赔偿法》第 17、18 条规定，行使侦查、检察、审判职权的机关以及看守所、监狱管理机关及其工作人员在行使职权时具有侵犯公民人身权和财产权的情形的，受害人有取得赔偿的权利。

来讲，程序性制裁侧重强调对国家司法机关非法行使公权力的诉讼行为进行制裁或者遏制，通常并不针对处于弱势地位的诉讼参与人；而程序性法律责任则没有这种特定的针对性，其责任追究对象可以泛指所有诉讼违法行为。因此，程序性法律责任机制不但体现着刑事程序内部的自治精神，而且体现着诉讼平等、诉讼公正和诉讼民主的现代价值理念。这对于矫正我国诉讼实践中“国家主义”和“权力本位”的诉讼观念具有重要的理论和实践意义，对于我国即将进行的司法体制机制改革，也能够在某种程度上提供理论根据和智力支持。

目前我国刑事诉讼理论和实践中，通常认为非法证据排除规则、发回重审制度和某种程序性违法的再审制度，都是旨在实施程序性制裁的诉讼机制。在此值得指出的是，其实我国传统诉讼法制中既存的缺席判决或者按撤诉处理制度，以及我国新刑事诉讼法确立的针对逃匿、死亡的犯罪嫌疑人、被告人非法所得的没收程序，实际上也是我国诉讼实践确立的程序性制裁机制。

（1）排除非法证据。在我国在制度层面所确立的非法证据排除制度，其实并不局限于证据规则本身，还涉及其保障机制。从司法实践中的可操作性出发，立法者以排除非法证据的证据规则为基础，配套设置了某些实体性制裁措施，以此在某种程度上抵消非法取证行为的强力（制）性，力图实现国家公权力之间以及国家公权力与公民诉讼人权之间的合理配置。也就是说，通过将刑事程序外部的实体性制裁机制和其内部的程序性自治机制结合起来，共同确保公安司法机关严格依照法定的权限、程序和方法，去实施诉讼活动和调查收集证据。这实际上就意味着，通过程序制裁机制将国家公权力限制在法律规定的权限、程序和方法范围内。司法实践中，凡是司法机关超越权限、违反法定程序或者采用非法方法调查收集证据的，都是滥用国家公权力、损害诉讼秩序的表现，就有必要从现代公法理论的角度，对国家公权力的滥用或者不当行使进行相应的法律制裁。只有这样才能够借助其他形式的国家强制力，将具有天然扩张性的公权力限制在合理的范围内。典型的例子就是我国刑事诉讼法确立非法证据排除规则的立法模式（第54条）[①]。这就意味着，一方面，如果从公权力的控制角度来看，在我国现行司法体制框架下，通过审判权、检察权和侦查权相互间的监督制约来排除非法证据的做法，是契合我国司法实际的。自从2012年非法证据排除规则在法典中确立以来，尽管其在具体刑事案件中被适用的频率极少，但是作为一种既存的法律制度，其对司法实践中非法强制取证行为已经起到了非常明显的震慑和遏制作用。另一方面，如果从诉讼关系运行的角度看，非法证据排除规则的运行机理，主要是通过否定非法证据的证据资格，来阻却案件事实（法律事实）的形成和认定，继而在诉讼程序面规制诉讼关系的形成、变更和消灭，最终达到阻止诉讼实体形成的目的。在这个机制的运行结果上，要求将公安司法机关通过刑讯逼供等非法强制取证行为所获得的诉讼利益（诉讼实体利益或者诉讼程序利益）归于无效，以达到限制和制约公权力的功效。因此，作为诉讼程序上的某种不利益、不利后果，非法证据的排除或者不予采纳通常被看作程序性法律责任的具体承担方式。[②]

（2）缺席判决和按撤诉处理。如前所述，缺席判决和推定撤诉通常被运用于民事诉讼、行政诉讼中，刑事诉讼中除特殊的例外情形，一般不允许在被告人不在场的情况下，对其进行定罪量刑。就其理论基础而言，在传统大陆法中，通常出于诉讼效率和司法资源等因素的考虑，而将其作为直接言词原则的例外情形。然而，从诉讼人权保障的角度来考察缺席判决和推定撤诉制度的合理性基

① 根据《刑事诉讼法》第54条的规定，采用刑讯逼供等非法方法收集的犯罪嫌疑人、被告人供述和采用暴力、威胁等非法方法收集的证人证言、被害人陈述，应予以排除。违反法律规定收集物证、书证，严重影响司法公正的，对该证据应当予以排除。在侦查、审查起诉、审判时发现有应当排除的证据的，应当依法予以排除，不得作为起诉意见、起诉决定和判决的依据。

② 陈瑞华：《程序性制裁制度的法理学分析》，载《中国法学》2005年第6期。

础，笔者认为，在某些特殊的情况下，当事人滥用诉讼人权，尤其是滥用“获得公正审讯的权利”的，立法者可根据具体情形设定相应的程序性制裁措施。主要理由是：

一方面，诉讼人权是现代人权保障制度的重要内容。因为国际人权公约已经将保障公民“获得公正和公开审讯的权利”确定为国家义务。[①] 如《世界人权宣言》第10条规定了国家有义务保障被告人“接受裁判权”；《公民权利和政治权利国际公约》第14条明确要求国家有义务保障被告人“获得公正和公开审讯的权利”[②]。因此，保障被告人在刑事审判中获得公正审判，已经成为国际公约所规定的一项国家基本义务。尽管我国已经批准《世界人权宣言》、尚未批准“两权公约”，但是作为主要的国际人权保障公约，其所彰显的这种人权保障价值已经得到世界各国的普遍认同。因此，借鉴国际通常做法是我国诉讼人权制度稳步发展的重要前提。[③]

另一方面，设置某些程序性制裁措施，防止诉讼人权的滥用也有其现实的必要性。在司法实践中，可能会出现许多犯罪嫌疑人、被告人滥用诸如辩护权以及“获得公正和公开审讯的权利”等基本人权的情形。这就必然会浪费司法资源、影响诉讼效率，甚至可能侵害到其他诉讼参与人的合法权益。譬如，在刑事诉讼中，如果

---

① 参见［奥］曼弗雷德·诺瓦克：《〈公民权利和政治权利国际公约〉评注》，孙世彦等译，生活·读书·新知三联书店2008年版，第328页。

② 参见［奥］曼弗雷德·诺瓦克：《〈公民权利和政治权利国际公约〉评注》，孙世彦等译，生活·读书·新知三联书店2008年版，第328页。

③ 值得注意的是，加强诉讼人权保障制度建设，是我国政治和司法体制机制改革的重要目标之一。而且，通过法治手段保障公民的诉讼人权，已经成为现代世界各国通行的成熟做法。2004年“人权条款入宪”和2012年“人权条款入法”，标志着我国已经将人权保障纳入法制轨道。尤其值得指出的是，党的十八届三中全会“全面深化改革决定”，已经明确将“完善人权保障司法制度”作为我国今后司法制度改革和政治体制改革的重要方向之一。因此，如何在尊重我国特有国情的前提下，确立适应政治体制改革和经济社会发展的诉讼人权保障制度，是一个重要的时代命题。

被告人逃避审判、滥用获得公正审讯的权利，立法者可根据具体情形设定相应的缺席判决制度对其进行程序性制裁。通过设置相应的程序性制裁措施来防止滥用诉讼人权的情形出现、督促当事人正当行使诉讼人权，就成为人权保障原则在某些特定情况下的例外情形。同时，这也就意味着，缺席判决或者按撤诉处理等程序性制裁措施，就是诉讼参与人或者检察机关滥用或者不当行使诉讼权利所应当承担的法律责任。①

我国立法和司法实务部门在现行司法体制框架下，综合考虑诉讼效率、诉讼人权保障以及我国司法实践所独有的情况，在诉讼制度实践中确立了几种关于缺席判决或者按撤诉处理的情形。具体而言：

其一，自诉案件的按撤诉处理。《刑事诉讼法》规定了自诉案件的按撤诉处理制度（第 205 条），但未明确规定缺席判决制度，这主要是由刑事案件的性质和保障被告人辩护权等因素决定的。②

其二，附带民事诉讼的按撤诉处理和缺席判决。对此，刑事诉讼法没有明确规定，但是《刑事诉讼法解释》第 158 条有明确规定③。附带民事诉讼中的按撤诉处理和缺席判决，与民事诉讼的做法基本相同。

其三，公诉案件在特殊情况下的缺席判决。对于没收违法所得的特别案件，我国刑事诉讼法确立了专门的特殊程序对其进行处

---

① 参见刘秀明：《诉讼构造与程序时效：英美法系审前缺席审判的理论基础》，载《河北法学》2011 年第 8 期。

② 根据《刑事诉讼法》第 205 条和《刑事诉讼法解释》第 274 条的规定，自诉人经两次依法传唤，无正当理由拒不到庭的，或者未经法庭许可中途退庭的，按撤诉处理。

③ 附带民事诉讼中按撤诉处理或者缺席判决的情形：根据《刑事诉讼法解释》第 158 条的规定：（1）附带民事诉讼原告人经传唤，无正当理由拒不到庭，或者未经法庭许可中途退庭的，应当按撤诉处理。（2）刑事被告人以外的附带民事诉讼被告人经传唤，无正当理由拒不到庭，或者未经法庭许可中途退庭的，附带民事部分可以缺席判决。

理。对此，我国诉讼理论界的通行说法是，这实际上是一种特殊的缺席判决制度。但是，我国刑事诉讼法和司法解释对这种制度的适用条件，进行了严格的限制①。

其四，公诉案件在特殊情形下的按撤诉处理。对此，刑事诉讼法没有明确规定，但是根据《刑事诉讼法解释》第 223 条的规定，审判期间需要补充侦查的公诉案件，补充侦查期限届满后，经法庭通知，检察机关未将案件移送人民法院，且未说明原因的，人民法院可以决定按人民检察院撤诉处理。

其五，再审案件的按撤回抗诉处理、按撤回申诉处理。对此，刑事诉讼法没有明确规定，其主要依据是《刑事诉讼法解释》第 387 条的规定②。

（3）二审案件和复核案件的发回重审。如前所述，我国刑事诉讼立法和司法实践中，已经明确确立二审案件的发回重审制度。这通常被认为是我国刑事诉讼中确立最早，也是最为诉讼理论界称道的程序性制裁机制。作为一种程序性法律责任的具体承担方式，二审案件的发回重审制度兼具惩罚性和救济性的双重属性。主要理由是：一方面，裁定撤销原判是二审法院确认原审审判活动无效的集中体现；另一方面，发回重审是二审法院责令原审法院重新审理

① 没收违法所得案件中适用特殊的缺席判决的规定：根据《刑事诉讼法》第 280~283 条和《刑事诉讼法解释》第 507~523 条的规定，对于贪污贿赂犯罪、恐怖活动犯罪等重大犯罪案件，犯罪嫌疑人、被告人逃匿，在通缉一年后不能到案，或者犯罪嫌疑人、被告人死亡，依照刑法规定应当追缴其违法所得及其他涉案财产的，人民法院应当按照法律规定的特别程序，在犯罪嫌疑人、被告人不到案、不出庭的情况下，对其违法所得进行处理。

② 再审案件中有两种视为撤诉处理的情形：（1）按撤回抗诉处理：根据《刑事诉讼法解释》第 387 条规定，法院审理检察机关抗诉的再审案件，检察机关在开庭审理前撤回抗诉的，应当裁定准许；检察机关接到出庭通知后不派员出庭，且未说明原因的，可以裁定按撤回抗诉处理，并通知诉讼参与人。（2）按撤回申诉处理：根据《刑事诉讼法解释》第 387 条规定，法院审理申诉人申诉的再审案件，申诉人在再审期间撤回申诉的，应当裁定准许；申诉人经依法通知无正当理由拒不到庭，或者未经法庭许可中途退庭的，应当裁定按撤回申诉处理，但申诉人不是原审当事人的除外。

进行程序性救济的具体表现。然而，就其理论渊源而言，我国二审案件的发回重审制度，其理论渊源可追溯到传统大陆法诉讼理论中的“诉讼行为无效”理论。[①] 这种程序性制裁制度在传统大陆法系国家的产生，与其发达的诉讼行为理论密不可分。与之形成鲜明对比的是，我国在诉讼行为理论，尤其是刑事诉讼行为理论尚且不够成熟、研究有待深入的情况下，在制度层面确立这种发回重审制度，确实是难能可贵的。

对于二审案件（或者复核案件）发回重审的诉讼机理，如果从诉讼法律关系理论的角度而言，撤销原判就意味着确认原审审判活动无效，从根本上否定原审诉讼法律关系的发生根据。也就是说，裁定撤销原判，就是从根本上否定原审诉讼法律关系所赖以发生的事实根据。那么，整个刑事诉讼就会恢复到审判法律关系尚未发生的原初法律状态，此时诉讼实体面和程序面原本已经形成的法律关系彻底归于消灭。与此同时，发回重审就是二审法院责令严重违反诉讼程序的原审法院重新审理案件，并在重新开展法庭审理的过程中促进诉讼法律关系的重新形成、发展和变动。由此，诉讼实体面和诉讼程序面的法律关系，就得以在确保程序公正的情况下重新形成、发展和最终确定，从而防止滥用职权、徇私舞弊和枉法裁判等极易造成冤假错案的情形的发生。在这个过程中，原审中被违反的诉讼程序得以被补救、原审过程中被限制或者剥夺的诉讼权利得以被重新行使。然而，对于具有违反法定程序情形的原审法院而言，就曾经已经审理过的案件进行重新审理，无疑会增加其诉讼负担、耗费司法资源，但是不管原审裁判的实体结论是否正确，对原审案件的重新审理都必须进行，因为其立法目的旨在对案件进行程序救济。总之，撤销原判发回重审是原审法院因违反法定诉讼程序而必须承担的程序性法律责任。

---

① 参见袁岳:《诉讼法律责任论》，载《学习与探索》1991 年第 3 期。

司法实践中，作为程序性制裁的发回重审，大多数情形发生在二审案件中，但是在少数特殊情形下，也发生在某些案件的其他必经程序中。

首先，根据《刑事诉讼法》第227条的规定[①]，在刑事诉讼中，只要二审法院发现一审有违反诉讼程序的法定情形的，就必须作出撤销原判发回重审的裁定，不允许自由裁量，以此来对原审法院进行程序性制裁。不论是普通刑事案件，还是特殊种类的刑事案件，都应当这样处理。

其次，在少数的特殊情况下，某些特定种类案件的其他必经程序中，也能够采取撤销原判发回重审的程序性制裁。这主要是指在前述规定的基础上，司法解释又将裁定“撤销原判、发回重审”制度的适用范围，明确扩展到“三类特殊案件”。即复核死刑缓期执行案件、复核死刑案件和对不服第一审没收违法所得或者驳回申请裁定的上诉、抗诉案件[②]。

在此值得指出的是，尽管死刑复核案件（包括死缓复核案件）的复核程序，是独立的专门程序，也是这种特殊案件的必经程序，但是，其发回重审的诉讼原理，与普通二审案件的发回重审，有着很大的相似性。故而笔者认为，由于这些案件性质的特殊性和刑事政策等因素的制约，将这类案件的发回重审，也应当作为原审法院承担程序性法律责任的特殊形式。从而最终在客观上彰显其冤假错

① 根据我国《刑事诉讼法》第227条的规定，“第二审人民法院发现第一审人民法院的审理有下列违反法律规定的诉讼程序的情形之一的，应当裁定撤销原判，发回原审人民法院重新审判：（一）违反本法有关公开审判的规定的；（二）违反回避制度的；（三）剥夺或者限制了当事人的法定诉讼权利，可能影响公正审判的；（四）审判组织的组成不合法的；（五）其他违反法律规定的诉讼程序，可能影响公正审判的。”

② 裁定撤销原判发回重审的三类特殊案件：根据《刑事诉讼法解释》第349条、第350条、第518条规定，高级人民法院复核死刑缓期执行案件、最高人民法院复核死刑案件和对不服第一审没收违法所得或者驳回申请裁定的上诉、抗诉案件，人民法院经审理查明：“原审违反法定诉讼程序，可能影响公正审判的”，应当裁定撤销原裁定，发回原审法院重新审判。

案的防范功能、程序公正的保障功能，以及防止滥用职权、徇私舞弊和枉法裁判等情形的发生。

（4）再审案件的发回重审[①]。审判监督程序是专门针对法院已生效错误裁判的纠错程序。而适用审判监督程序重新审理的案件，通常被称为“再审案件”。在再审案件中，既有因实体错误而重新审理的案件，例如认定事实错误、适用法律错误或者定案证据不足；也有因程序错误而重新审理的案件，如违反回避制度。重新审理的目的，主要在于纠正原审裁判的错误，确保审判程序的公正。但是，考虑到已生效裁判的既判力，因而再审程序并非能够随意启动的；在这种情况下，因为原审程序严重违法而启动再审程序，无疑就意味着某种程序性制裁。也就是说，尽管从立法目的来讲主要是纠错；但客观上这种做法与程序性制裁并无实质差异。主要理由有两点：

首先，就纠错的途径而言，根据法律规定既可以由上级法院提审，也可以由上级法院指定再审；只有在少数的法律明确规定必须发回原审法院再审的特殊情况下，再审案件才会发回作出已生效裁判的法院重新审理。然而，一旦启动审判监督程序的上级法院将案件发回原审法院重新审理，就多多少少有惩罚的意味。回过头来再看，其实无论是否发回原审法院进行重新审理，都意味着对原审程

① 根据我国《刑事诉讼法》第242条和相关司法解释的规定，对于已经生效的刑事裁判，当事人及其法定代理人、近亲属依法申诉，或者检察院依法提出抗诉，原审法院或者上级法院经依法审查发现有“违反法律规定的诉讼程序，可能影响公正审判的”等法定情形的，应当重新审判。根据《刑事诉讼法》第242条、《刑事诉讼法解释》第375条和《检察规则》第591条的规定，这些能够在刑事诉讼中依照审判监督程序引起重新审判的程序性违法行为（事实），主要有：（1）据以定罪量刑的证据不确实、不充分、依法应当予以排除，或者证明案件事实的主要证据之间存在矛盾的；（2）违反法律规定的诉讼程序，可能影响公正审判的；（3）审判人员在审理该案件的时候，有贪污受贿，徇私舞弊，枉法裁判行为的。总体上而言，在刑事诉讼中针对原审法院的前述诉讼违法行为，根据审判监督程序所进行的重新审理，实际上也就是针对原审法院的程序性违法事实所实施的程序性制裁措施。也就是说，因原审法院违反法定诉讼程序而启动的再审程序，是原审法院承担程序性法律责任的特殊形式。

序的补救，以及对原审裁判的法律效力的重新审查。

其次，从再审的法定理由上来讲，根据法律规定，如果原审法院严重违反法定程序、可能影响公正审判，再审程序的启动就意味着纠正原审的程序错误。然而，无论再审的最终结果如何，对原审法院而言，无疑都意味着某种程序性制裁。

总而言之，从抽象的诉讼理论角度来讲，在法定的特殊情形下，依照审判监督程序对法院已生效错误裁判所进行的重新审理，实质上就是针对原审法院的诉讼违法事实（或者行为）所采取的程序性制裁措施。

综上所述，我国确立的刑事诉讼程序保障机制，不但有实体性制裁机制，还有程序性制裁机制。但就其制度目的而言，无论是程序性制裁，还是实体性制裁，都旨在惩罚和制裁诉讼违法行为、规范和调整诉讼关系、管理和维护诉讼秩序。然而，由于种种原因，我国传统诉讼理论并未从法律责任的角度对其进行深入系统的研究。即便是在特定时期，基于现实需要的考虑进行过某些尝试性理论探讨，也仍然未形成成熟的理论体系。笔者在此之所以对其中的某些方面进行尝试性阐述，原本意在探究其对刑事诉讼法律关系的保障和救济机制，但是受掌握资料、研究方法和研究视角以及时间精力等因素的制约，故而在该领域的探讨尚不够全面。尤其是对于诉讼法律责任的认定机制、归责原则、构成条件等基础性理论问题，尚无法给出科学的回答，也无从构建出科学的理论体系。但是，笔者认为，目前这种理论尝试，对于后续的研究无疑是重要的。笔者有幸在此对该理论的某些问题进行前沿性探讨，个中不足还请方家不吝赐教。

即便如此，在这种尝试性研究中，我们其实并不难得出这样一个结论，就是刑事诉讼中的法律责任追究机制确实具有对刑事诉讼法律关系的保障功能。因为诉讼义务的违反，本身就意味着对刑事诉讼法律关系的破坏以及对诉讼秩序的妨碍。通过诉讼法律责任追究机制来惩罚和制裁诉讼违法行为，其直接目的就是为了规范和调整非法的诉讼关系、维护合法的诉讼关系和正常的诉讼秩序，继而保障诉讼程序的正常推进和诉讼实体的正常形成；而其最终目的，则在于彰显刑事程序的法治精神和自治精神，确保实体真实和程序正当价值目标的实现。

结 论

在古今中外的法制史上，“手铐、脚镣、枷锁、牢笼和监狱”通常是与刑事诉讼联系在一起的。这是自古以来就有的，人们对刑事诉讼最直观、最朴素的印象。无独有偶，在古罗马法中有一种古老的法观念：“法锁”。通常被用于诠释人们在社会交往中的契约关系。这也就是法律关系理论的最早渊源。自古罗马先哲们提出“法锁”观念以来，无论是刑事诉讼本身，还是法律关系学说，都已经发生了翻天覆地的变化。然而要在纷繁复杂的社会历史长河中探究“刑事诉讼的本真（质）”问题，无疑是困难的。就需要我们运用现代、科学的方法来回答这个深奥的法哲学命题。同时，这也是笔者通过系统科学的论证所得出的结论。那么，现在如果有人问我“刑事诉讼是什么?”，我会告诉他，“是法锁”。也就是说，刑事诉讼的本质，是一种法律关系，就是我们通常所说的“刑事诉讼法律关系”。因为这符合人们对刑事诉讼的普遍印象。古今中外，人们都这么看。这也符合刑事诉讼的普遍形象。也就是说，刑事诉讼本来就是这样的。这是千百年来人们自然而然地形成的，或者说约定俗成的，对刑事诉讼的普遍认识。

首先，正如学者所言，“法书万卷，法典千条，头绪纷繁，莫可究诘，然一言以蔽之，其所研究或所规定者，不外法律关系而已”[①]。笔者在本书中系统梳理了自古罗马以来法律关系理论在近现代孕育、发展和成熟的历史渊源。作为近现代法哲学的重要基础性范畴之一，法律实证主义是法律关系理论固有的理论品性。然

① 郑玉波：《民法总则》，台湾三民书局2003年版，第63页。

而，作为法律关系理论的重要组成部分，诉讼法律关系理论是法律关系理论在诉讼法领域的具体应用。现在已经被发展为德国、日本等传统大陆法国家的诉讼法学基本理论之一。然而，在德国、日本等传统大陆法国家长期存在着“诉讼法律关系论”和“诉讼法律状态论”的争论。理论界的通说认为，就理论实质而言，无论是诉讼法律关系理论，还是诉讼法律状态理论，都是关于“诉讼是什么”的理论学说。因此，诉讼法律关系理论的实质就在于揭示诉讼的法律性质。

由于受当时政治哲学、指导思想和司法体制等主客观因素的制约，苏联学者所得出的某些结论与传统大陆法理论有着很大程度上的区别。(1) 传统大陆法理论对于诉讼本身的发生机制源起于纠纷化解机制，原告和被告将其纠纷诉诸法院来寻求司法判断，传统的诉讼机制便由此产生。传统大陆法上的诉讼关系学说就是基于这种最原始的诉讼观而产生的。这些事实上的诉讼关系，经过法律调整之后，被法律赋予特定的法律意义。也就是通过赋予各方诉讼主体以诉讼法上的权利义务，来将这种事实关系进行法律化，使之能够确保公正、秩序、效率、效益等诉讼理念的实现。因此，这种诉讼关系的发生机制，是由事实到法律、由下而上产生的。(2) 而苏联传统理论，则将刑事诉讼看作行政性治罪活动。在苏联主流的政治哲学和法律哲学中，法律被看作国家上层建筑的范畴。而在诉讼理念层面，秩序价值高于其他价值。当特定的社会成员实施被看作“孤立的个人反对国家和社会”的犯罪行为时，就会被代表国家的司法机关实施犯罪治理。通过这种行政治罪活动所产生的诉讼关系，自其产生之初就当然地具有法律特性、法律属性。

尽管如此，但这并不意味着，在追问刑事诉讼的性质这一法哲学命题上，苏联学者必然得出与传统大陆法理论截然相反的结论。恰恰相反，苏联学者也关注到西方国家，尤其是德国等传统大陆法国家的相关理论。正因如此，他们所得出的结论实际上与大陆法理论有着某种相似或者巧合之处。譬如，对于刑事诉讼关系与实体法律关系的有机关联，蒂里切夫在其《苏维埃刑事诉讼》中主张，“在实施犯罪时，实体法律（刑事法律）关系发生在犯罪人和国家之间。犯罪是一种法律事实，它使国家有权惩罚犯罪人，而犯罪人必须对自己的行为承担责任”。[①] 这同传统大陆法理论将实体法律关系看作是诉讼目标的观点不谋而合。这也许恰恰说明，刑事诉讼法律关系范畴在客观上的确能够揭示刑事诉讼的内在规律和本质属性。总之，尽管苏联理论和大陆法理论的研究路径是不同的，但是两者在揭示刑事诉讼的性质问题上都得出相同的结论：“刑事诉讼法律关系”范畴本身具有揭示刑事诉讼的性质、本质属性的理论品性和功能。

在我国当代刑事诉讼法哲学中，刑事诉讼法律关系理论的理论本体通常就是其构成要素理论。然而，鉴于其传统理论的历史局限性，应当在我国现有理论通说的基础上，立足传统大陆法理论通说——“诉讼两面说”，以陈朴生先生的“诉讼关系”理论作为理想的理论模式，改造我国现有理论。具体而言，就是将刑事诉讼本身看作是由诉讼实体面和诉讼程序面构成的诉讼实体，整个刑事诉讼过程，就是不同层面诉讼法律关系的形成、发展和消灭过程。最终，从客观上揭示刑事诉讼这种现象的终极目标在于查明案件事实、实现国家刑罚权和犯罪人的刑事责任。

就改进我国现行司法体制机制而言，如果从刑事诉讼法律关系诸要素的具体组织形态角度来看，在宏观的体制层面，应当顺应历史潮流，在条件成熟的情况下，适当加强“尊重和保障人权”的诉讼体制建设；在中观的诉讼构造层面，既应当注重坚持利于“控审分离”“控辩平等”的体制机制建设，也应当注重加强检警关系建设、辩审关系建设；在微观的个案结构层面，应当注重加强检察官“当事人化”建设、法官“独立性”建设，从而在现有政

---

① ［苏］蒂里切夫等：《苏维埃刑事诉讼》，张仲麟等译，法律出版社 1984 年版，第 21 页。

治和司法体制下、争取加强司法独立建设，包括探索构建“‘法院整体独立’与‘法官个体独立’相结合”的新型审判独立体制、探索构建“‘检察系统整体独立’与‘公诉检察官个体独立’相结合”的新型检察独立体制等。

如果从其发生机制角度而言，应当从理论上厘清实体法事实和程序法事实的辩证关系，既应当明确实体法事实在诉讼实体关系运行中的前提和基础作用，也应当明确程序法事实在诉讼程序关系运行中的自为、自足和自洽作用。从而在诉讼法哲学的高度，形成科学系统的刑事诉讼法律关系发生机制理论。

在刑事诉讼法律关系的救济和保障机制上，应当加强以法律责任为核心的诉讼责任理论体系建设；同时，在制度实践上，应当加强“程序性制裁和实体性制裁相结合”的法律责任追究机制，逐步形成系统、科学的“程序法律责任和实体法律责任并重”的刑事诉讼法律责任体系。尤其应当注重刑事诉讼程序的自治机制建设，如非法证据排除规则、司法处分制度建设，以期借此来遏制诉讼违法行为、规范诉讼关系和维护诉讼秩序。

参考文献

一、著作类

［1］［苏］阿·阿·多勃罗沃里斯基等：《苏维埃民事诉讼》，李衍译，法律出版社1985年版。

［2］［俄］B. B. 拉扎列夫：《法与国家的一般理论》，法律出版社1999年版。

［3］［日］阪口裕英：《ビューローの诉讼要件论の研究》，载《名城法学》（第17卷），1967年。

［4］［苏］巴格里·沙赫马托夫：《刑事责任与刑罚》，法律出版社1984年版。

［5］程味秋：《外国刑事诉讼法概论》，中国政法大学出版社1994年版。

［6］陈和华、叶利芳：《刑事司法学》，中国方正出版社2004年版。

［7］［德］K. 茨威格特、H. 克茨：《比较法总论》，法律出版社2003年版。

［8］陈朴生：《刑事诉讼法论》，台湾正中书局1960年版。

［9］陈朴生：《刑事诉讼法实务》，台湾海天印刷厂有限公司1989年重订版。

［10］陈朴生：《刑事诉讼法实务》，台湾海天印刷厂有限公司1998年版。

［11］陈光中：《刑事诉讼法学》，中国政法大学出版社1990年版。

［12］陈光中：《刑事诉讼法学（新编）》，中国政法大学出版社 1996 年版。

［13］陈光中、江伟：《诉讼法论丛》（第一卷），法律出版社 1998 年版。

［14］陈瑾昆：《刑事诉讼法通义》，法律出版社 2007 年版。

［15］蔡敦铭：《刑事诉讼法论》，台湾五南图书出版社 1983 年版。

［16］陈瑞华：《刑事诉讼的前沿问题》，中国人民大学出版社 2005 年版。

［17］［苏］蒂里切夫等：《苏维埃刑事诉讼》，张仲麟等译，法律出版社 1984 年版。

［18］［美］E. 霍贝尔：《原始人的法》，严存生等译，贵州人民出版社 1992 年版。

［19］樊崇义：《刑事诉讼法学研究综述与评价》，中国政法大学出版社 1991 年版。

［20］樊崇义：《刑事诉讼法学》，中国政法大学出版社 2002 年版。

［21］樊崇义、吕萍：《刑事诉讼法学》，中国人民公安大学出版社 2002 年版。

［22］冯军：《刑事责任论》，法律出版社 1996 年版。

［23］葛洪义：《法理学》，中国人民大学出版社 2003 年版。

［24］黄默夫：《法学绪论》，一品出版社 2009 年版。

［25］胡旭晟、蒋先福：《法理学》，湖南人民出版社 2000 年版。

［26］［美］霍菲尔德：《司法推理中应用的基本法律概念和其他论文》，耶鲁大学出版社 1927 年版。

［27］［日］兼子一：《民事诉讼法》，日本有斐阁 1965 年版。

［28］［美］凯尔逊：《法律与国家概论》，哈佛大学出版社 1954 年版。

［29］［奥］凯尔森：《共产主义的法律理论》，王明扬译，商务印书馆，1962 年版。

［30］［奥］凯尔森：《法与国家的一般理论》，沈宗灵译，中国大百科全书出版社 1996 年版。

［31］［美］康芒斯：《制度经济学》（下），商务印书馆，1962 年版。

［32］［德］克劳思·罗科信：《刑事诉讼法》，吴丽琪译，法律出版社 2003 年版。

［33］乐峰：《东正教史》，中国社会科学出版社 2005 年版。

［34］林东法：《刑事诉讼法》，东法公职补习班 2010 年版。

［35］林永谋：《刑事诉讼法论》（上），台湾冠顺印刷事业有限公司，2006 年版。

［36］刘金国、舒国滢：《法理学》，中国政法大学出版社 2002 年版。

［37］刘家兴、潘剑锋：《民事诉讼法学教程》，北京大学出版社 2013 年版。

［38］［英］梅因：《古代法》，沈景一译，商务印书馆 1959 年版。

［39］［法］孟德斯鸠：《论法的精神》（上册），商务印书馆 1982 年版。

［40］［奥］曼弗雷德·诺瓦克著：《〈公民权利和政治权利国际公约〉评注》，孙世彦等译，生活·读书·新知三联书店 2008 年版。

［41］［日］平野龙一：《刑事诉讼法》，日本有斐阁 1958 年版。

［42］裴苍龄：《刑事诉讼法学概论》，兰州大学出版社 1988 年版。

［43］［苏］切利佐夫：《苏维埃刑事诉讼》，法律出版社 1955 年版。

［44］任光宣：《俄罗斯文化十五讲》，北京大学出版社 2007 年版。

［45］宋世杰：《新编刑事诉讼法教程》，中南工业大学出版社 1998 年版。

［46］宋世杰：《刑事诉讼法学》，湖南大学出版社、湖南人民出版社 2002 年版。

［47］宋英辉、吴宏耀：《刑事审判前程序研究》，中国政法大学出版社 2002 年版。

［48］宋英辉：《刑事诉讼法学研究述评（1978—2008）》，北京师范大学出版社 2009 年版。

［49］［德］萨维尼：《论立法与法学的当代使命》，许章润译，中国法制出版社 2001 年版。

［50］［德］萨维尼：《当代罗马法体系》，朱虎译，中国法制出版社 2010 年版。

［51］［日］团藤重光：《刑事诉讼法纲要》，日本创文社 1967 年七订版。

［52］夏勤：《刑事诉讼法要论》，中国政法大学出版社 2012 年版。

［53］翁玉荣：《最新实用刑事诉讼法》（上），台湾新学林出版股份有限公司，2005 年版。

［54］［苏］维辛斯基：《苏维埃刑事诉讼》，法律出版社 1957 年版。

［55］王勇飞、张贵成：《中国法理学研究综述与评价》，中国政法大学出版社 1992 年版。

［56］王子琳、李放：《法学基础理论》，吉林大学出版社 1987 年版。

［57］王生今、杨旺年：《刑事诉讼法新论》，法律出版社 1996 年版。

［58］王大伟：《英美警察科学》，中国人民公安大学出版社

1995 年版。

[59] 徐友军等:《刑事诉讼法通论》，光明日报出版社 1985 年版。

[60] 谢瑞智:《法学绪论》，台湾文笙书局 2006 年版。

[61] 谢佑平:《刑事诉讼模式与精神》，成都科技大学出版社 1994 年版。

[62] 徐静村:《刑事诉讼法学》（第三版）上，法律出版社 2003 年版。

[63] 夏甄陶:《认识论引论》，人民出版社 1986 年版。

[64] 杨建广:《刑事诉讼法》，中山大学出版社 2001 年版。

[65] 于绍元:《中国诉讼法学》，中国法制出版社 1994 年版。

[66] [美] 约翰·亨利·梅利曼:《大陆法系》，顾培东、禄正平译，法律出版社 2004 年版。

[67] 杨旺年:《刑事诉讼法学》，陕西人民出版社 2000 年版。

[68] 余叔通、谢朝华:《法国刑事诉讼法典》，中国政法大学出版社 1998 年版。

[69] 张光杰:《法理学导论》，复旦大学出版社 2006 年版。

[70] 张建伟:《刑事司法体制原理》，中国人民公安大学出版社 2002 年版。

[71] 张卫平:《程序公正实现中的冲突与衡平——外国民事诉讼研究引论》，成都出版社 1993 年版。

[72] 郑玉波:《民法总则》，台湾三民书局 2003 年版。

[73] 曾庆敏:《法学大辞典》，上海辞书出版社 1998 年版。

[74] 周伟:《刑事诉讼法》，北京大学出版社 2006 年版。

二、论文类

[1] A. A. 彼昂特考夫斯基:《国家和法的一般的若干理论问题》，载《政法论丛》1965 年第 3 期。

[2] 曹洪文、吴斌:《论民事诉讼法律责任确立的缘由》，载

《湖南师范大学社会科学学报》2001 年第 S2 期。

［3］陈锐：《奥斯汀的分析法学思想研究——一种被误读的思想》，载《池州师专学报》2003 年第 2 期。

［4］陈锐：《论分析哲学与分析法学之间的内在关联》，载《比较法研究》2010 年第 2 期。

［5］陈锐：《对霍菲尔德法律概念论的逻辑分析》，载《西南政法大学学报》2003 年第 9 期。

［6］陈瑞华：《程序性制裁制度的法理学分析》，载《中国法学》2005 年第 6 期。

［7］陈卫东、李奋飞：《论刑事诉讼中的控审不分问题》，载《中国法学》2004 年第 2 期。

［8］杜飞进：《试论法律责任的若干问题》，载《中国法学》1990 年第 6 期。

［9］杜玉华：《论马克思社会结构理论对西方结构主义思想的影响》，载《江海学刊》2012 年第 3 期。

［10］樊崇义、张中：《论刑事司法体制改革与诉讼结构之调整》，载《环球法律评论》2006 年第 5 期。

［11］［苏］T. M. 格罗莫娃：《苏联科学院法学研究所关于社会主义法律关系问题讨论的报道》，时筏节译，载《政法论丛》1956 年第 5 期。

［12］黄文艺等：《分析法学三论》，载《法律科学》1995 年第 3 期。

［13］黄立君：《康芒斯的法经济学思想及其贡献》，载《中南财经政法大学学报》2006 年第 5 期。

［14］洪道德：《控诉与审判分立应贯穿整个刑事诉讼程序》，载《政法论坛（中国政法大学学报）》1992 年第 1 期。

［15］冀祥德：《控辩平等之现代内涵解读》，载《政法论坛》2007 年 11 月第 6 期。

［16］冀祥德：《关于控辩平等原则演进的思考》，载《河北法

学》2008 年第 7 期。

［17］焦应达：《大陆法系对新中国法的影响》，载《内蒙古师范大学学报》（哲学社会科学版）2010 年第 2 期。

［18］蓝冰：《德国新民事诉讼法律关系理论及启示》，载《政治与法律》2008 年第 1 期。

［19］李玉华：《论控辩平等对抗》，载《政法论坛》2004 年第 2 期。

［20］刘方权、曹文安：《刑事诉讼程序法律责任论》，载《江苏警官学院学报》2005 年第 2 期。

［21］刘秀明：《诉讼构造与程序时效：英美法系审前缺席审判的理论基础》，载《河北法学》2011 年第 8 期。

［22］刘景泉：《结构思想、结构主义与结构辩证法》，载《广东社会科学》2000 年第 2 期。

［23］梅仲协：《法律关系论》，载刁荣华：《法律之演进与适用》，台北汉林出版社 1977 年版。

［24］孟涛、潘水良：《论标罗诉讼要件理论的创立》，载《政治与法律》2008 年第 5 期。

［25］欧阳恩前：《论诉讼责任的构造》，载《湖南广播电视大学学报》2001 年第 2 期。

［26］裴苍龄、易萍：《论刑事诉讼法律关系》，载《法律科学》1996 年第 2 期。

［27］宋英辉：《论刑事程序中的控审分离》，载《检察理论研究》1992 年第 3 期（总第 5 期）。

［28］沈宗灵：《对霍非尔德法律概念学说的比较研究》，载《中国社会科学》1990 年第 1 期。

［29］沈宗灵：《论法律责任与法律制裁》，载《北京大学学报》（哲学社会科学版）1994 年第 1 期。

［30］田海鑫：《浅析民事诉讼要件理论》，载《黑龙江省政法管理干部学院学报》2012 年第 3 期。

［31］田平安、罗健豪：《民事诉讼法律责任论》，载《现代法学》2002 年第 2 期。

［32］童之伟：《对法律关系的内容重整和概念重估》，载《中国法学》1996 年第 6 期。

［33］汪建成、张向军：《刑事诉讼法律关系若干问题之研究》，载《烟台大学学报》（哲学社会科学版）1993 年第 1 期。

［34］王文：《大陆法系的东斯拉夫变种》，载《北京科技大学学报》（社会科学版）2005 年第 1 期。

［35］王涌：《寻找法律概念的“最小公分母”》，载《比较法研究》1998 年第 2 期。

［36］吴昌宇、张恒山：《对法律责任的理解》，载《中央政法管理干部学院学报》1998 年第 1 期

［37］谢晖：《论规范分析方法》，载《中国法学》2009 年第 2 期。

［38］谢维营：《关于本体论演化的历史考察》，载《烟台大学学报》（哲学社会科学版）2004 年 4 月第 2 期。

［39］谢佑平、曾康：《〈刑事诉讼法〉修改后的审判工作》，载《法学评论》1996 年第 6 期。

［40］谢佑平、万毅：《刑事控审分离原则的法理探析》，载《西南师范大学学报》（人文社会科学版）2002 年第 3 期。

［41］杨代雄：《萨维尼法学方法论中的体系化方法》，载《法制与社会发展》2006 年第 6 期。

［42］杨矿生：《律师法的修改与控辩关系的变化》，载《人民检察》2008 年第 7 期。

［43］严存生：《霍贝尔的法人类学》，载《法律科学》1991 年第 4 期。

［44］余军、朱新力：《责任概念的形式构造》，载《法学研究》2010 年第 4 期。

［45］袁岳：《诉讼法律责任论》，载《学习与探索》1991 年

第 3 期。

［46］张建飞：《我国刑事庭审方式评析》，载《浙江学刊》1999 年第 4 期。

［47］张智辉：《检察制度的起源与发展》，载《检察日报》第 3581 期第 8 版。

［48］张文秀：《控辩合作：建立高效司法制度的有效途径》，载《人民司法》2013 年第 13 期。

［49］张文显：《法律责任论纲》，载《吉林大学社会科学学报》1991 年第 1 期。

［50］章戎、凌娜：《“法律关系”概念在私法和公法领域中的意义》，载《上海政法学院学报》（法治论丛）2007 年第 3 期。

［51］邹爱华：《法律规范的逻辑结构新论》，载《湖北大学学报》（哲学社会科学版）2004 年第 6 期。

三、学位论文

［1］种松志：《检警关系论》，中国政法大学 2006 年博士学位论文。

［2］朱虎：《萨维尼法律关系理论研究》，中国政法大学 2008 年博士学位论文。

四、外文文献：

［1］Saviny, *Juristische Methodenlehre*, s.17. auch Saviny Methodenlehre 1809.s.139.

［2］Julius Stone. *The Province and Function of Law*［M］. Cambridge: Cambridge, Mass.1961.31.

［3］John Austin, *Lectures on Jurisprudence*, *or The Philosophy Positive Law*, R. Campbell (ed), 4th edition, London: John Murray, 1873.

［4］Pound. *Fifty Years of Jurisprudence*［M］. 1937 Havard Law

Review,573.

[5] E. Adamson Hoebel. *The Law of Primitive Man* [M]. New York,1983, p.323.

[6] See H. L. A. Hart, *Varieties of Responsibility*, 83 Law Quarterly Review 346 (1967).

[7] Hans Kelsen, General Theory of Law and State.

[8] See Hans Kelsen, *Pure Theory of Law*, Translated By Max Knight, University of California Press, 1967, pp.119 ~ 120.